CAMINHOS DA MÍSTICA

Coleção Religião e Cultura

- *As leis da natureza: conhecimento humano e a ação divina* – William R. Stoeger
- *As linguagens da experiência religiosa: uma introdução à fenomenologia da religião* – José Severino Croatto
- *Caminhos da mística* – Faustino Teixeira (org.)
- *Experiência religiosa e crítica social no cristianismo primitivo* – Paulo Augusto de Souza Nogueira
- *Igreja Universal do Reino de Deus: os novos conquistadores da fé* – Ari Pedro Oro, André Corten e Jean-Pierre Dozon
- *Introdução ao estudo comparado das religiões* – Aldo Natale Terrin
- *Nas teias da delicadeza: itinerários místicos* – Faustino Teixeira (org.)
- *No limiar do mistério: mística e religião* – Fautino Teixeira
- *O Islã e a política* – Peter Antes

FAUSTINO TEIXEIRA

(ORGANIZADOR)

CAMINHOS DA MÍSTICA

Paulinas

Dados Internacionais de Catalogação na Publicação (CIP)
(Câmara Brasileira do Livro, SP, Brasil)

Caminhos da mística / Faustino Teixeira (organizador). – São Paulo :
Paulinas, 2012. – (Religião e cultura)

Vários autores.
Bibliografia.
ISBN 978-85-356-3074-9

1. Mistério   2. Misticismo - Estudos comparados   3. Religiões
I. Teixeira, Faustino.   II. Série.

12-02101   CDD-291.422

Índices para catálogo sistemático:
1. Mística : Religião comparada   291.422
2. Mística comparada : Religião   291.422

Direção-geral: *Bernadete Boff*
Editores responsáveis: *Luzia M. de Oliveira Sena e
Afonso Maria Ligorio Soares*
Copidesque: *Cirano Dias Pelin*
Coordenação de revisão: *Marina Mendonça*
Revisão: *Ruth Mitzuie Kluska*
Assistente de arte: *Ana Karina Rodrigues Caetano*
Gerente de produção: *Felício Calegaro Neto*
Projeto gráfico: *Manuel Rebelato Miramontes*

1ª edição – 2012

*Nenhuma parte desta obra poderá ser reproduzida ou transmitida
por qualquer forma e/ou quaisquer meios (eletrônico ou mecânico,
incluindo fotocópia e gravação) ou arquivada em qualquer sistema ou
banco de dados sem permissão escrita da Editora. Direitos reservados.*

Paulinas

Rua Dona Inácia Uchoa, 62
04110-020 – São Paulo – SP (Brasil)
Tel.: (11) 2125-3500
http://www.paulinas.org.br – editora@paulinas.com.br
Telemarketing e SAC: 0800-7010081
© Pia Sociedade Filhas de São Paulo – São Paulo, 2012

SUMÁRIO

APRESENTAÇÃO
Faustino Teixeira 7

PREFÁCIO
Marco Lucchesi..13

NO SUBSOLO
Luiz Felipe Pondé 15

MÍSTICA EM PLOTINO
Marcus Reis Pinheiro..19

UNIO MYSTICA: O QUE VEM DEPOIS? O VALE DA
PERPLEXIDADE EM *A LINGUAGEM DOS PÁSSAROS*, DE ATTAR
Carlos Frederico Barboza de Souza 37

MINNE: O ÂMAGO VISCERAL DE DEUS
EM MECHTHILD VON MAGDEBURG
Maria José Caldeira do Amaral 51

MARGUERITE PORETE, MÍSTICA E TEÓLOGA DO SÉCULO XIII
Ceci Baptista Mariani..75

O EXTERIOR MAIS INTERIOR QUE O MAIS ÍNTIMO:
ECKHART E A EXCELÊNCIA DE MARTA
Adriana Andrade de Souza 113

SIMONE WEIL: UMA MÍSTICA PARA O SÉCULO XXI
Maria Clara Lucchetti Bingemer 135

TEILHARD DE CHARDIN E A DIAFANIA DE DEUS
NO UNIVERSO
Faustino Teixeira 165

A MÍSTICA JUDAICA REFLETIDA NA OBRA DE HESCHEL
Alexandre Leone 193

DIANTE DA REALIDADE CRUA DAS COISAS:
THOMAS MERTON E O "TRABALHO DE CELA"
Sibélius Cefas Pereira 221

A PORTADORA DE CRISTO NOS CAMPOS DO III *REICH*
Mariana Ianelli 249

MÍSTICA, HERESIA E METAFÍSICA
José Carlos Michelazzo 261

CRÍTICA E MÍSTICA:
POESIA MODERNA E INSTANTANEIDADE
Eduardo Guerreiro B. Losso 281

APRESENTAÇÃO

Os diversos seminários de mística comparada realizados na cidade de Juiz de Fora, no Seminário redentorista da Floresta, vão-se firmando como um canal privilegiado de reflexão e divulgação das pesquisas sobre mística realizadas no Brasil. O primeiro evento aconteceu em setembro de 2001, na ocasião mesma do trágico episódio das Torres Gêmeas. Foi o início de uma feliz iniciativa que já brindou nove edições. Trata-se de um espaço singular que vem reunindo pesquisadores de Juiz de Fora, São Paulo, Rio de Janeiro, Belo Horizonte e outras cidades mineiras. As pesquisas são surpreendentes e inovadoras, trazendo focos originais de abordagem e apontando pistas inusitadas para a reflexão sobre a mística. Outro traço singular é a composição do grupo. São pesquisadores que cobrem um campo profissional diversificado: filosofia, teologia, história, letras e psicanálise. Os seminários refletem igualmente o crescimento das linhas e projetos de pesquisa sobre o tema em determinados programas de pós-graduação em curso no Brasil, como na Universidade Federal de Juiz de Fora (Ciência da Religião), Pontifícia Universidade Católica de São Paulo (Ciências da Religião), Universidade Federal Fluminense (Filosofia) e Pontifícia Universidade Católica do Rio de Janeiro (Teologia). Os frutos das pesquisas nesse campo começam a surgir de forma inovadora nas dissertações de mestrado e teses de doutorado, com o devido reconhecimento no âmbito acadêmico.

Há uma preocupação de divulgar mais amplamente os resultados das reflexões que ocorrem nos seminários. Já foram publicadas duas obras a respeito: *No limiar do mistério. Mística e religião* (São Paulo: Paulinas, 2004); *Nas teias da delicadeza. Itinerários místicos* (São Paulo: Paulinas, 2006). É com o intuito de dar continuidade a essa divulgação que a nova obra vem apresentada: *Caminhos da mística*. O livro vem composto por treze artigos de pesquisadores que participam dos seminários de Juiz de Fora e conta com o prefácio do poeta e amigo Marco Lucchesi. Os artigos apresentados cobrem um vasto panorama.

Como porta de entrada, o artigo de Luiz Felipe Pondé (NEMES/PUC-SP), que busca abordar, a partir do subsolo, a dinâmica da misericórdia divina que sustenta um "mundo em chamas". Na sequência, o artigo de Marcus Reis Pinheiro (UFF), "Mística em Plotino". Com base em trechos das *Enéadas*, o autor visa a trabalhar a noção de mística em Plotino, abordando em particular três aspectos que se interpenetram: a união indistinta do homem com Deus, a imagem da luz na descrição da experiência unitiva e o processo seguido pelo homem para alcançar a almejada união. Em seu artigo sobre *A linguagem dos pássaros*, de Attar, Carlos Frederico Barboza de Souza (PUC Minas) concentra-se no tema da perplexidade (*hairat*), que permeia toda a obra analisada.

Os artigos seguintes envolvem duas grandes místicas cristãs medievais. No trabalho de Maria José Caldeira do Amaral (NEMES/PUC-SP), aborda-se a noção de *Minne* em Mechthild de Magdeburg, ou seja, o amor visceral de Deus, a partir da análise da obra *A luz fluente da divindade* (*Das fliessende Licht der Gottheit*). Por sua vez, Ceci Baptista Mariani (PUCCamp) apresenta a instigante teologia de Marguerite Porete, com base no livro *O espelho das almas simples e aniquiladas e que permanecem somente na vontade e no desejo do amor (Le Miroir des simples âmes et anéanties et qui seulement demeurent en vouloir et désir d'amour).*

Ainda no âmbito da mística cristã medieval insere-se o artigo de Adriana Andrade de Souza (PPCIR-UFJF), que visa a abordar um tema central da obra pregada de Meister Eckhart, a *Abgeschiedenheit* (o despreendimento ou a liberdade do homem em relação a si mesmo e a todas as coisas). Partindo da análise dos *Sermões alemães* (nn. 2 e 86), a autora apresenta a novidadeira reflexão eckhartiana sobre a excelência da prática de Marta sobre a contemplação de Maria.

Achegando-se mais aos tempos atuais, Maria Clara Lucchetti Bingemer propõe-se trabalhar em seu artigo o percurso único e original de Simone Weil nos misteriosos caminhos do Deus da revelação cristã e suas dificuldades com a Igreja Católica. Visa a mostrar, ainda, a sua atualidade para o século XXI, enquanto aponta pistas relevantes para o novo paradigma de mística em plena laicidade. Em linha semelhante vai a reflexão de Faustino Teixeira (PPCIR-UFJF), em sua apresentação da mística de Teilhard de Chardin, entendida como uma diafania de Deus no universo.

Enriquecendo o quadro da reflexão mística, o artigo de Alexandre Leone (Centro de Estudos Judaicos – USP) trata o tema da mística judaica refletida na obra de Abraham J. Heschel. Em seu trabalho, o autor aborda os temas da mística e hassidismo, da oração como experiência mística e da dialética teológica entre mística e razão. Outro contemporâneo de Heschel, e igualmente comprometido com uma mística engajada no tempo, Thomas Merton, vai ser objeto da reflexão de Sibélius Cefas Pereira (PUC Minas). O autor busca delinear em seu artigo a singularidade da vida contemplativa de Merton, em particular o significado do "trabalho de cela" e a atenção e escuta dedicada aos pequenos sinais do cotidiano.

O artigo da poeta Mariana Ianelli visa a apresentar as reflexões de Vittoria Guerrini (Cristina Campo), identificada como "A portadora de Cristo nos campos do III *Reich*". Em seguida, o artigo de José Carlos Michelazzo (PUC-SP), "Mística, heresia e metafísica", busca abordar, em proximidade com o pensamento de Martin Heidegger, as relações entre Cristianismo e Filosofia e mística e Filosofia.

O livro encerra-se com o artigo de Eduardo Guerreiro B. Losso (UFRural-RJ) "Crítica e mística: poesia moderna e instantaneidade". O artigo traz à baila a aporia que marca a abordagem sobre a mística vista a partir de perspectivas diferenciadas: dos pensadores cujo objeto de estudo não é a mística e dos estudiosos da religião. O autor sinaliza a importância de uma melhor aproximação dos estudos de mística, até mesmo do desafio de captar a presença de uma dimensão mística na poesia moderna, capaz de extrair a vitalidade que habita o instante.

Ao final de todas essas reflexões chega-se a uma conclusão. Não há como se aproximar das narrativas e relatos dos místicos sem deixar-se envolver por um contágio enamorador. A mística favorece a abertura ao "senso do inefável", a experiência da maravilha e a atenção aos singelos sinais do cotidiano. Enganam-se aqueles que identificam a mística como uma fuga do mundo e um retiro excludente para a interioridade. Na verdade, o que ela aponta, por todos os lados, é um "desaforado amor pelo todo". O místico vem habitado por uma singular "voracidade amorosa", que clama pela figura e pela Presença. Nada arrefece sua sede de totalidade. A contemplação verdadeira, como tão bem mostrou Eckhart, é sempre ativa. Trata-se de uma atividade que brota do interior, que nasce do fundo da alma; uma atividade que se insere no mundo das coisas, mas que é livre com respeito a elas. Em sua dimensão ativa, a contemplação busca, sem cessar, fazer "nascer o mundo à altura de Deus". Daí Eckhart optar por Marta, enquanto expressão da contemplação autêntica, "que passa através da *praktiké*, que não faz da verdade um objeto, mas um modo ativo de agir, uma energia agente e vivificante".[1]

Deixo aqui os sinceros agradecimentos a todos os que colaboraram para a realização deste livro. A alegria pela disponibilidade de todos e pela generosidade das reflexões. Em particular, agradeço o incentivo e a presença dos amigos de sempre, Luiz Felipe Pondé, Maria Clara Lucchetti Bingemer e Marco Lucchesi, que sempre acreditaram e apostaram em nossos seminários de mística e enriqueceram sua dinâmica com o estímulo em favor da participação de seus orientandos. Ao Programa de Pós-Graduação em Ciência da Religião da UFJF, pelo reiterado apoio aos seminários. E também a Paulinas Editora e seus colaboradores pelo incentivo e acolhida dessas reflexões, facultando sua mais ampla divulgação.

Faustino Teixeira

---

[1] GIANFELICI, Lorenzo. *La trascendenza dello sguardo*. Simone Weil e María Zambrano, tra filosofia e mistica. Milano: Mimesis, 2011. p. 156.

PREFÁCIO

MARCO LUCCHESI*

Os encontros de mística no Seminário da Floresta desempenham um papel de relevo no diálogo entre as religiões no Brasil. Mas não se limitam apenas a uma afinidade eclesial. Partem de uma conversação extremada, que é o discurso místico, pontilhado de silêncio, beleza e perplexidade. Dentro desse espaço oblíquo, exasperado e inesperado, cresce a flor da unidade, com seu perfume de todos os contrários. E San Juan de la Cruz se aproxima de Rûmî, a mística judaica do Budismo, a linguagem dos pássaros com os santos russos. E o admirável ceticismo de Pondé chega a tangenciar uma espécie de mística seca. No Seminário leigo da Floresta, uma questão produz um sem-número de janelas. No silêncio de Mestre Eckhart ou da confissão agostiniana. O Uno de Plotino e a Noosfera de Teilhard. Longe de um cartesianismo irrespirável ou de um positivismo epidemiológico, vive-se naquele espaço como que uma instância perdida e salubre de uma certa Universidade, feita de olhares oblíquos. Ecumênicos. Onde o conflito das epistemologias é sinal de beleza. Mistério. E desafio. A *sapientia mentis*

---

* Professor da Universidade Federal do Rio de Janeiro. Membro da Academia Brasileira de Letras e Pesquisador do CNPQ. Entre suas publicações: *Ficções de um gabinete ocidental*. Rio de Janeiro: Civilização Brasileira, 2009; *A memória de Ulisses*. Rio de Janeiro: Civilização Brasileira, 2006; *Sphera*. Rio de Janeiro: Record, 2003; *A sombra do Amado. Poemas de Rûmî*. Rio de Janeiro: Fisus, 2000; *Os olhos do deserto*. Rio de Janeiro: Record, 2000.

pressupõe a *sapientia cordis*. Como em Boaventura ou na luz tabórica da Igreja Ortodoxa.

A capital dessa eutopia tem um nome: o teólogo e poeta Faustino Teixeira, que acolhe e promove as diferenças que se imponham tão somente pela qualidade de que são portadoras. Grande mestre de cerimônias e teórico da mística inter-religiosa, Faustino é um dos buscadores do diálogo. Apaixonado pelo drama luminoso entre universo e pluriverso, tradição e ruptura. Vejo-o com seu largo sorriso a presidir às seções, tomando a palavra, encorajando cada interlocutor à conjugação da diferença.

A primeira vez que fui ao Seminário? Inesquecível. Conhecia tudo de modo indireto. Através de carta ou correio eletrônico. Vitória Perez de Oliveira foi a ponte entre nós. Houve muita neblina em 2001. Setembro. Onze. No alto da serra de Petrópolis, a notícia das Torres Gêmeas. Um sentimento ambíguo, o coração batendo forte. Acelero, mas a neblina mais densa impede um gesto brusco. Depois de quase duas horas, vejo Faustino. Um abraço fraterno. E a informação que eu trazia. Passava a monja budista. Um rabino. Falávamos do Islã. E da fenomenologia da religião. Mas não perdemos a esperança. No diálogo. No renascimento. E no futuro.

NO SUBSOLO

Luiz Felipe Pondé*

Quando o homem volta a Deus depois de uma experiência de apostasia, ele conhece em suas relações com Ele uma liberdade ignorada por aquele que passou sua vida numa fé tranquila e tradicional, e que tenha vivido numa "herança patrimonial".

(BERDIAEV, Nicolas. *Esprit et liberté*, Paris: DDB, 1984. p. 16.)

Tenho lido, estudado, refletido e escrito sobre a mística desde 1995, mais ou menos. Digo sempre que assim o fiz para não me sentir só. Sou um personagem que vive num limbo entre, por um lado, o grande inquisidor de Dostoievski (*Irmãos Karamazov*), gritando diante da misericórdia de um Deus silencioso que insiste em amar quem não merece (não sou igual a ele porque meu niilismo me impede de querer ter um rebanho), e, por outro, o homem ridículo (*Sonho de um homem ridículo*), também de Dostoievski, sabendo que meu niilismo, no fundo, é fruto de minha preguiça e que sou mesmo indiferente à dor do mundo (não sou igual a ele porque, ao acordar de qualquer sonho, continuo não querendo salvar ninguém).

---

* Filósofo, professor da PUC-SP e da FAAP, autor de, entre outros títulos, *Do Pensamento no deserto;* ensaios de filosofia, literatura e teologia. São Paulo: Edusp, 2009; e *Contra um mundo melhor,* ensaios do afeto. São Paulo: Leya, 2010.

O encontro desses dois homens leva-me à condição do habitante do subsolo (*Memórias do subsolo*, também de Dostoievski). De dentro desse asfixiante subsolo vejo a misericórdia sustentar um mundo em chamas. Às vezes acho que esta é minha "punição" (entre aspas, porque nunca senti culpa nenhuma por nada que faço): testemunhar uma Beleza da qual não faço parte e que se opõe basicamente a pessoas como eu. Não peço essa misericórdia que vejo, na realidade sinto que não preciso dela. Sua inutilidade se impõe a mim como uma presença absoluta. Sua inutilidade é Sua beleza. Lavo as paredes do subsolo onde vivo com as lágrimas que Sua insistência me revela. Em minha vida, sempre fui basicamente um egoísta, movido por interesses viscerais, nunca meramente conceituais. Um filósofo escravo de suas pulsões, em todos os sentidos. É deste pântano que nasce qualquer coisa que eu tenha feito ou venha a fazer. Sou o tipo de pessoa desinteressada pelo sofrimento do outro, concentrada em seus objetivos, sem arroubos sentimentais, indiferente à África, dominada pelo tedioso sentimento da banalidade da vida e dos homens. Sinto que existem mais ou menos três ou quatro tipos de pessoas, dos quais faço parte, e que tudo o que fazem é iludir-se com sua própria originalidade. A ciência, para mim, sempre foi um discurso sobre a comprovação da banalidade última de tudo o que existe. Por isso o método científico, ao final, é fácil como contos de fadas. Tudo se move sob o manto indiferenciado das leis universais. Pessoas religiosas ou fracas de fé devem conversar pouco comigo porque provavelmente não demonstrarei nenhuma misericórdia para com sua insustentável fé.

Li e leio filósofos, teólogos e místicos para aprender uma linguagem que deve servir ao meu sentimento de nulidade do mundo e que me ajudem a entender a razão de ser testemunha de algo que, talvez, para outras pessoas tivesse mais uso. Sou o tipo de pessoa que irritava os profetas de Israel: nasci na elite, vivo na elite e acho que a elite sustenta um mundo incapaz de manter-se por si só. Se vivesse em épocas bíblicas, seria um judeu romanizado, provavelmente tomando conhecimento da Paixão de Cristo com pouco interesse, ainda que percebendo Sua Beleza, movido apenas pela certeza de Sua inutilidade. Digo isso sem buscar abrigo, como muitos mentem dizendo, na intenção de educar as pessoas para uma vida crítica. Todos os críticos que conheci em carne e osso o eram apenas para alimentar seu orgulho pessoal. Na educação, movo-me pelo desejo simples de sentir prazer ao ver um aluno mergulhar, sem esperança, no espanto que é perceber a fragilidade da vida. Voltando àquele que, entre outros, me ajuda a respirar, o russo doente Dostoievski, confesso que, às vezes, durante a noite, acordo assustado, tomado pelo sentimento de que corro o risco de ser um homem extraordinário (sem culpa, sem medo moral, sem saudades do passado, sem interesse pelo futuro), tipo imaginado pelo atormentado personagem Raskolnikov (*Crime e castigo*), por isso mesmo vagando livre entre as planícies geladas e vazias descritas por Nietzsche, desejando sentir o aconchego de meu pequeno subsolo, pedaço de terra a mim reservado nesta vastidão infinita do mundo. Uma liberdade vazia entre quatro paredes, que fecha os olhos de dor, mas que ainda assim pressente a misericórdia, pressentimento este que, para mim, permanece uma maldição misteriosa. Difícil de entender, talvez, começo a suspeitar que a única razão de fazer-me testemunha de sua Beleza é a possibilidade de narrá-la movido pela mesma liberdade de que fala outro russo, Berdiaev (citado na epígrafe deste fragmento do subsolo), e que se constitui o único luxo da raça dos apóstatas amados por Deus. A minha indiferença a Ele (pecado supremo), e sua Criação, talvez O tenha seduzido.

MÍSTICA EM PLOTINO

MARCUS REIS PINHEIRO*

Frequentemente, desperto para mim mesmo, para fora de meu corpo, e me torno estrangeiro a tudo que é outro e interiorizado em mim mesmo: assim vejo uma tão espantosa e aterrorizante (*thaumastòn*) Beleza. Estou convencido, especialmente nestes momentos, de que se trata de uma Moira (destino) mais forte, o meu estar em ato é uma aristeia de vida (uma vida boníssima): estou acontecido[1] (aconteço-me) como o mesmo que o deus (acontece-me o mesmo que ao deus). Tendo solidamente me colocado nele, e alcançado tal ato, eu me edifico nisto que está além de todo inteligível. Mas, depois da estada no divino, eu caio em aporia, descendo do intelecto para o pensamento discursivo, e então, me pergunto como e quando eu desci e como é que a alma, sendo tal essência, veio a ser aqui dentro do corpo.

Da descida da alma. IV, 9 [6], 1

---

*   Professor adjunto do Departamento e do Programa de Pós-Graduação em Filosofia da Universidade Federal Fluminense (UFF). Doutor e pós-doutor em Filosofia pela PUC-Rio. Organizou, junto com a professora Maria Clara Bingemer, *Mística e filosofia*, coedição PUC-Rio/Uapê. Seus interesses principais são a religião e a filosofia grega em geral, especialmente a de Platão e a do helenismo.

1   Trata-se de um particípio perfeito que poderia ser traduzido como presente, aconteço.

No presente artigo compreenderemos a mística primariamente como o encontro do homem com a divindade,[2] com todas as complexas articulações que tal encontro implica. Assim, como esse encontro remete a um processo especial de aperfeiçoamento do homem e sua decorrente aproximação da divindade, todo esse processo também será aqui incluído na definição, especialmente o discurso amoroso relativo à divindade, tão singular da experiência mística.[3] Assim, o presente artigo compreende a mística especialmente por três aspectos que se interpenetram: 1) a união indistinta do homem com deus e a consequente necessidade de superar sujeito e objeto, 2) a imagem da luz utilizada para descrever essa experiência unitiva, e 3) o processo pelo qual passa o homem até alcançar tal união, processo sempre doloroso e vinculado à dor do parto. Ao longo do artigo, iremos trabalhar a noção de mística em Plotino[4] descrevendo

---

[2] Sobre os problemas advindos de colocar uma experiência subjetiva como o objeto de um estudo, ver a introdução de B. McGINN em *The Foundations of Mysticism. A History of Western Christian Mysticism* (Crossroad: New York, 1991). Sobre a história do termo em sua utilização contemporânea, ver: CERTEAU, Michel. *The Mystic Fable;* The Sixteenth and Seventeenth Centuries. Universtiy of Chicago Press: Chicago, 1995.

[3] Hadot em Plotin. *Traité 38*. Paris: Éditions du Cerf, 1987. Apresenta-nos seis características centrais sobre a união mística em Plotino: (1) é momentânea e não permanente; (2) é uma presença; (3) é uma visão e uma aparição; (4) essa visão é uma fusão; (5) intelecto e alma perdem identidade; (6) alma com desejo satisfeito, em bem-estar.

[4] As passagens mais citadas ao se falar sobre mística em Plotino são VI, 9 [9], 11; VI, 7 [38], 34-36; V, 3 [49], 17; V, 8 [31], 11. Sobre o tema da mística em Plotino, ver também a dissertação de mestrado de Bernardo Lins BRANDÃO, *Mística e filosofia em Plotino* (Belo Horizonte: UFMG, 2007), disponível em: <http://www.bibliotecadigital.ufmg.br/dspace/bitstream/1843/ARBZ-7X4KH9/1/disserta__o.pdf>. Sobre a impossibilidade de falar de uma mística em Plotino, ver artigo de Luc BRISSON disponível em: <http://www.scielo.br/scielo.php?script=sci_arttext&pid=S0100-512X2007000200011&lng=pt&nrm=iso&tlng=pt>.

trechos das *Enéadas* em que esses três aspectos são sublinhados, além de alguns outros, como o discurso amoroso sobre essa união e a sua radical incomunicabilidade.

Ao tratarmos da união mística, temos de deixar bem claro que, em Plotino, há pelo menos duas etapas bastante distintas nesses processos. Primeiro, a Alma deve identificar-se com o *Noûs*[5] e, posteriormente, esta alma unificada ao *Noûs* deve perceber-se na presença do Uno, e fundir-se ao Uno. Assim, deve-se levar em conta que, ao se tratar da mística em Plotino, podemos estar lidando com elementos que dizem respeito a um ou outro nível do processo de união. No presente artigo, iremos apenas descrever os elementos da mística do encontro com o Uno, o primeiro princípio, e só de modo tangencial é que nos referiremos a elementos da mística do encontro da Alma com o Intelecto.

Vale indicar, ainda, que, em verdade, o discurso sobre o amor e sobre a busca pelo Belo (tão importantes nos discursos místicos) são, em sua maioria, descrições da Alma em seu movimento rumo ao *Noûs*, e da Alma identificada com o Intelecto em seu movimento de união com o Uno, já que a Beleza encontra-se no nível do Intelecto[6] e, em rigor, o encontro com o Uno deve ser

---

[5] Como forma de introdução ao sistema de Plotino, vale salientar que ele defende uma metafísica com três níveis: primeiro, o nível do Uno, realidade primeira, fonte de tudo e completamente inefável; depois, surge, a partir da perfeição do Uno, a segunda hipóstase, ou substância primordial, o Intelecto, ou *Noûs*, que congrega em si todas as ideias platônicas; por fim, temos o nível da Alma, a *psyché*, última realidade que se distingue também em pelo menos dois níveis, a Alma Universal, que cuida do mundo sensível, e a Alma individual, motor da existência dos indivíduos particulares. Assim, teremos sempre a estrutura triádica de Plotino em mente: O Uno (*hén*), o Intelecto (*Noûs*) e a Alma (*Psyché*).

[6] V, 5 [32] 12, tratado em que Plotino diferencia o Intelecto como Belo e o Uno como além do Belo.

22 MÍSTICA EM PLOTINO

completamente apofático, isto é, para sua descrição só é permitido negar todos os atributos possíveis. No entanto, em Plotino há também um discurso amoroso ao descrever um *Noûs* que se volta para a unificação com o primeiro princípio: trata-se do *Noûs* amante e desarrazoado: "[...] um intelecto amante (*noûs erôn*), quando quer que se torne insensato (*áphron*) por estar bêbado de néctar".[7] Poderíamos distinguir, assim, um *Noûs* sensato, que contempla os seus próprios objetos *noéticos*, e um *Noûs* desarrazoado (*áphron*) e embriagado de amor.[8]

Devemos analisar aqui a noção de *henôsis*,[9] de unificação mística, em Plotino. A *henôsis* em Plotino, de início, implica uma total simplificação, uma total ausência de dualidade ou multiplicidade, já que, na medida em que o Uno não é de forma alguma dois, o encontro com ele também não poderá pressupor a dualidade. Caso queiramos realmente experimentar a unidade radical da divindade, não se pode pressupor nessa mesma experiência a dualidade. Ora, se não há multiplicidade alguma, é negada a própria possibilidade de comunicar o que seja tal acontecimento, pois toda linguagem remete-nos a pelo menos uma dualidade entre aquele que fala e aquilo que é dito. Estamos diante de uma tarefa impossível, descrever o que seja a experiência do encontro com o primeiro princípio. Em verdade, há um

---

[7] VI 7 [38] 35,

[8] Plotino está aqui em um estreito diálogo com o texto *Fedro* de Platão, 244a-
-245b.

[9] *Henôsis*, unificação, vem de um substantivo formado pelo numeral um, *hén*: IV, 4 [28] 2, 26; IV 4 [28] 18, 23; IV 7 [2] 3, 2; VI 1, 26 [42] 26, 27. *Henoûn, unir, unificar*: I 8 [51] 14, 31; III 7 [45] 12, 20; III 8 [30] 6, 20; IV 3 [27] 6, 30; IV 3 [27] 8, 14; IV 4 [28] 2, 29; IV 7 [2] 3, 4; V 3 [49] 8, 19; V 8 [31]11, 29; VI 2 [43] 11, 22; VI 5 [23] 5, 9.19; VI, 6 [34] 1, 7; VI 6 [34] 3, 4; VI 6 [34] 9, 29; VI, 7 [38] 35, 37; VI 9 [9] 5, 41; VI 9 [9] 1, 17; VI 9 [9] 9, 33; VI 9 [9] 11, 6. SLEEMAN, Pollet. *Lexicon Plotinianum*. Leiden: Brill, 1980.

sério problema com a própria palavra experiência, na medida em que ela remete à divisão entre sujeito e objeto. Ao tratarmos dessa unificação, não poderíamos utilizar a expressão *experiência de unificação com deus*, somente talvez em um sentido metafórico, já que a noção de experiência, usualmente, remete à divisão epistemológica entre sujeito e objeto, excluída no acontecimento radicalmente simples da *henôsis*.

Análise do V 5 [32] – *Que os inteligíveis não estão fora do intelecto e sobre o bem*

Tendo presente a distinção que fizemos acima das duas etapas da mística em Plotino, aquela em que a Alma se identifica com o *Noûs* e aquela em que se identifica com o *Uno*, iremos descrever o movimento de superação do inteligível. Assim, primeiro devemos elevar-nos até a bela visão do mundo inteligível, e então devemos ir além dela, afastando-nos de qualquer imagem até chegar à causa de todas as imagens inteligíveis: "Então, ele descarta a imagem, mesmo ela sendo bela, e vai para a união consigo mesmo e não se separando mais, é totalmente uno e inteiro com aquele deus que está presente silenciosamente, e permanece com ele o tanto quanto pode e quer".[10]

Um trecho em que se fala da necessidade da ascensão a partir do *Noûs* são os capítulos 6 ao 13 do tratado 32 (V, 5). Esse

---

[10] V, 8 [31], 11. Uma diferenciação interessante que é feita em V, 5 [32] 12 é a seguinte: "O bem é gentil, doce e gracioso e está presente a quem quer que queira. A beleza, por outro lado, traz estupor, choque e prazer, misturada com a dor". Trata-se de pensar que a busca e o encontro com a beleza é ainda de uma ordem da transformação, como a saída da caverna. Já o encontro com o Bem, é da ordem do descanso, do além de toda e qualquer perturbação, imagens, em verdade, que remetem à negativdade radical da *henôsis*.

24   MÍSTICA EM PLOTINO

tratado como um todo é uma clara continuação do tratado 31 (V, 8) *Da Beleza Inteligível*, em que se discutiu sobre a ascensão rumo ao inteligível através do *éros* às belezas inteligíveis. Plotino continua a descrição da jornada apresentando agora a necessidade de o próprio Intelecto abandonar suas tão belas imagens encontradas e lançar-se em algo desconhecido, o Uno-Bem. A descrição do Uno é assaz negativa. Todos os atributos substanciais de um ser são-lhe negados. O Uno é sem forma (*aneideon*), está além da substância (*ousía*), não é um algo (*ti*), está além do ser, é um não isso (*to ou toûto*). Deve-se descartar o Inteligível (*apheìs to noetòn*). Trata-se de um imperativo de ausência total de multiplicidade, característica ainda presente no Intelecto, mesmo as realidades inteligíveis sendo de alguma maneira intimamente unificadas entre si pelo fato de serem todas perpassadas umas às outras. Ao perceber a radicalidade negativa do que afirma, Plotino lembra-nos, então, da imagem do trabalho de parto para descrever a dor de ter de abandonar até mesmo o nível inteligível.

Teologia Negativa

Ainda no capítulo 6 do tratado 32 (V, 5), ele nos apresenta uma das pérolas da Teologia Negativa. Está já assentada a total impotência de toda e qualquer nomeação sobre o Uno. No entanto, caso se deixe vazia tal nomeação e não se afirme nenhum termo positivo para denotar o primeiro princípio, como se faz com os termos Uno ou Bem, o aprendiz ver-se-ia ainda mais confuso. Coloca-se, assim, algum termo positivo provisório para que seja, posteriormente, também ele negado. Desse modo, os termos que denotam o primeiro princípio devem ser encarados como termos negativos: o termo Uno, por exemplo, remete, em verdade, à negação de qualquer forma de multiplicidade em vez de remeter a uma realidade que seja efetivamente una. Estamos lidando com um método negativo de descrição e por isso todo e qualquer termo deve ser negado: assim, a própria denominação "Teologia Negativa" ainda seria equivocada, pois que nos remeteria a uma *Teo*logia, isto é, a um discurso sobre deus, o que não é o caso, efetivamente. É possível que se comece uma exposição do método de Plotino chamando-o Teologia Negativa, mas essa palavra mesma deve ser mais bem qualificada para aquele que já compreende um pouco mais do que se trata: assim, vê-se uma interessante noção de uso da linguagem em que os seus sentidos são condicionados pelo nível de compreensão daqueles que são os destinatários desse discurso.

Como forma de explicitar ainda mais a radical negação de toda e qualquer positividade na ascese rumo ao Uno, o capítulo 7 do tratado 32 (V, 5) apresenta-nos uma das melhores descrições sobre o imaginário da luz. Procura-se esclarecer aqui uma experiência em que o próprio *Noûs* cai em aporia, pois deve-se descartar até mesmo suas belas imagens: não se trata de ver um objeto inteligível, mas sim a luz que ilumina tais objetos. Busca-se a causa da visão, isto é, o meio através do qual a visão vê seus objetos. A aporia está no fato de, não havendo objetos a serem vistos, o Intelecto ser forçado a aprender uma nova forma de olhar. Na medida em que se busca contemplar o meio pelo qual se contempla, não haveria mediação entre aquele que vê e o objeto a ser visto, o Intelecto se vê subitamente no próprio elemento que desejava ver. Não se trata de uma luz que é percebida por iluminar um objeto, pois não há objeto a ser iluminado (o que se deseja ver é a própria luz), e assim o *Noûs* parece não ver nada. Essa seria a angústia dolorosa do trabalho de parto pelo qual passa o intelecto ao ultrapassar a si mesmo e mergulhar no inefável, no Uno.

Poderíamos afirmar que se trata aqui de uma descrição negativa do encontro com a luz, mas, no entanto, a metáfora vai mais longe ainda. Aquele que busca, identificado neste momento com o nível do *Noûs*, subitamente percebe também que a luz que iluminava os *noetá* (objetos inteligíveis) não provém de alguma fonte exterior, mas provém dele mesmo, e, cerrando seus olhos, sua luz interna repercute e ele contempla pura luz. Assim, "em não vendo, ele vê, e vê mais que antes". Em uma analogia com o olho físico, que ao se fechar possibilitar-nos-ia abrir os olhos metafísicos (como os adivinhos gregos, que, sendo cegos, por vezes enxergam mais), Plotino diz-nos que, ao fechar as pálpebras do olho noético, ficamos com uma luz além do noético.[11]

No capítulo 8 do V 5 [32], ele continua a descrição da imagem da luz e sugere-nos a espera silenciosa do inesperado. Assim como o olho espera o sol nascer do horizonte e não sabe de onde ele veio, só sabe que veio de algo além, também o Intelecto espera essa visão. No entanto, quando ela chegar será como algo que não veio, pois ela sempre esteve presente, antes de todas as realidades inteligíveis.

Análise de V 3 [49] 36 – *As hipóstases que conhecem e o transcendente*

De modo a aprofundar essa imagem da luz, vamos, ainda, tratar de outros textos de Plotino em que ele procura superar a dicotomia entre sujeito e objeto pressuposta no linguajar da visão. Nosso autor propõe superar o linguajar da visão para o linguajar do toque, que seria, talvez, um pouco mais apropriado

---

[11] Talvez aqui possamos afirmar que Plotino está também procurando superar o linguajar da visão, tão marcada pela dicotomia entre sujeito e objeto, para descrever uma experiência do toque, de uma proximidade radical.

para se falar de uma *fusão* entre o sujeito e o objeto. Apesar de nosso autor utilizar frequentemente o linguajar da visão, devemos superá-lo para entrarmos no do toque: teremos a *experiência de tocar noeticamente (noerôs ephápsasthai)* deus. O interessante é que ele não abandona completamente o linguajar da luz, e, mesmo ao falar da luminosidade e da visão como elementos fundamentais do que se pode chamar de união com deus, Plotino convoca-nos a superarmos a separação entre sujeito e objeto pressuposta ali: trata-se de um tipo de visão que é uma fusão entre aquele que vê, o objeto visto e a luz, passando, então, a utilizar o linguajar do toque.

Nessa busca do linguajar do toque, somos forçados a remeter-nos ao fato de que toda linguagem acerca da unificação do homem com o princípio é sempre posterior ao acontecido. Se ali não se pode falar de experiência nem de sujeito e objeto, nem de vivência, temos de utilizar ou o pretérito ou o futuro, pois não se pode descrever nada no momento da unificação. Em verdade, trata-se de um momento em que há um *aniquilamento do sujeito*, em que seu trabalho de parto leva-o a uma ausência de si, que só será *compreendida* em um momento posterior, quando a própria unificação não estiver mais presente.

O texto principal sobre o qual iremos discorrer é o seguinte:[12]

> [...] Será suficiente termos tratado disso? E então, podemos nos afastar? Mas a alma ainda está em trabalho de parto, e mais ainda agora! Talvez, então, tenha chegado a hora de ela gerar, pois tendo se voltado para o Uno e o desejado, ela esteja na completude de seu trabalho de parto. É, assim, necessário cantar cantos mágicos, se descobrirmos algum para seu trabalho. Talvez haja um naquelas coisas de que tratamos, caso alguém

---

[12] V, 3 [49], 17, tradução minha.

as cantasse várias vezes. E que outro canto poderíamos encontrar que tenha alguma novidade? A alma corre sobre todas as verdades e, no entanto, foge das verdades das quais participamos caso alguém tente expressá-las em palavras e em pensamento discursivo. Para o pensamento discursivo dizer algo em palavras, é necessário expressar uma depois da outra, pois este é o método da descrição. Mas como descrever algo que é completamente simples?

Talvez baste um toque noético (*noerôs ephápsasthai*). Pois quando se toca, no momento do toque, não há nem ócio nem possibilidade de se falar nada, só depois é que raciocinamos. Pois quando alguém vê, é necessário que acredite, pois a alma toma subitamente luz. Pois esta luz vem dele e é ele. Então, se faz claro que ele está presente, assim como quando um deus, ao chamado de alguém, entra e traz luz. Não haveria luz se ele não tivesse vindo. Assim, uma alma sem luz (*aphótistos*) está privada deste deus, já que se tivesse sido iluminada ela possuiria o que procurava. Isto é o verdadeiro *télos* para a alma, tocar aquela luz e contemplá-la por si mesma, não por meio de outra luz, mas por aquela mesma pela qual ela também consegue ver. Ela deve ver a luz pela qual ela é iluminada, assim como não vemos o sol por meio de outra luz.

Como, então, realizar isso? Descarte tudo! (*áphele pánta*) [...]

O texto de Plotino é uma mistura de argumentação filosófica com descrições pessoais, em que são narradas as experiências particulares do autor, assim como exortações aos leitores para realizarem também tais experiências. Em muitas passagens, afirma-se que apenas haverá uma correta compreensão quando houver alguma "experiência pessoal" com o que é dito. Assim, no trecho que citamos acima, em que Plotino vinha tratando de assunto bastante abstrato – do autoconhecimento no nível do *Noûs* e da impossibilidade deste autoconhecimento no nível do

Uno –, Plotino parece convocar-nos a uma realização de outra ordem que não a ordem da compreensão racional.

Subitamente, após longa análise filosófica, ele nos lembra de que os discursos filosóficos não são tudo.[13] A alma está em trabalho de parto (*odívei*)[14] e talvez tenha chegado a hora de dar à luz, depois de tanto tempo em seu desejo intenso pelo Uno. A noção de trabalho de parto, *odís*, remete-nos diretamente à *maiêutica* de Sócrates.[15] Trata-se de pensar o movimento de busca da verdade como um movimento que nos remeta a vivências pessoais, dores existenciais lancinantes, como se estivéssemos para dar à luz uma nova concepção da realidade, sendo forçados a presenciar a morte de identificações de nós mesmos com níveis de realidades que não são nem os mais verdadeiros nem os últimos sobre nós mesmos.

Estamos em trabalho de parto e precisamos de canções mágicas (*epodé*) que nos auxiliem nesse doloroso processo. A filosofia é essa canção mágica, que nos transporta pelos caminhos dolorosos da aniquilação da subjetividade identificada com níveis inferiores da realidade: não somos nossa identidade

---

[13] Ver também IV 4 [28] 36, em que ele afirma a necessidade de abandonar todos os estudos.

[14] Na *República*, há uma passagem interessante sobre o trabalho de parto: "Mas, continuando, não diminuiria seu *Eros* até que ele toque (*hápsasthai*) naquilo que é cada coisa, com aquela parte de sua alma ajustada a isto [...] e se aproximando e se misturando realmente ao real (*toi onti ontos*), ele daria à luz (*gennésas*) a inteligência e a verdade, tendo-se tornado isto e vivido verdadeiramente e tendo-se alimentado disto, leva, então, ao fim seu trabalho de parto, mas não antes". Pode-se pensar também o *Banquete*, em que o jovem aprendiz do Belo, na ascese de seu impulso erótico, vai gerando belos discursos. A própria Alegoria da Caverna, com suas vivências dolorosas de saída das sombras rumo à verdade da luz, talvez possa ser uma imagem para o processo de nascimento.

[15] A maiêutica de Sócrates aparece especialmente no *Teeteto* 150a.

30 MÍSTICA EM PLOTINO

humana efêmera, já que aquilo que nos constitui em nosso mais íntimo cerne é o próprio centro da totalidade, o Uno/Bem. A dor de nossa alma pede canções mágicas,[16] que possam auxiliar-nos nesse processo, e Plotino afirma que o próprio texto que ele expôs pode ser visto como uma canção mágica: ajuda-nos a lidar com nosso trabalho de parto. No entanto, sabemos que nenhuma fórmula será suficiente para dar conta daquele encontro, pois a alma deve rejeitar, em sua ascese final, todo pensamento discursivo, toda *dianoia*. Na medida em que o pensamento discursivo deve falar uma coisa após a outra, como proceder quando se deseja expressar algo completamente simples? Devemos, então, lançar mão daquilo que Plotino chama de um *contato noético, noerôs ephápsasthai*. Mas, no momento em que ocorre esse contato, não há tempo nem possibilidade de haver fala sobre ele, pois trata-se de uma realização de outra ordem.

Com a indicação da impossibilidade de discurso sobre tal contato noético, Plotino começa, então, a descrever a imagem da luz. A alma subitamente é tomada de luz. A característica abrupta, instantânea, repentina, da realização remete a uma quebra com a própria noção de temporalidade, pois ali não se pode mais contar um "antes" e um "depois". A imagem da luz também nos ajuda a compreender a instantaneidade do acontecimento da experiência e, assim, lembra-nos da ausência de ócio para falar (*scholén ágein légein*) ou raciocinar sobre o assunto. Somente depois, em uma tentativa de lembrar e expressar o que houve, é que raciocinamos e procuramos falar sobre isso.

Plotino assalta-nos com imagens desconcertantes. Relata uma indução surpreendente, que deriva do fato de o sujeito

---

[16] Sobre a filosofia como canções mágicas, veja IV, 4 [28], 43, 8 e Platão: *Cármides* 157a; *Fedon* 77e-78a, *Teeteto* 148e-151d.

perceber-se subitamente todo envolto em luz para a certeza da presença do deus, o sol, causa desta luz. Essa tomada súbita de luz é uma forma de indicar a total ausência de mediação nessa realização: sem saber como, bruscamente, encontramo-nos ali, ou melhor, realiza-se. A impessoalidade do verbo lembra-nos do aniquilamento do sujeito diante da "experiência" de nadificação do encontro com o primeiro princípio. Esse aniquilamento está claramente expresso no imperativo final do tratado, em que devemos afastar-nos de absolutamente tudo, descartar toda e qualquer realidade que se mostre outra que o sujeito, que apresente qualquer forma de multiplicidade.

A descrição da vivência específica da luz do encontro místico também nos mostra a ausência de uma separação entre os elementos fundamentais que fazem a visão: aquele que vê, o que é visto e o meio pelo qual se vê. Apresentando essa presença da luz como a chegada de um deus que teria sido invocado, o linguajar da luz remete-nos ao que há de sagrado nas realizações humanas. Mas essa realização do sagrado remete a um *toque naquela luz*, e tal linguajar do toque em meio ao linguajar da visão procura convocar-nos a transcender a divisão epistemológica: não há de haver nem aquele que vê nem objeto visto, mas a própria alma sendo luz e vendo através da luz pela qual ela mesma é iluminada, é o objeto a ser contemplado, tocando-se a si mesma em intensa claridade. O remetimento à imagem quase onipresente do sol reforça ainda mais a ideia de que não se deve pensar em duplos ao se falar da luz, pois é com a luz do próprio sol que o vemos: faltaria apenas indicar que aquele que vê também é o próprio sol.[17]

---

[17] Outro texto exemplar sobre a união mística é o V, 8 [31] 11, em que Plotino, transformando a noção tripartida de visão (aquele que vê, objeto visto e visão), procura descrever as aporias em que cai aquele que deve aprender a "ver a si mesmo".

Análise de VI 9 [9] – *Sobre o Bem ou o Uno*

Realmente, um dos textos mais importantes sobre mística em Plotino é o VI, 9 [9], organizado por Porfírio como o *gran finale* das *Enéadas*. Especialmente os últimos cinco capítulos (7-11) são uma descrição complexa e minuciosa do estado de união com o primeiro princípio, o Uno ou o Bem (*hén* ou *agathós*). Talvez a última frase deste tratado, *a fuga do solitário para o solitário* (*fugè mónou pròs mónon*), seja o mote mais conhecido daquilo que se entende por união mística em Plotino. Iremos, no que resta deste artigo, apresentar alguns aspectos de alguns capítulos de tão famoso tratado.

No capítulo 4, Plotino utiliza um termo que será muito caro a toda mística, *parousía*, presença.[18] Enfim, não se trata de conhecimento, mas de presença. Diz que nos afastamos daquela presença ao termos ciência de qualquer fato. Assim, a ciência é uma apostasia, termo que congrega os sentidos de afastar-se e de uma queda (também remete aos sentidos de erro e falta e também o sentido de revolta) daquela presença que nos é mais cara. Pensar a ciência como um distanciar-se e como uma queda é uma transformação profunda diante do pensamento platônico, transformação que passa a orientar a idade média até o retorno das luzes no Renascimento e na Modernidade. Encontramos aqui um movimento de intensificação da transcendência platônica que aponta para uma *hyper*-ciência, uma douta ignorância, para citar Nicolau de Cusa. "É necessário galgar para a *hyper--episteme* e de forma alguma descer para longe do ser um, mas é

---

[18] *[...] katá parousían epistemes keíttona.* VI 9 [9] 4, 4, "[..] de acordo com uma presença mais forte que a ciência".

necessário *apostasiar-se* das ciências de qualquer coisa e da contemplação do Belo."[19]

A alma cai quando ultrapassa a perfeição da presença do Um e vai ao número e à multiplicidade. Numa inversão da prática apostática que ocorre no surgimento do conhecimento – sempre múltiplo –, Plotino sugere o apostasiar-se desse apostasiar-se, revoltar-se contra toda multiplicidade. A dupla negação é um processo bastante habitual em Plotino para afirmar a unidade radical sem cair no erro de afirmar uma coisa qualquer: afastar-se do afastamento, abandonar o abandono, desertar o deserto e ir só ao só. Plotino convida-nos a abandonar o *Noûs* (hipóstase do conhecimento noético) e sua bela contemplação para irmos além, para a presença. Mesmo nosso amor pelo *Noûs* sendo tão forte, percebe-se que essas belas inteligíveis retiram sua própria beleza daquele inominável, assim como a deslumbrante luz do luar, que enfeita todo o oceano em uma noite de plenilúnio. As belezas inteligíveis prestam-se a ser decifradas: assim como, ao fim, devemos atribuir toda luz refletida no oceano em uma noite de lua cheia ao sol refletido no astro noturno, também ali os inteligíveis têm sua beleza derivada do Uno.

A estratégia principal de Plotino em seu apofatismo, além de negar toda positividade, é negar também toda negação, como forma de uma positividade sublimada. Negar todo outro, ser outro do outro, como forma de afirmar o mesmo sem cair na proibição já exposta de afirmar algo. Como vai dizer no capítulo 8 do tratado:

> Pois, nos corpos, os próprios corpos impedem a comunhão de uns com os outros, mas os incorpóreos não são separados

---

[19] VI 9 [9], 4.

pelos corpos. Nem há um lugar que os separe uns dos outros, mas é a própria alteridade e diferença que assim o faz. *Quando, então, a alteridade não está presente, as coisas que não são outras estão presentes para os dois.* Aquele, então, não tendo alteridade, está sempre presente, e nós estamos presentes nele quando não temos alteridade.

A tática apofática é de negar a negação, retirando toda alteridade para afirmar a presença. Negar a negação aponta para o processo necessário de modificação pelo qual deve passar o aprendiz da experiência unitiva: não se trata apenas de uma afirmação simples, mas de um processo de dupla negação. Como qualquer afirmação, mesmo de uma radical unidade, é ainda afirmação de *alguma realidade*, e, portanto, reificação de alguma especificidade que diferencia o uno com alguma propriedade, o método a ser empregado em sua descrição é apofático, isto é, negativo em relação a toda e qualquer outra realidade: *oudemía adiáphoron*, "nenhuma diferença".

O último capítulo do tratado VI 9 [9] é uma das grandes peças da literatura mística. Começa apresentando novamente o traço inefável da *parousía*, lembrando do imperativo dos mistérios de não se revelar aos não iniciados o seu segredo. O que logo percebemos é que se trata não tanto de um imperativo a ser ou não seguido, mas de uma impossibilidade natural ao próprio fato da Presença. Diz-nos Plotino: "Não era dois, mas era uno aquele que está vendo e o que era visto: em verdade, ele não foi realmente visto, mas unificado, e caso ele se recorde de quando estava misturado a ele, ele teria para si mesmo uma imagem". No entanto, qualquer imagem já é algo diferente da realização máxima da unificação, e dessa maneira, toda e qualquer recordação daquela Presença é já equívoco em relação a ela. No momento da presença, há o silêncio do solitário.

Plotino começa, então, outra de suas passagens memoráveis do apofatismo. Novamente, a estratégia principal é negar toda alteridade, qualquer alteridade que haja em si mesmo, assim como qualquer outra realidade. O sujeito que experimenta a unificação radical com o primeiro princípio deve deixar de lado até mesmo a própria identidade: ele mesmo não estará lá.

A poética negativa de Plotino anseia pelos limites da linguagem. Assim como a ascese erótica do discurso da sacerdotisa de Mantineia, a Diotima do *Banquete* de Platão, a via ascensional até a presença do uno (não alteridade) vai negar até mesmo o *logos* e a *nóesis* à experiência do princípio supremo. E na medida em que para Diotima todo desejo é sinal de falta, Plotino segue Platão ao afirmar que no momento daquela Presença não há desejo algum, nem emoção alguma. Narra Plotino que é como se o sujeito fosse raptado ou possuído no silêncio da solidão, e experimenta um estado de calma intrépida, e em seu ser não se volta para nada, tendo-se transformado numa espécie de repouso.

> Mas ele foi como que raptado ou possuído por um deus no silêncio de sua solidão, tendo-se tornado um estado de não perturbação, em sua substância não se reclinando para parte alguma, nem mesmo se voltando para si mesmo, estando totalmente em repouso e tendo-se tornado uma forma de repouso.[20]

Plotino convida-nos à imagem de um santuário e a reconhecermos as belezas do mundo inteligível como estátuas desse santuário. Ao adentrarmos ainda mais, procurando o interior mais secreto, onde não há imagens, reconhecemos uma presença até então inaudita. Após contemplar as regiões inimaginavelmente belas das formas eternas, a alma vê-se forçada por um impulso

---

[20] VI 9 [9] 11.

que nem ela mesma compreende, que a lança para além, tão além que nem sabe mais ela de si, perdendo todo e qualquer parâmetro de realidade. A alma ultrapassa até mesmo o "coro das virtudes", como se fosse para além de bem em mal. Não mais imagens, não mais estátuas nos umbrais de santuários, mas Aquilo Mesmo. Na embriaguês de uma apneia impensável...

> "[...] um êxtase, uma simplificação, um jorrar de si, um impulso para o tato, um repouso, uma *circum*-percepção amalgamada [...]."[21]

Sempre estamos a sós no momento do toque. O ensinamento alcança apenas o caminho e o caminhar e só o desejo daquele que quer tocar e presenciar a presença pode levá-lo até lá. A visão é obra do próprio desejo de ver e não de qualquer instrução. *Fugè mónou pròs mónon*, fuga do só para o só. Não há instrução, somente o encontro do só com o só, expressão essa que nos faz indagar: há encontro? Uma fuga súbita, um corte abrupto, um rompante: a *hiper*-solidão da presença.

---

[21] Para muitos comentadores, essas são as expressões principais deste capítulo para a experiência da Unidade: *ekstasis, haplosis, epídosis hautoû, éfesis pòs hafèn, perinóesis pròs efarmogén.*

UNIO MYSTICA: O QUE VEM DEPOIS? O VALE DA PERPLEXIDADE EM *A LINGUAGEM DOS PÁSSAROS,* DE ATTAR

CARLOS FREDERICO BARBOZA DE SOUZA[*]

Introdução

Farid Al-Din Attar[1] é um dos grandes poetas persas dos séculos XII e XIII, figurando junto a nomes como Sana'i († 1131) e Rumi († 1273), embora no transcurso da história tenha-se dado pouca atenção a ele, exceção feita à sua famosa obra "A linguagem dos pássaros". Grande hagiógrafo, viajou por muitas

---

[*] Professor da PUC Minas, graduado em Filosofia, com mestrado e doutorado em Ciências da Religião pela UFJF. Dedica-se à pesquisa em Mística Comparada e a questões referentes ao mundo islâmico, sobretudo o fundamentalismo. Este texto resulta de pesquisa patrocinada pelo Fundo de Incentivo à Pesquisa (FIP) da PUC Minas.

[1] Optou-se, neste texto, por não se transliterar as palavras em árabe segundo padrão internacional, visando facilitar sua leitura e editoração.

regiões para conhecer e descrever a vida de muitos sufis experimentados na vivência mística. Entretanto, sua própria vida é marcada por muitas lendas que lhe conferem um heroísmo espiritual exagerado, sabendo-se pouco a seu respeito, sendo este grande poeta persa cercado de mistérios.

Sabe-se com certeza que Attar seguiu a profissão de seu pai, ou seja, comercializava perfumes num bazar local de Nishappur, como seu nome em persa nos indica. Nasceu na cidade que era a capital administrativa da província de Khorassã e grande centro intelectual. Seu nascimento é datado entre 1119/1120 e 1157, tendo morrido durante a invasão mongol liderada por Genghis Khan a Nishappur por volta de 1229. Caso essa datação esteja correta, Attar teve uma vida longa, podendo ter sido centenário.

Embora nem todos os textos atribuídos a Attar sejam realmente dele, alguns podem ser reconhecidos como de sua autoria, dentre os quais o *Memorial dos santos* (*Tadhkirat al-awliya'*), obra hagiográfica em prosa sobre setenta e dois mestres sufis; *O livro divino* (*Ilahi-nama'*), obra poética que versa sobre o despojamento e o desapego; *O livro dos segredos* (*Asrar-nama'*), tratado sobre elementos da doutrina sufi; *O livro da adversidade* (*Musibat-nama'*), narrativa do caminho contemplativo através dos reinos mineral, animal, humano e angélico; *A linguagem dos pássaros* (*Mantiq al-Tayr'*), poema iniciático que descreve o itinerário espiritual a partir da história de trinta pássaros em sua busca pelo Simurgh.

A linguagem dos pássaros

Esta obra foi escrita em persa clássico, apresentando seus versos no estilo poético persa conhecido como *mathnawi*, e possui seis partes: Invocação inicial; 1) A apresentação dos pássaros; 2)

As desculpas dos pássaros; 3) A travessia dos vales; 4) A atitude dos pássaros; Epílogo.

Embora seja um poema iniciático, ele se coloca dentro do contexto de uma discussão acerca dos caminhos possíveis para aproximar-se de Deus. A inspiração dessa alegoria dos pássaros, bem como o título, é uma clara referência ao rei Salomão, que possuía a "linguagem dos pássaros",[2] ou seja, a sabedoria divina. Por outro lado, a palavra *mantiq* – discurso, conferência, lógica – também é um termo técnico para designar a filosofia grega, pois no Islã medieval era a palavra utilizada pelos filósofos como sinônimo do grego *logos*. Nesse sentido, este texto também é uma crítica à racionalidade presente na filosofia inspirada na tradição filosófica grega e na teologia dos Mu'tazilitas.

O discurso inicial é o da poupa – ave do rei Salomão e que representa sua sabedoria –, diante de todos os pássaros do mundo, tanto os conhecidos como os desconhecidos. Começa a poupa com este questionamento: "Não há no mundo país sem rei; como pode ser, então, que os pássaros não tenham um para governá-lo?".[3] Diante desta ausência aparente de um rei, a poupa afirma que "Ele habita no monte Káf",[4] monte que possui o mesmo significado do Olimpo para os gregos, no qual se localiza o paraíso terrestre ou onde habitam os deuses. É preciso, portanto, não perder tempo e levantar voo, pois essa região é distante, "O caminho é desconhecido [...] e muito poucos têm bastante perseverança para encontrá-lo".[5]

---

[2]   Cf. C. 27:16.

[3]   'ATTĀR. *A linguagem dos pássaros*, p. 43. A partir de agora, citado como *LP*.

[4]   *LP*, p. 44.

[5]   *LP*, p. 44-45.

Este rei é o Simurgh,[6] que "está sempre próximo de nós, apesar de estarmos distantes dele". Sua habitação

é inacessível e não pode ser descrito por nenhuma língua. Diante dele pendem cem mil véus de luz e escuridão. [...] Ele é o soberano por excelência, está imerso na perfeição de sua majestade; e não se manifesta completamente sequer no lugar de sua morada, a qual nem a ciência nem a inteligência podem alcançar.[7]

Atendendo ao convite da poupa, milhares e milhares de pássaros põem-se a caminho rumo ao monte Káf, atravessando os "Sete vales": o vale da Busca, o do Amor, o do Conhecimento, o da Independência/Desapego, o da Unidade (*tawhid*), o da Perplexidade (*hayrat*) e, por fim, o da Pobreza (*faqr*) e Aniquilação (*fana'*). E passam por picos montanhosos, oceanos, perigos, gastam, enfim, quase toda sua vida nessa busca. Entretanto, poucos resistem e perseveram no percurso, pois muitos sucumbem diante dos perigos:

[...] submergiram no Oceano, [...] foram aniquilados e desapareceram [...] pereceram no cume das altas montanhas, devorados pela sede, presas de toda espécie de males; [...] por causa do calor do sol, tiveram suas plumas queimadas e o coração calcinado [...] foram tristemente devorados pelos tigres e panteras

---

[6] Simurgh é o nome de um pássaro misterioso habitante do monte Káf e presente na literatura mitopoética persa desde a tradição do Zoroastrismo. Aparece como herói e em textos épicos, significando a divindade e também suas manifestações. Assim como a fênix, representa a morte e o renascimento das cinzas. Ao mesmo tempo, a palavra Simurgh pode ser decomposta em Si – murgh, ou seja, trinta pássaros em farsi. Attar irá trabalhar com esse jogo linguístico para expressar suas concepções e experiências místicas.

[7] *LP*, p. 44.

do caminho; [...] pereceram de fadiga no deserto, lábios secos, abatidos que estavam pelo calor. [...] enlouqueceram e lutaram até a morte [...] estupefatos pelas coisas que viram, detiveram-se juntos no mesmo lugar; [...] ocupados somente da curiosidade e do prazer, pereceram sem vislumbrar o objeto de sua busca.[8]

Somente trinta (*si* em farsi) pássaros sobram, e "estavam todos pasmos, sem plumas e sem asas, fatigados e abatidos, com o coração partido, a alma agoniada, o corpo arruinado".[9] Contudo, ainda são postos à prova mais uma vez: antes de ultrapassarem o último vale, o arauto do Simurgh aparece e, pouco receptivo, despede-os de volta. Diante dessa situação e desesperados, os trinta sobreviventes reafirmam seu amor incondicional pelo Simurgh e afirmam que não saberiam viver sem buscá-lo, dispondo-se a aniquilarem-se no fogo deste Rei. Nessa hora,

> o sol da proximidade dardejou seus raios sobre eles, e suas almas tornaram-se resplandecentes. Então, no reflexo de seu rosto, os trinta pássaros (*si murgh*) mundanos contemplaram a face do Simurgh espiritual. Eles se apressaram a olhar esse Simurgh, e asseguraram-se de que não era outro que *si murgh*. Todos caíram na estupefação; ignoravam se continuavam sendo eles mesmos ou se se haviam convertido no Simurgh, e que o Simurgh era realmente os *trinta pássaros*.[10]

Assim, o que os trinta pássaros encontram no fim de tão sofrido voo e longa viagem espiritual é o mistério de seu próprio ser/Ser: no profundo interior de si mesmos, eles são o espelho da

---

[8]   *LP*, p. 227.
[9]   *LP*, p. 228.
[10] *LP*, p. 231-232.

divindade, ou, como escreveu Ernesto Cardenal, aí "não somos nós mesmos, mas Outro. [...] nossa identidade é Outro. [...] cada um de nós ontologicamente é dois. [...] encontrarmos a nós mesmos e concentrarmos em nós mesmos é arrojarmo-nos nos braços de Outro".[11]

O vale da Perplexidade

Segundo Annemarie Schimmel, Attar é "a voz da dor, a voz do desejo e a voz da busca".[12] No entanto, diferentemente do que comumente se pensa, a busca em Attar não termina com a união mística, o vale da Unidade (*tawhid*). Após este vale, existem mais dois, o da Perplexidade e o da Pobreza e Aniquilação. E em sua lógica: se a aniquilação vem antes da unidade, que *self* ou ego faria tal experiência? Portanto, a questão primordial que aqui se coloca é sobre o sentido da perplexidade nessa viagem espiritual, uma vez que, após o *tawhid*, ainda se encontra uma meta a atingir que deve passar necessariamente por *hayrat*.

O tema da perplexidade (*hayrat*) permeia todo o discurso de *A linguagem dos pássaros* e aparece já em seu início, quando Attar aborda os profetas corânicos e afirma que eles, que "entraram antes de nós no caminho espiritual, estudaram, oportuna e inoportunamente, este mistério", "atormentaram-se muito e, em definitivo, só obtiveram a debilidade e a estupefação".[13] Conforme uma tradução, os profetas corânicos, exemplos que se tornaram observantes do Caminho, "encontraram no centro de suas almas a abençoada perplexidade (*hayrat*)".[14] Assim, além

---

[11]   CARDENAL, Ernesto. *Vida en el amor*, p. 41.

[12]   SCHIMMEL, Annemarie. *Mystical dimensions of Islam*, p. 305.

[13]   *LP*, p. 8.

[14]   MT 19-20. Apud STONE JR., Lucian W. *Blessed perplexity;* the topos of hayrat in Farid al-din Attar's Mantiq al-Tayr, p. 57.

da proximidade de Deus e da singularidade de cada um em seu caminho, todos possuem em comum a experiência de *hayrat*. E por esse motivo vieram a sofrer de forma abundante tanto física quanto intelectual e espiritualmente.[15] Dessa maneira, ao iniciar seu texto apresentando a perplexidade como uma "experiência central" aos profetas, Attar parece indicar que ela permeia a vida de todo buscador e é uma condição fundamental em sua vivência mística.

Entretanto, o significado da perplexidade fica mais claro a partir da percepção do processo místico na concepção de Attar. Os quatro primeiros vales a serem transpostos implicam um esforço de autorrevisão acerca da constituição do próprio ser, bem como do ser do cosmo e da relação que se estabelece com ele por parte do buscador. Ou seja, ao se acessar os vales da Busca, do Amor, do Conhecimento e da Independência/Desapego, o buscador deve cessar de fazer o mundo passar exclusivamente por seu próprio crivo, reduzindo-o ao aspecto fenomênico e perdendo sua dimensão mais profunda de relação com a Unidade. Assim, ao adentrar nessa experiência e nova forma de ser, ele será capaz de vivenciar o quinto vale, o da Unidade, que é o que lhe propicia a vivência e o olhar unificado de tudo.

Na perspectiva de Attar, o vale da Unidade é uma estação (*maqam*) não permanente, caracterizada pelo dom divino que não depende do esforço humano nem de sua ascese ou escolha, pois ninguém acha Deus, mas "prepara-se para ser achado por Deus".[16] É um dom devido unicamente à abertura humana que se compromete "a não aceitar nada de ninguém, a não ser de

---

[15] Cf. *LP*, p. 8.

[16] STONE JR., Lucian W. *The topos of hayrat*, p. 97.

Deus".[17] Entretanto, há outra experiência que caracteriza este vale da Unidade, que é a perda da consciência de si e da identidade e vontade individual: "[...] aquele que deseja a liberdade deve ao mesmo tempo anular sua razão e não se preocupar com mais nada. [...] Quando mente e pensamento desaparecerem, serás livre".[18] Ou seja, deve-se romper com toda dualidade e poder afirmar: "[...] eu fui aniquilado, perdi-me em Ti e a dualidade se perdeu",[19] pois, "[...] quando há dualidade, estás no politeísmo. Quando a dualidade desaparece, encontras a unidade. Perde-te na unidade e nela serás absorvido. Agir de outra forma é estar separado da unidade".[20]

Romper com a dualidade significa romper com o ego e sua consciência, assim como romper com o intelecto, que em sua raiz árabe (*'aql*) significa atar, amarrar ou prender. Ou seja, a dualidade é instaurada quando o ego toma consciência de tudo e, ao fazer isto, coloca-se como separado da Unidade, pois a percepção exige um sujeito que perceba. Também o intelecto, ao apreender a realidade, as coisas e os objetos, separa-os da Unidade e compreende-os isoladamente, ainda mais que seu agir circunscreve-se aos limites da linguagem. Como o "ser que anuncio não existe isolada ou individualmente", daí se depreende que a inteligência aqui nada pode, pois "ficou na soleira da porta, como uma criança nascida cega". Assim, nessa experiência do *tawhid* compreende-se que "todo o mundo é este Ser; existência ou nada é um único Ser".[21] Aqui se está numa temática bem

---

[17] *LP*, p. 206.

[18] *LP*, p. 207.

[19] Ibid.

[20] *LP*, p. 208.

[21] Ambas as citações de *LP*, p. 207.

cara ao sufismo: o perene paradoxo do Um e dos Muitos ou da Unidade e da Pluralidade/Multiplicidade.

Qual é o papel de *hayrat* nesse processo? A perplexidade, sendo o momento posterior a essa experiência de perda da autoconsciência na Unidade, representa a possibilidade de ter-se consciência da experiência vivenciada no vale anterior, o do *tawhid*. Além disso, propicia a volta ao mundo fenomênico da pluralidade ou multiplicidade: ou seja, a consciência egoica retorna e, com ela, o intelecto e sua faculdade de examinar detidamente seus objetos também. Dessa forma, a unidade do Um e dos Muitos dissolve-se novamente, pois o intelecto, ao operar separando e fragmentando, rompe a Unidade presente em tudo e instaura a dualidade. Portanto, na memória do buscador reside ainda a experiência da união, enquanto diante dele se desdobra a multiplicidade.

Quando isso ocorre, a perplexidade é convocada. Com ela surge a possibilidade de romper com o intelecto e a dualidade causada por ele. O buscador, agora transformado pela experiência de *tawhid*, deve instaurar um processo de luta e esforço (*jihad*) que fará com que suas faculdades lógicas de distinção e categorização sejam lançadas no caos e na confusão, devido, sobretudo, à sensação de diversidade, amplidão e vastidão do processo de busca instaurado por sua vivência mística. Como consequência, sentir-se-á invadido por uma sensação de não controle de si e experimentará um estado de sofrimento, "onde cada um torna-se presa da tristeza e dos gemidos. [...] é dia e noite ao mesmo tempo, e não é nem o dia nem a noite. [...] Neste lugar serás queimado pelo gelo e congelado no fogo".[22] Assim,

---

[22] *LP*, p. 210.

uma nova forma de olhar e de lidar consigo e o mundo deve ser estabelecida.

A perplexidade instaura-se, portanto, com suas características tão bem percebidas pelo léxico árabe, pois *hayrat* possui vários significados associados ao radical trilítero *h-y-r*, dentre os quais: tornar-se perplexo, estupefato, pasmado, atônito, desorientado, desconcertado, indeciso, confuso, perturbado, aturdido, consternado, não saber o que fazer, perder-se, vacilar, titubear, assombrar-se, pasmar-se, embaraço, desatino, caminho que se perde no deserto.[23] Também o Corão vale-se desse conceito, embora pouco, pois aparece apenas uma vez (C 6: 71), na palavra *hayran*. Possui o significado de desorientado, porém no sentido de alguém enganado pelo demônio e necessitando de orientação.

Recorrendo ao seu estilo poético, ilustrando e complexificando suas concepções por meio de narrativas, metáforas, anedotas e histórias, Attar vai exemplificar de várias formas a experiência da perplexidade, sendo uma delas a história da "princesa apaixonada por seu escravo". Nessa narrativa ele nos conduz à visão de uma princesa que era "bela como a lua e que, por sua beleza, envergonhava até mesmo as fadas".[24] Certo dia, ela vê um escravo a serviço do rei, que, como ela, era "belo como a lua", diante de quem "sol e lua experimentavam enfraquecimento e diminuição".[25] Impactada por tê-lo visto, ela se apaixona intensamente e tem seu coração "queimado pela ausência".[26] Comenta sua situação com suas damas de honra, que lhe sugerem levá-lo

---

[23] CORRIENTE, Federico. *Diccionario árabe-español*, verbete *hayrat*.

[24] *LP*, p. 210.

[25] *LP*, p. 211.

[26] *LP*, p. 211.

a ela por meio de um artifício: iriam colocar uma droga narcótica em sua bebida, de modo que ele ficasse embriagado. Nesse estado, fora de si, ele foi introduzido nos aposentos da princesa e, ao acordar, também se apaixona:

> [...] perdeu a razão: deslumbrou-se por completo com a beleza do rosto da princesa. Desconcertado e estupefato, não lhe ficou nem razão nem vida; na realidade ele já não estava neste mundo e, contudo, não estava no outro. Com o coração cheio de amor e a língua muda, sua alma, em meio às delícias, caiu em êxtase. [27]

É a experiência do *tawhid*.

Próximo ao amanhecer, outra porção narcótica o colocou em sono profundo e, neste estado, foi transportado para o local onde se encontrava na noite anterior. Ao voltar a si, ele vivencia tal desconsolo e desconcerto que cai na perplexidade:

> Ignoro se o que vi foi em sonhos ou acordado. Ignoro se vi na embriaguez ou ouvi contar estando de plena posse de minhas faculdades. Não há no mundo estado mais espantoso que aquele que não é nem manifesto nem oculto. Não posso nem falar nem calar-me, nem mesmo estar surpreso nesta incerteza. O que vi não foi apagado de meu espírito e, no entanto, não encontro nenhum traço disto.[28]

Agora o jovem escravo encontra-se mergulhado em *hayrat*, e seu próprio ego e consciência são-lhe véus que lhe cobrem a beleza da Unidade.

---

[27] *LP*, p. 212.
[28] *LP*, p. 213.

A questão que a perplexidade coloca é a da permanência do ego e a forma de o intelecto aproximar-se de Deus, mesmo após a experiência do *tawhid*. Assim, diante dessa perseverança do ego e do intelecto, torna-se necessário um novo processo em que "a unidade é revisitada em seu mais profundo e interminável sentido".[29] Tal processo instaura-se com o vale da Perplexidade e completa-se no vale da Pobreza e Aniquiliação. Attar concebe esse processo como um caminho não linear de realização mística, em que essas vivências propiciam um retorno ao ego, agora, porém, restaurado na forma de permanência na unidade (*baqa'*) "somente pela bênção de Deus".[30] Isso quer dizer que o buscador deve deixar de ser um "lugar de apropriação" dos segredos divinos e, por meio da aniquilação e permanência no Real,[31] adquirir um "ego" menos denso, mais fluídico e receptivo ao Real, sem prendê-lo a categorias racionais nem a formas específicas.

Entretanto, *hayrat* não é apenas um estado de sofrimento, mas também um estado de bênção retratada na tradução "abençoada perplexidade". Existem dois tipos de perplexidade: a *hayrat mazmum*, relacionada à confusão e incerteza, e a *hayrat manduh*, aspecto positivo da perplexidade. Ambos os aspectos encontram-se quando Attar afirma que o buscador cai "na estupefação e estará perdido".[32] Perdido no sentido de confuso em

---

[29] STONE JR., The topos of hayrat, p. 101.

[30] Ibid., p. 103.

[31] Real ou Verdade é um vocábulo que se utiliza para denominar o Mistério Absoluto. Essa palavra é a tradução do árabe *al-Haqq*, comum em alguns textos sufis. Um teólogo e filósofo contemporâneo, John Hick, também se utiliza desta nomenclatura. Ela é útil por manter uma designação que não se refere a uma divindade ou sagrado específico de uma tradição religiosa em particular, além de permitir o entendimento desta "Realidade" como "algo" que está além dos conceitos e categorias racionais.

[32] *LP*, p. 210.

suas faculdades mentais e quanto ao caminho a seguir, mas, ao mesmo tempo, perdido porque "perdeu" suas dimensões do ego que não lhe permitiam ir além em direção ao Real. Portanto, nessa perspectiva positiva, *hayrat* significa um estado que está para além das considerações humanas, indicando uma infusão mais intensa e transformadora da fragrância divina na vida do buscador por meio de um senso único e singular de êxtase, que lhe rememora a experiência anterior de *tawhid* e abre para o próximo vale: o da Pobreza e Aniquilação (*faqr u fana'*). Nesse vale é que vivenciará, após a aniquilação de seu ego, a possibilidade de manter-se (*baqa'*) na Unidade. É a vivência da mariposa que "atirou-se violentamente contra a chama da vela". Ela "perdeu a si mesma e identificou-se alegremente com a chama; abraçou-a por completo e seus membros tornaram-se vermelhos como o fogo". Nesse sentido, "a mariposa conheceu o que queria saber; porém, somente ela o compreende e eis tudo".[33]

Referências bibliográficas

BAXTER-TABRIZTCHI, Gity. *Farid ud-Din Attar's "The conference of the birds" [mantis al-tayr]:* a study in sufi psychology and spirituality. Tese de doutorado defendida na Argosy University, Point Richmond, Califórnia, 24 de setembro de 2003.

CARDENAL, Ernesto. *Vida en el amor.* Buenos Aires: Carlos Lohlé, 1970.

CORBIN, H. *The Voyage and the Messenger. Iran and Philosophy.* Berkeley: North Atlantic Books, 1998.

CORRIENTE, F. *Diccionario árabe-español.* Barcelona: Herder, 1991.

FARĪD AL-DĪN 'ATTAR. *A linguagem dos pássaros.* São Paulo: Attar Editorial, 1991.

---

[33] Para todas as citações deste parágrafo, cf. *LP*, p. 218-219.

SCHIMMEL, Annemarie. *Mystical Dimensions of Islam.* Chapel Hill: University of North Carolina Press, 1975.

STONE JR., Lucian W. *Blessed perplexity:* the topos of hayrat in Farīd al-dīn 'Attār's Mantiq al-tayr. Tese de doutorado defendida na Southern Illinois University Carbondale, 18 de agosto de 2005.

_____. The topos of *hayrat.* In: LEWISOHN, L.; SHACKLE, C. (org.). *The Art of Spiritual Flight.* London/New York: I. B. Tauris Publishers, 2006.

MINNE: O ÂMAGO VISCERAL DE DEUS EM MECHTHILD VON MAGDEBURG

MARIA JOSÉ CALDEIRA DO AMARAL*

Nos séculos XII, XIII e XIV da era cristã, o Ocidente medieval conheceu um conceito de amor delimitado por algumas mulheres – umas consideradas santas, outras consideradas hereges – que eram denominadas beguinas, mulheres que possuíam um modelo de vida diferente da maioria das mulheres da mesma época: não casavam, não seguiam a vida religiosa tradicional, abandonavam o lar de origem e escolhiam o modelo apostólico de devoção, caridade e castidade, mas viviam fora das ordens religiosas oficiais.[1] As beguinas, então, foram mulheres que vive-

---

* Psicóloga clínica, mestre e doutora em Ciências da Religião pelo Programa de Estudos Pós-Graduados em Ciências da Religião da PUC-SP. Professora do curso de extensão da Cogeae/PUC-SP "A experiência de Deus e a Psique" e pesquisadora do Núcleo de Estudos em Mística e Santidade (NEMES) do PROCRE/PUC-SP. É autora do livro *Imagens de plenitude na simbologia do Cântico dos Cânticos,* publicado pela EDUC/PUC-SP/Fapesp, 2009.

[1] Esta forma de vida religiosa, extraclaustro e semirreligiosa, teve sua origem nos países de língua germânica, no vale do Reno, como é o caso de Hadewich de Amberes, Beatriz de Nazareth e Mechthild von Magdeburg, no século XI e XII; Angela de Foligno, no final do século XIII, e Catarina

ram em época de crise, caos, guerras, disputas. Nesse tempo, o espiritual e o intelectual estão sendo invocados nos monastérios e universidades. Nesse ambiente, belicoso e caótico, essas mulheres viveram em comunidades ou em grupos, submetidas ou não aos orientadores espirituais das ordens religiosas vigentes. Dedicaram suas vidas de forma apostólica e esse movimento veio a estender-se por toda a Europa: França, Holanda, Itália, Vale do Reno, Baviera. Segundo o Concílio de Viena (França), em 1311-1312, esse modo de vida deveria ser proibido definitivamente e excluído da Igreja de Deus. Elegeram como mestras Marta e Maria, em uma atitude devocional de ação e contemplação. O trabalho intelectual dessas mulheres vem sendo estudado por pesquisadores contemporâneos de maneira incisiva. Dentre elas, consideradas mães das línguas europeias, pois escreveram em vernáculo, estão Mechthild von Magdeburg, Hadewich de Amberes[2] e Marguerite Porete.[3]

---

de Sena, no séc. XIV, na Itália; na França, Marguerite de Oingt (Lyon) e Marguerite Porete (Valência); na Inglaterra (séc. XV), Juliana de Norwich; Guilhermina da Bohemia, que viveu em Milão, em 1260, como beguina. Cf. CIRLOT, Vitória; GARÍ, Blanca. *La Mirada Interior/escritoras místicas e visionárias en la Edad Media*, p. 12-5.

[2] Não sabemos nada a respeito da biografia de Hadewich, apenas algumas menções de sua vida em seus manuscritos que aparecem em algumas bibliotecas religiosas no século XV. No século XIX, alguns estudiosos redescobrem suas cartas, poemas e visões. Um dos manuscritos (o de Louvain) está nomeado como "a bem-aventurada Hadewich", qualidade atribuída às beguinas: Foi ela quem deu a maior contribuição à nascente corrente espiritual nórdica, habitualmente chamada dos renano-flamengos (os Países Baixos – *Nederland* – são designados, na época, como a Holanda, Bélgica e a região de Flandres ou província Flamenga). Hadewich era de Amberes, falava e escrevia no dialeto da província de Brabante, o chamado médio--neerlandês. Cf. HADEWICH DE AMBERES. *Deus, amor e amante*, p. 5-8.

[3] Marguerite Porete, beguina francesa de Hainault, valenciana, morta pela Inquisição em 1º de junho de 1310, em Paris, escreve o *Le miroir des âmes*

Neste artigo, vamos apresentar Mechthild von Magdeburg e sua concepção de amor, a partir de sua obra *Das fliessende Licht der Gottheit* [*A luz fluente da deidade*], escrita em alemão, em primeira pessoa, e cujo conteúdo específico faz referência à eternidade, como desdobramento da união mística contemplada com a via amorosa na linguagem. O problema do conhecimento, aqui, estará delimitado a um contexto substanciado pelo conhecimento de Deus, no formato de uma experiência única, íntima e suspensa na mais alta profundidade amorosa. No prefácio do *Lux divinitatis*, Mechthild é assim apresentada:

> Elevada acima de todas as coisas pela contemplação e tomando a forma das revelações e iluminações divinas, ela se torna merecedora para apreender inúmeros mistérios íntimos e sagrados de Deus, que tratam do passado, presente e futuro, através de seu espírito profético. Agora, tendo sido recebida pelo Noivo das virgens, essa virgem sagrada o deseja completamente – aquele que ela amou e com esse maravilhoso amor adornou o seu amado com muitas maravilhas.[4]

A redenção às graças de Deus, em Mechthild, é reconhecida pelo *lector* da ordem dos Irmãos Priores, Heinrich,[5] como uma redenção ao amor que é completamente desejo.

---

simples et anéanties e qui seulement demourent en vouloir et desir d'amour. Não há registros sobre sua história de vida. O diálogo entre o amor, a alma e a razão constrói o movimento central da linguagem do *Le miroir*. O amor (*Dame Amour*) e a alma (*L'âme*) podem ser identificados como os autores do livro, que são também Deus, e o amor (*Dame Amour*) é, ainda, a força dentro da alma responsável pelo aniquilamento da alma e de Deus.

[4] Cf. *Lux divinitatis in corda vertatis,* Prólogo. Trata-se da primeira tradução para o latim do *Das fliessende Licht der Gottheit,* realizada pelos dominicanos de Halle a partir do original.

[5] Apesar do mesmo nome (Heinrich), esse prefácio não pode ter sido realizado por Heinrich de Halle, confessor e orientador espiritual de Mechthild,

54 MINNE

Vamos apresentar o pouco que sabemos sobre a vida de Mechthild antes de abordar esse reconhecimento por meio do qual nos rendemos ao amor que é desejo no texto de Mechthild von Magdeburg, objetivo principal deste artigo.

As informações acerca da vida e da obra da beguina alemã estão compiladas nos estudos mais recentes da história da literatura medieval alemã no contexto da tradição ocidental. Autores como Neumann[6] e Schmidt[7] apontaram, no texto de Mechthild, uma cronologia de sua vida a partir de suas próprias referências, tais como: a sua idade, o tempo em que viveu a presença de Deus, a idade em que saiu de casa e foi viver como beguina. As alusões a sua vida, em seus livros, são raras e referem-se a tempo e lugares. Sua obra é considerada como um dos primeiros livros escritos em língua vernacular na Alemanha por uma mulher.

Mechthild von Magdeburg nasce em 1207 nas proximidades de Magdeburg. Em 1230, deixa a casa dos pais, com 23 anos, para viver em Magdeburg, como beguina. Em 1250, começa a escrever. Escreve do livro I ao livro V até 1259. Em 1260, fica doente e, possivelmente, passa uns tempos em sua casa. Em 1270-1271, o livro VI estava pronto. Em 1270, Mechthild entra para o

---

que morreu antes de a tradução ser realizada. Trata-se, portanto, do irmão Heinrich, *lector* dominicano de Halle que, segundo Neumann, devido à similaridade em estilo, é também o tradutor da obra toda (os seis primeiros livros) para o latim. Cf. NEUMANN, Hans. Beiträge zur Textgeschicht des "fliessenden Licht der Gotteheit" und zur Lebeensgeschichte Mechthilds von Magdeburg, p. 193-194.

6   Cf. NEUMANN, Hans. Mechthild von Magdeburg, v. 6, p. 260-270.

7   Cf. MECHTHILD VON MAGDEBURG. *Das Fliessende Licht der Gottheit.* Segunda revisão e tradução com introdução e comentários de Margot Schmidt, p. 397.

Convento de Helfta. Entre 1270 e 1282, escreve o livro VII. Em 1282, morre. Nada se sabe sobre sua origem e seus familiares.[8]

Mechthild conta um pouco sobre sua vida no longo primeiro capítulo do livro IV: fala sobre os pecados que cometeu em sua infância, dos quais ela se arrependeu e se confessou, pois, se assim não fosse, ela ficaria no purgatório por dez anos. Dirigindo-se a Deus, ela diz que, mesmo se não tivesse sido perdoada, gostaria de ser atormentada, se assim fosse necessário, pois agora (no momento em que escreve), já sabe que foi tocada pelo amor de Deus. Enfatiza: "Estou dizendo isso não pela razão, mas porque o amor me leva a fazê-lo". Nesse capítulo (IV, I), enfatiza alguns acontecimentos de sua vida quando inicia a vida religiosa e "deixa o mundo". Nesse momento, examina seu corpo e sua alma e delata o conflito entre a experiência corpo/alma de uma religiosa como ela: seu corpo, diz ela, estava bem armado contra sua pobre alma e preenchido de completa natureza. Ela sabia que seu corpo teria de ser transformado porque havia vislumbrado a possibilidade de não escapar da morte eterna caso tal transformação não acontecesse. Quando Mechthild olha para sua alma, diz: "ela era a gloriosa paixão de nosso Senhor Jesus Cristo", e diz que, nesse estado de alma, podia tranquilizar-se e defender-se. Mas, ainda assim, durante sua juventude o conflito era muito grande e, suspirar, chorar, confessar, jejuar, fazer vigílias, flagelar e permanecer em constante adoração eram os recursos que possuía para amenizar tal conflito. Durante vinte anos nunca houve um momento em que ela não estivesse deprimida, doente

---

[8] Neumann sugere que Mechthild pertencia a uma família de posses, provavelmente fidalga a serviço de guarda castelar (*ritterliche Burgmannenfamilie*). Na época, essa condição social possuía prestígio e posses de terras. Cf. NEUMANN, Mechthild von Magdeburg, v. 6, p. 260-270.

ou cansada e fraca em função de seu constante arrependimento e sofrimento.

Aos 12 anos de idade,[9] Mechthild é tocada pelo Espírito Santo. Esse toque, essa saudação ou graça, *grüs* em alemão medieval, possui a conotação de a alma ter recebido a atenção amorosa que Deus dispôs a ela. O sentido, na linguagem, dá-se como uma expressão da alma recebendo esse amor como dívida de Deus.[10] Mechthild reconhece, então, o anterior desejo presente em si mesma de ser desprezada e, a partir daí, a intensidade do desprezo por si mesma avança dia a dia, e torna-se o desprezo pela vida terrena:

> *Por todos os dias de minha vida antes de eu ter começado esse livro e antes de uma única palavra ter adentrado a minha alma, eu era uma das mais ingênuas pessoas que já seguiram a vida religiosa. Nada sabia da maldade do diabo; não tinha consciência da fragilidade do mundo; também desconhecia a falsidade das pessoas na vida religiosa. Eu tenho de falar em honra a Deus*

[9] Segundo alguns estudiosos, a análise de símbolos, alegorias, doxas, imagens, enfim, recursos da linguagem usadas no texto em estudo, devem ser contextualizados ao conteúdo literário da época em que foi escrito. Aqui existe uma aproximação ao fato conhecido de que Jesus toma conhecimento de quem ele é aos doze anos de idade. (Lc 2,41-50) Cf. PETERS, Ursula. *Religiöse Erfahrung als literarisches Faktum; zur Vorgeschichte und Genese frauenmystischer*, p. 55; e KEMPER, Hans-Georg. Allegorische Allegorese: zur Bildlichkeit und Struktur mystischer Literatur. In: HAUG, Walter (ed.). *Formen und Funktionen der Allegorie*, p. 90-125.

[10] Na literatura teológica vernacular do *Das Fliessende Licht der Gottheit*, Deus dá-se como um servo da alma. A dádiva de Deus é experimentada como dívida da alma e na alma, portanto essa experiência também é concessão divina, já que o amor (*Minne*), a alma e Deus se diferenciam somente na linguagem. Quando Mechthild conta essa primeira experiência, já está posto em sua vida e obra o sofrimento da alma e da sua própria alma equalizado ao caminho de dor na experiência da imitação da Paixão de Cristo, como conhecimento.

e em prol do ensinamento do livro: Eu, vil pecadora, fui sau-
dada pelo Espírito Santo em meu décimo segundo ano, quando
estava sozinha, em tamanha torrente que após isso nunca mais
me permiti ser levada a cometer sequer um pecado menor. Essa
saudação preciosa ocorreu todo dia e de forma amorosa carco-
meu toda a doçura que eu sentia pela terra, e dia a dia isto con-
tinua se intensificando. Isso aconteceu durante trinta e um anos.
Não sabia nada sobre Deus além do que a fé cristã ensina e eu
me esforçava constantemente para manter meu coração puro.
O próprio Deus é minha testemunha de que eu nunca, por von-
tade ou desejo, pedi a ele que me concedesse essas coisas aqui
escritas neste livro. Eu também nunca imaginei que isso tudo
pudesse acontecer a um ser humano. Enquanto vivia com meus
parentes e amigos, de quem eu era sempre a favorita, não tinha
conhecimento dessas coisas. Muito antes disso eu tinha o desejo
de ser desprezada mesmo sem haver cometido nenhuma falha
(MM, IV, 2).[11]

Durante trinta e um anos ela foi saudada todos os dias e
torna-se consciente de que sempre sentiu desejo de ser desprezada. Mechthild lembra e reconhece o desejo de ser desprezada,
mas não está consciente de que iria escrever o livro e, menos
ainda, de que Deus fosse conceder a ela o conhecimento dessas coisas contidas na obra, isto é, a sua experiência de doçura,
conhecimento sagrado e maravilhas incompreensíveis.

O conhecimento sagrado de maravilhas incompreensíveis é
viabilizado, no *Das fliessende Licht der Gottheit*, por um amor
designado pela palavra *Minne*, de difícil tradução, e que no

---

[11] No corpo deste artigo todas as citações do *Das fliessende Licht der Gottheit*
estarão na versão de Hans Neumann (1990), em itálico, sendo destacadas,
entre parênteses, as iniciais da autora, seguidas do número do livro em ro-
manos e o capítulo referente ao mesmo livro em cardinais, obedecendo à
norma mais utilizada entre comentadores e tradutores da obra.

glossário dos *Sermões alemães* de Mestre Eckhart[12] refere-se à essência, ao âmago visceral de Deus, à Deidade propriamente dita. Toda etimologia dessa palavra e todo seu parentesco grego e latino[13] estão relacionados com o sentido dado por São Boaventura ao vocábulo – *Mens(-tis)*, *nous*, mente – que designa o nível mais alto de liberdade no ser humano, "o seu ápice, no e através do qual o ser humano é tocado por Deus e penetra para dentro de Deus".[14] Nesse sentido, a palavra *Minne* sustenta o movimento visceral de Deus no ato puro e elevado, suspenso, disponível e vivo na alma humana, movimento esse bem delimitado no prefácio da tradução inglesa do *Das fliessende Licht der Gottheit*,[15] no qual Margot Schmidt desenvolve uma mística do coração – o lugar onde o ser humano é, em sua própria origem, na fronteira com o mistério de Deus. Em Mechthild, Schmidt aponta uma consciência de Deus, que é vital na interação do coração humano com o coração de Deus:

> "Senhor, você está sempre apaixonado por mim, já o tivesse demonstrado isso pessoalmente. Você me escreveu em seu livro Divino, pintou-me em sua humanidade, enterrou-me[16] ao seu

---

[12] ECKHART, Mestre. *Sermões alemães*; sermões 1 a 60, p. 327. Como por Mechthild, o termo usado no alemão medieval por Eckhart para o amor (*Liebe*) é *Minne*.

[13] As aproximações da palavra *Minne* consideradas no grego e no latim estão assim elencadas: *Menos* (sentido) no grego, *Mimneskein* (recordar-se), *Memini* (lembrar-se) no latim, *Mens* (mente) no latim, *Monere* (admoestar). ECKHART, *Sermões alemães*; sermões 1 a 60, p. 343.

[14] ECKHART, *Sermões alemães*; sermões 1 a 60, nota 11, p. 343.

[15] Cf. SCHMIDT, Margot. Preface. In: MECHTHILD OF MAGDEBURG. *The Flowing Light of the Godhead*, p. xxv-xxxvii.

[16] No livro I, 3, Mechthild faz várias alusões à fraqueza e à doença de amor da alma, inspirada no Cântico dos Cânticos, bem apontado por Neumann e Frank Tobin. Uma delas, a mais radical, é: *Quem morre de amor deve ser enterrada em Deus* (MM, I, 3).

lado, em suas mãos e pés. Oh! permita-me, Senhor querido, aplicar-lhe o bálsamo."
"Ó mais querida em meu coração, onde encontrará o bálsamo?"
"Ó Mestre, eu ia partir o coração de minha alma em dois e pretendia colocá-lo em você."
"Não poderia aplicar-me um bálsamo mais suavizante do que me deixar viver constantemente e sem peso em sua alma" (MM, III, 2).

O sentido de deixar Deus viver constantemente e sem peso na alma é o desafio de encontrarmos o sentido de *Minne*, esse amor visceral de Deus que corresponde à natureza da alma.

Bernard McGinn[17] vai apontar para algumas questões que consideramos não somente cuidadosas como pertinentes no âmbito de uma reflexão como esta. Segundo ele, o sentido da palavra *Minne*[18] encontra-se em fase de esclarecimento por

---

[17] Cf. McGINN, Bernard. *The flowering of mysticism: men and women in the new mysticism (1200-1350)*, v. III, p. 234-235.

[18] Nas últimas décadas do século XII, encontramos a influência da poesia provençal francesa, especialmente na nobreza alemã. Os poetas da Alemanha criaram um novo gênero da poesia provençal, a *Minnesang*, poesia trovadoresca, a partir da qual são desenvolvidas características próprias, dentre elas uma seriedade integral do sentimento amoroso cuja meta é a dama única e exclusiva. A *Minnesang* é uma expressão que gira em torno do amor somente. Os expoentes e personagens dessa literatura são o imperador Henrique VI, Friedrich von Hausen, Heinrich von Veldeke, Wolfram von Eschenbach, Gottfried de Strassburg, Walther von der Vogelweide e Der Marner, entre outros. O sentido da poesia trovadoresca alemã era o da manifestação do amor inalcançável, sem esperanças, experimentado pelo poeta diante da beleza deslumbrante de uma dama casada de nobre linhagem. Os poetas colocaram-se a serviço da assim denominada *hohe Minne*, o amor elevado e digno, que estava em oposição ao amor vulgar, a *niedere Minne*. A *Minnesang* era a expressão de um sentimento primário que estava nas bases de uma conduta que o sublimava segundo os cânones de uma so-

pesquisadores modernos no eixo do estudo da mística cortês, principalmente na relação com o mesmo conceito na configuração do sentido da palavra *caritas* na tradição da teologia monástica. Os registros de místicos e místicas, frequentemente associados à mística cortês, também se encontram em fase de investigação. Para Bárbara Newman,[19] a mudança na posição dentro da relação de amor entre Deus e o ser humano, na mística feminina, dá-se diante da colocação, na linguagem, do fino amor (*fin'amour*)[20] do protagonista masculino em direção a seu objeto de desejo personificado na personagem feminina, para construir uma nova forma de apreensão do mistério do amor entre Deus e a pessoa humana. Outra diferença, agora apontada por McGinn, está no fato de que, enquanto a interpretação e

---

ciedade aristocrática que preservava o triunfo de valores, tais como a constância, a fidelidade, a dedicação desinteressada e o culto à beleza da alma. Cf. MODERN, Rodolfo. *Historia de la literatura alemana (Breviarios)*, p. 57-90.

[19] Cf. NEWMAN, Barbara. *From Virile Woman to Woman Christ;* Studies in Medieval Religion and Literature, p. 137-39.

[20] Em quase todas as obras poéticas de língua vulgar, nos registros medievais, encontramos um amor verdadeiro e um falso amor: o *rechte Liebe* ou *fin'amour* confrontados com o *unrechte Liebe* ou *fals'amour*. e *Amars*. Em sua maior parte, os *Minnesänger* de língua vulgar do século XII satisfaziam-se em entoar alguns aspectos do amor (alegria, desgosto, angústia, mágoa, desejo carnal, louvor às qualidades da dama cortejada, medo e fracasso do coração que ama etc.) Por isso que a pesquisa, diante dos sentidos a serem definidos no amor cortês, é difícil e arriscada quando esses sentidos estão relacionados com outras concepções medievais do amor. No século XIII, o sentido do amor humano passa a ser categorizado e hierarquizado na literatura em língua vulgar. Existe uma grande diferença entre a terminologia medieval e a terminologia moderna e isso favorece a ambiguidade que permanece ainda sobre as questões acerca da natureza do amor. Cf. RO-MANIA, *Recuel trimestriel consacré a l'étude des langues et des littératures romanes*, p. 76-77.

inserção do poema bíblico *Cântico dos Cânticos*,[21] na construção teológica, principalmente em São Bernardo e em William de Saint Thierry, dá-se entre breves períodos experimentados como "presença" e longos períodos como "ausência", nos escritos de Hadewich de Amberes, Mechthild von Magdeburg, Marguerite Porete e Beatriz de Nazareth, por exemplo, encontramos uma fusão paradoxal desses estados, nos quais a ausência pode significar presença, e vice-versa.[22]

Minne – O paradoxo da presença e ausência de Deus

O que é *Minne*? Ou: quem é *Minne*? McGinn propõe essa questão para a compreensão desta palavra dentre as expoentes representantes da mística feminina dos séculos XII e XIII.[23] O fato é que *Minne* acaba possuindo um sentido intrigante e que causa certa perplexidade diante do forte argumento que representa na linguagem mística dessas mulheres que, na maioria das vezes, fazem uso dessa palavra feminina no sentido fenomenológico e metafísico ao mesmo tempo. No sentido fenomenológico, *Minne* ganha um significado ambíguo e indefinido para além do sentido de desejo e satisfação, que, então, coexistem na experiência direta de Deus, na *Frauenmyistic*. Como forma e esforço de expressão, *Minne* pode ser um recurso usado como uma personificação, uma força, um motor ou mesmo uma

---

[21] "Em meu leito, pela noite, procurei o amado da minha alma. Procurei-o e não o encontrei! Vou levantar-me, vou rondar pela cidade, pelas ruas, pelas praças, procurando o amado da minha alma... Procurei-o e não o encontrei!" (Ct 3,1-2).

[22] Cf. McGINN, The flowering of mysticism:..., v. III, p. 169-170.

[23] Cf. Ibid., p. 170-173.

pessoa humana ou divina. Em nossa análise do termo *Minne*[24] no *Das fliessende Licht der Gottheit*, levantamos a hipótese de que há uma dinâmica e um movimento erótico e agápico constante, único e complementar na origem e na fruição da experiência direta de Deus. O paradoxo é uma constante na perspectiva de sua voz profética, mística e visionária. Ela é uma mulher, laica, dos séculos XII e XIII. Seus escritos possuem o estatuto de texto sagrado, pois foram revelados a ela. No início do livro I, portanto no início da obra, Mechthild pergunta a Deus: "Quem fez este livro?". E Deus responde: "Eu o fiz na minha impotência, pois não posso me conter como dádiva, como dom" (MM, I, 1). Na sua impotência em conter o dom, ele é revelado a ela. Aqui, estamos diante da gratuidade de Deus, que "despotencializa". Ele mesmo se revela no prólogo do *Das fliessende Licht der Gottheit – A luz fluente da deidade em todos os corações livres de hipocrisia*. Mechthild retoma aqui o tema desenvolvido na Sagrada Escritura por Paulo na Primeira Carta aos Coríntios:

> Mas, Deus escolhe o que é loucura no mundo para confundir os sábios; e Deus escolheu o que é fraqueza no mundo para confundir o forte. E aquilo que o mundo despreza, acha vil e

---

[24] Rodolfo Modern aponta para o fato de que a alma do homem medieval laico não era capaz de beber nos conceitos da sabedoria escolástica firmada por Alberto Magno e Santo Tomás de Aquino, porém almejava uma resposta para suas ânsias e temores religiosos. Para o estudioso da poesia alemã, a experiência mística de homens e mulheres beneficiou-se da prosa e da poesia alemã com seus grandes expoentes, entre eles: Hildegard von Bingen, Gertrud de Helfta, Mechthild von Magdeburg, "cuja obra possui uma indubitável força idiomática em seu visionário desejo pelo amor de Cristo" (p. 77), David von Augsburg, Berthold von Regensburg, Meister Eckhart, Heinrich von Seuse e Johannes Tauler. Cf. MODERN, *Historia de la literatura alemana (Breviarios)*, p. 76-78.

diz que não tem valor, isso Deus escolheu para destruir o que o mundo pensa que é importante (cf. 1Cor 1,27-28).

E no esforço da linguagem, o enfrentamento da nossa autora está posto em seu dilema diante de um tema do qual ela reluta abordar, mas que a coloca no estado de impossibilidade de fazê--lo. A nossa reflexão sobre o paradoxal argumento construído em cima do movimento do amor (*Minne*) parte de uma simbologia central de seus escritos que se faz no movimento que contém o elevar-se a Deus e o submergir-se nele, como uma preocupação advinda do paradigma máximo platônico de *exitus* e *reditus*. A fluência de todas as coisas desde o Primeiro Princípio e seu eventual retorno a ele tinham sido incorporados ao misticismo cristão em seus primórdios com Orígenes. Esse tema apareceu também no pensamento de Pseudo-Dionísio e através dele influenciou místicos tanto no Cristianismo oriental como no ocidental. São Boaventura fez uso do movimento *exitus/reditus* como um tema crucial em sua influente teologia mística. A luz fluente da deidade sobre todas as coisas foi uma preocupação da maioria dos autores místicos anteriores com o objetivo de descrever o fundamento ontológico da principal ideia desdobrada em suas experiências: a ascensão da alma a Deus. McGinn comenta essa passagem do livro VII de Mechthild:

> *Eu saúdo a sublimidade, a pureza, o prazer, a sabedoria, a nobreza e a fantástica unidade da Santíssima Trindade. Afora dela fluiu imaculado tudo o que foi, o que é, o que sempre será. Ali, eu preciso um dia novamente adentrar. Como poderá isso acontecer? Eu devo rastejar novamente, pois sou pecadora... Devo voar com as penas das pombas... Devo me elevar em todas as coisas acima de mim. Quando eu estiver definitivamente*

esgotada, então eu adentrarei novamente... Glória a Vós, Trindade! (MM, VII, 25).

E apreende esse esgotamento definitivo como o próprio sentido, a razão central e própria que toma corpo nos escritos de Mechthild, para que os desdobramentos da experiência da alma amorosa – aquela que ama – façam-se procedentes no intenso movimento de elevar-se (*Simone Weileben*) a Deus, bem acima de si mesma, e submergir (*sinkend*) nele, e dessa maneira está garantida a participação da alma de Mechthild como testemunha da ação de Deus no mundo:

> Deus "flui" internamente como Trindade; Deus também "flui" para baixo para criar o mundo e para conceder sua saudação mística (*gruos*) à alma. Em resposta, a alma poderá elevar-se por um tempo, mas deverá finalmente submergir e consumir-se totalmente para alcançar a mais profunda união com o Deus que transborda.[25]

Deus desfaz-se e torna-se dom derramando-se nos escritos de Mechthild, e ela introduz a ideia do desfalecimento, do esgotamento da alma e de Deus em um só ato no *Das fliessende Licht der Gottheit*. É a partir desse movimento intrínseco da alma e de Deus que nossa interferência dá-se como o movimento de *eros* e *ágape*, traduzindo o sentido da *Minne* (do amor) constitutivo. O retorno da alma pecadora a Deus dá-se no esgotamento no qual ela se rende ao contínuo movimento do desejo de adentrar no interior da Santíssima Trindade (*eros*) e constata o mesmo desejo (*eros*) de Deus em relação à alma, na configuração trinitária que desfaz de seu próprio *ágape* e reveste-se de desejo

---

[25] Cf. McGINN, *The flowering of mysticism:...*, v. III, p. 231.

direcionado à alma esgotada e rendida ao verdadeiro conhecimento de si mesma, que coincide com o conhecimento de Deus.

O movimento e o diálogo entre o conhecimento, o amor e a alma

Considerando aqui, neste ensaio, o discurso de Mechthild como um relato de uma experiência e uma chance de alcançarmos algum conhecimento por meio da linguagem literal e textual, o Amor que flui da luz da Deidade será analisado como uma expressão que não constitui uma delimitação conceitual, ao contrário, subverte a construção conceitual, no processo em evolução do reconhecimento da própria autora de sua incapacidade para falar de Deus. Aliada a esse reconhecimento está a opinião da maioria dos estudiosos em admitir a fragmentação e a impossibilidade de determinar ou apreender o significado da linguagem, a partir de uma forma ou método linguístico e/ou literário no interior do texto. Frank Tobin[26] vai dizer que Mechthild escreveu um livro de natureza paradoxal, no qual a diversidade de formas e gêneros literários encontrados é o que ele considera a própria unidade em seus escritos. O esforço da autora está colocado na fragmentação, nos deslocamentos e na ambiguidade intrínseca da linguagem. Será preciso, então, configurarmos uma aproximação entre o termo *unidade* e *eros/ágape*. A intenção é ampliar o sentido da palavra *Minne*, em torno da qual a expressão de amor se inspira na literatura cortês alemã no *Das fliessende Licht der Gottheit*. Especificamente no livro I, esse diálogo ocorre entre a alma, senhora e rainha (*frouwe kúnegin*), e o amor, senhora amor (*frouwe Minne*), como

---

[26] Cf. TOBIN, Frank. Foreword. In: MECHTHILD OF MAGDEBURG. *The Flowing Light of the Godhead*, p. 11.

já mencionado no início desse capítulo. De acordo com a análise de Elizabeth Alvilda Petroff,[27] *Minne* (desejo e amor) é um termo feminino e significa o desejo e o anseio por amor e, ao mesmo tempo, a natureza do amor e da alma. McGinn[28] chama a atenção para essa fusão de desejo e amor e a forma como operam no discurso de Mechthild: a alma – chamada de senhora e rainha – e o amor – personificado na linguagem como "senhora amor" – demonstram um tipo de dependência no que diz respeito à origem e à natureza da alma em amor e desejo (*Minne*) e, ao mesmo tempo, do amor que é desejo (*Minne*). No diálogo entre a alma (*frouwe kúnegin*) e o amor (*frouwe Minne*), o amor aparece como superior àquele amor que está na própria alma, porém, é, também, o mesmo amor – *Minne* (o amor e o desejo) – da alma. Essa dependência da alma em relação ao amor dá-se no sofrimento causado pela senhora amor (*frouwe Minne*) à senhora e rainha (*frouwe kúnegin*) – alma –, pois a senhora alma é tomada por ele:

> *"Senhora Amor, você tomou de mim possessões, amigos e parentes." "Venha agora, Senhora e Rainha, isto é uma reclamação mesquinha, insignificante." "Senhora Amor, você tomou o mundo de mim, a honra mundana e todas as riquezas terrenas." "Senhora e Rainha, eu devo compensar-lhe, em uma hora com o Espírito Santo na terra, exatamente como você deseja." "Senhora Amor, você me fez atingir tal estado que meu corpo está tomado por uma estranha fraqueza." "Senhora e Rainha, em troca eu lhe dei muito conhecimento sublime." "Senhora Amor, você devorou minha carne e meu sangue." "Senhora e Rainha, você foi, portanto, purificada e atraída a Deus." "Senhora Amor, você é uma*

---

[27] Cf. PETROFF, Elizabeth Alvilda. *Body and Soul;* Essays on Medieval Women and Misticism, p. 56.

[28] Cf. McGINN, The flowering of mysticism:..., p. 154.

ladra: por isso, você deve reparar." "*Senhora e Rainha, então, me toma.*"[29] "*Senhora Amor, agora você me recompensou, cem vezes ou mais, na terra.*" "*Senhora e Rainha, em compensação, você pode pedir Deus e todo o seu reino*" (MM, I,2).

O amor, então, aponta para o desejo verdadeiro da alma de perder sua condição terrena (*reclamações mesquinhas e insignificantes*) para adquirir a liberdade celestial: o conhecimento essencial que é desejo de Deus e desejo original da alma (*com o Espírito Santo na terra, exatamente como você deseja*). A ação do amor coincide com o reconhecimento da alma de seu desejo, de sua constituição necessariamente disponível atrativa e desejante, entregue a Deus. Mas a alma, debatendo-se nessa lamentação, só se conforma com esse estado desejoso quando lhe é permitida, pelo amor, a posse dele mesmo (*então, me toma*). Só assim ela é capaz de compreender tal sofrimento, sendo essa ação o próprio sofrimento. E esse diálogo não é um capricho linguístico ou textual, é a expressão do sofrimento da alma em consonância com o sofrimento da Paixão de Cristo (*você devorou minha carne e meu sangue*). A alma é tomada por *Minne* (amor e desejo) a partir dessa união mística que Frank Tobin chamou de unidade textual.[30]

O amor (movimento de *eros* e *ágape*) que, depois de devorar a carne e o sangue na alma, corresponde à entrega de Cristo em sua humanidade, dispõe o desejo de Deus na própria alma. E, complementando a análise de McGinn, Margot Schmidt é até mais incisiva: "*Eros* força não somente a alma sob seu jugo, mas o próprio Deus."[31] A força de *eros* é assim constituída pela potên-

---

[29] O sentido, aqui, é de ser tomada, ser possuída ou arrebatada.

[30] Cf. TOBIN, Foreword, p. 11.

[31] Cf. SCHMIDT, Preface, p. xxxiii-xxx.

cia de *ágape*, manancial disponível à alma humana que, imersa, desde sempre, na vida da Trindade divina, é assim descrita por Mechthild no livro V, 6:

> *Como a alma louva a Santíssima Trindade*
> *Senhor Jesus Cristo, você fluiu espiritualmente do coração de seu Pai eterno desde a eternidade e nasceu na carne de uma virgem pura e intocada, Santa Maria, e é com seu Pai um espírito, uma vontade, uma sabedoria, uma força e um poder superior sobre tudo o que sempre foi, para sempre!*
>
> *Senhor, Pai eterno, eu, também, o mais indigno de todos os seres humanos, fluí espiritualmente de seu coração e, Senhor Jesus Cristo, nasci da sua parte carnal e, Senhor Deus e Homem, fui purificada pelo Espírito de vocês dois. Assim, eu, pobre ser humano abatido, falo:*
>
> *Senhor Pai celestial, você é meu coração. Senhor Jesus Cristo, você é meu corpo. Senhor Espírito Santo, você é minha respiração. Senhora Santíssima Trindade, você é meu único refúgio e meu descanso eterno!* (MM, V, 6).

O amor tecido pela experiência da Trindade eterna é um amor impossível de conceituar. Mechthild personifica a Trindade como corpo, coração e respiração na vida de sua alma. Para a nossa beguina alemã, na organicidade de sua linguagem, dizer e entender a *Minne* "não é como um ato do sujeito conhecedor, ao lado e juntamente com o ato de vontade e de coração--sentimento",[32] mas, ao contrário, a coincidência da alma com a Trindade exige um desprendimento, "soltos de 'corpo e alma', ser o que somos na nascividade, a *ab*-soluta recepção grata da sorte, do destinar-se, da história, do evento denominado por Eckhart *nascimento do Filho na alma e da alma no Filho* [...]".[33]

---

[32] ECKHART, *Sermões alemães; sermões 1 a 60*, p. 346.

[33] Ibid.

A *Minne* exige uma equalização entre *eros* e *ágape*, uma recepção viva, orgânica e única que aproxima o esgotamento da alma ao despreender-se no despreendimento da Deidade. E nesse movimento Mechthild diz que Deus a ama no quanto menos ela merece, mas ele a ama onde ela mais necessita, na sua miséria e na sua impossibilidade mesma de amar e de dizer sobre as coisas que ela vislumbra quando constata a *Minne* – a tradução equalizada de *eros* e *ágape* no único movimento davídico da deidade única no qual a dádiva de Deus é a própria natureza divina na alma.

Referências bibliográficas

Edições do Das fliessende Licht der Gottheit

Das fliessende Licht der Gottheit. Nach der Einsiedler Handschrift in Kritischem Vergleich mit der gesamten Überlieferung. Ed. Hans Neumann. München; Zürich: Artemis-Verlag (Münchener Texte und Untersuchungen zur deutschen Literatur des Mittelaterss; Bd 100) Text/besorgt von Gisela Vollmann-Profe, 1990.

Offenbarungen der Schwester Mechthild von Magdeburg oder Das fliessende Licht der Gottheit. Aus der einzigen Handschrift des Stiftes Einsiedeln. Regensburg: Ed. Gall Morel, 1869.

Reimpressões

Darmstadt: Wissenschaftliche Buch Gesellschaft, 1963, 1976,1980.

Traduções do Das fliessende Licht der Gottheit *para o alemão moderno*

Das fliessende Licht der Gottheit. Tradução de passagens selecionadas, com notas de Wilhem Oehl. Kempten/München: Kösel, 1911.

Das fliessende Licht der Gottheit. Tradução com uma introdução de Margot Schmidt. Einsiedeln/Zürich/Cologne/: Benzinger, 1955.

Ich tanze, wenn Du mich führst: ein Höhepunkt deutscher Mystic. Trad. com uma introdução de Margot Schmidt. Freiburg im Breisgau: Herder, 1988.

Mechthild von Magdeburg. Das fliessende Licht der Gottheit. Segunda revisão e tradução, com uma introdução e comentário de Margot Schmidt. Sttutgart-Bad Cannstatt: frommann-holzboog, 1995.

Traduções do Das fliessende Licht der Gottheit para o inglês

Flowing Light of the Divinity. Transl. Christiane Mesch Galvani. Edited, with an introduction, by Suzan Clark. New York/London: Garland, 1991.

Mechthild of Magdeburg. The Flowing Light of the Godhead. Transl. and introduced by Frank Tobin. Preface by Margot Schmidt, published in The Classics of Western Spirituality. New York, Mahwah: Paulist Press, 1998.

The Revelations of Mechthild of Magdeburg (1210-1297) or The Flowing Light or the Godhead. Transl. Lucy Menzies. New York: Longman's Green, 1953.

Edição do Lux divinitatis

Lux divinitatis fluens in corda vertatis. In Revelationes Gertrudianae ac Mechthildianae. II. Sanctae Mechthildis virginis ordinis sancti Benedicti Liber specialis gratiae, accedit sororis Mechthilds ejusden ordinis Lux divinitatis. Opus ad codicum fidem nunc primum integre editum Solesmensium O.S.B. monachorum cura et opera. Poitiers/Paris: Oudin. 423-643 (645ff. = Livro VII), 1877.

Outras fontes primárias

BEATRIJS OF NAZARETH. *Seven manieren van Minne.* Ed. L. Reypens and J. van Mierlo. Leuven: De Vlaamsche BoeKenhalle, 1926.

HADEWICH DE AMBERES. *Deus, amor e amante.* Tradução Roque Frangiotti. Cartas traduzidas do antigo médio-neerlandês e apresentadas por Pablo Maria Bernardo sob o título *Dios, amor y amante.* São Paulo: Paulus, 1989. (Série Espiritualidade.)

HADEWIJCH DE ANTWERP. *Brieven.* Antwerp: Ed. Joseph van Mierlo, 1947.

_____. *The Complete Works.* Trad. Mother Columba Hart, O.S.B. New York: Paulist Press, 1980.

MAÎTRE ECKHART (Ouvres de). *Sermons et traités.* Paris: Gallimard,1997.

MARGUERITE PORETE. *Le Miroir des âmes simples et anéanties.* Introduction, traduction et notes par Max Huot de Longchamp. Paris: Albin Michel, 1984.

ROMANIA, Recueil trimestriel consacré a l'étude des langues et des littératures romanes, publié par Paul Meyer et Gaston Paris, Paris: F. Vieweg, Libraire-Éditeur, 118º Année, Tome 110, 1989.

Referências bibliográficas

A BÍBLIA DE JERUSALÉM. Nova edição revista. São Paulo: Paulus, 1985.

AMARAL, Maria José Caldeira. *A metáfora das metáforas – Imagens de plenitude na simbologia do Cântico dos Cânticos.* Dissertação (mestrado em Ciências da Religião). São Paulo: PUC-SP, 2002.

ANDERSEN, Elizabeth A. *The Voices of Mechthild of Magdeburg.* New York: Lang, 2000.

CIRLOT, Vitória; GARÍ, Blanca. *La Mirada Interior/escritoras místicas e visionárias en la Edad Media.* Barcelona: Ediciones Martínez Roca, 1999.

_____. *Meister Eckhart; Mystical Theologian.* London: SPCK, 1991.

ECKHART, Mestre. *Sermões alemães;* sermões 1 a 60. Bragança Paulista/Petrópolis: Editora Universitária São Francisco/Vozes, 2006.

_____. *Sobre o despreendimento.* São Paulo: Martins Fontes, 2004.

HAUG, Walter (ed.). *Formen und Funktionen der Allegorie*: Symposion Wolfenbüttel 1978. Stuttgart : Metzler, 1979.

72 MINNE

McGINN, Bernard. The flowering of mysticism: men and women in the new mysticism (1200-1350). In: *The Presence of God;* A History of Western Christian Mysticism. New York: Crossroad, 2003. v. III.

_____. The foundations of mysticism. In: *The Presence of God;* A History of Western Christian Mysticism. New York: Crossroad, 2003. v. I.

MODERN, Rodolfo E. *Historia de la literatura alemana (Breviarios).* México: Fondo de Cultura Económica, 1995.

NEUMANN, Hans. Beiträge zur Textgeschicht des "fliessenden Licht der Gottheit" und zur Lebeensgeschichte Mechthilds von Magdeburg. In: RUH, Kurt (Herausgegeben von). *Altdeutsche und altniederländische Mystik.* Darmstadt: Wissenschaftlich Buchgesellschaft,1964.

_____. Mechthild von Magdeburg. In: RUH, Kurt; KEIL, Gundolf et al. (Herausgegeben von). *Die deutsche Literatur des Mittelalters;*Verfasserlexicon. Berlin/New York: Walter de Gruyter, 1987. v. 6.

NEWMAN, Barbara. *From Virile Woman to Woman Christ;* Studies in Medieval Religion and Literature. Philadelphia: University of Pennsylvania Press, 1995. (Middle Ages series.)

NYGREN, Anders. Erôs et Agapè. La notion chrétienne de l'amour et ses transformations. In: *Les Religions.* Traduction de Pierre Jundt. Paris: Éditions Montaigne, Quai Conti, 1952.

PETERS, Ursula. *Religiöse Erfahrung als literarisches Faktum;* zur Vorgeschichte und Genese frauenmystischer. Texte des 13. und 14. Jahrhunderts. Tübingen 1988.

PETROFF, Elizabeth Alvilda. *Body and Soul;* Essays on Medieval Women and Mysticism. Oxford/New York: Oxford University Press, 1994.

SCHMIDT, Margot. Preface. In: MECHTHILD OF MAGDEBURG. *The Flowing Light of the Godhead.* Transl. and introduced by Frank Tobin. Mahwah: Paulist Press, 1998. (The Classics of Western Spirituality.)

THEODOR, Erwin. *Apogeu da lírica medieval alemã:* Walter von der Vogelweide. Tese (doutorado em Língua e Literatura Alemã). São Paulo: USP, 1953.

TOBIN, Frank. Foreword. In: MECHTHILD OF MAGDEBURG. *The Flowing Light of the Godhead.* Transl. and introduced by Frank Tobin. Preface by Margot Schmidt. New York, Mahwah: Paulist Press, 1998. (The Classics of Western Spirituality.)

_____. *Mechthild von Magdeburg. A Medieval Mystik in Modern Eyes.* Columbia: S. C. Camden House, 1995. (Literary Criticism in Perspective: The Medieval Review.)

MARGUERITE PORETE, MÍSTICA E TEÓLOGA DO SÉCULO XIII

Ceci Baptista Mariani*

Espantam-se as pessoas ao escutar que uma mulher seja teóloga, pois a teologia é, para as pessoas em geral, ofício do clero. Mais espantoso ainda é encontrar teólogas não apenas no mundo contemporâneo pós-movimento feminista, mas também na Pré-Modernidade, e ver que essas mulheres chegaram a produzir conhecimentos teológicos originais, dinâmicos e profundos.

Marguerite Porete é uma dessas mulheres, teóloga do século XIII que deixou como herança para a Igreja um livro, *Le Miroir des simples âmes*,[1] escrito num estilo literário que combina a instrução religiosa e o romance cortês e que tem como tema o caminho da alma, que, pela via do aniquilamento, conhece a

---

* Professora de Teologia na Pontifícia Universidade Católica de Campinas, no Instituto São Paulo de Estudos Superiores (ITESP) e no Instituto Teológico Pio XI. Doutora em Ciências da Religião pela PUC-SP, Bacharel e Mestra em Teologia Dogmática pela Pontifícia Faculdade de Teologia Nossa Senhora da Assunção, Licenciada em Filosofia pela Faculdade de Filosofia Nossa Senhora Medianeira.

[1] A obra já tem recente tradução em língua portuguesa por Sílvia Schwartz publicada pela Editora Vozes com o título *O espelho das almas simples e aniquiladas e que permanecem somente na vontade e no desejo do amor* (Petrópolis, 2008).

Deus. O livro *Le Miroir des simples âmes* foi a obra de sua vida e também o motivo de sua morte. Marguerite foi condenada pela Inquisição e morreu queimada na Place de Grève, em Paris, no dia 1º de junho de 1310.

Neste ensaio procuraremos apresentar a instigante teologia dessa mulher que, articulando reflexão dogmática, experiência mística e poesia trovadoresca, teceu um discurso para falar sobre o Deus incognoscível que é delicadeza, doçura, bondade, e que afirmou, com grande originalidade, que, Deus em nós, o Espírito Santo é o *Fin Amour*. Na sua obra, Marguerite Porete tem a ousadia de afirmar em língua vernácula que o Espírito Santo é Cortesia.

I. Idade Média, tempo de grande efervescência

A Idade Média tardia é tempo de grande efervescência político-econômica, intelectual e espiritual. O século XI representa, em relação ao período que o precede, um tempo de grande renovação. Em todos os domínios observa-se o mesmo sobressalto de energia e otimismo testemunhados pela fecundidade das famílias, tanto no âmbito da nobreza quanto dos camponeses. Em todas as regiões da Europa encontram-se pessoas dispostas ao trabalho.

A Igreja, afirma Henri Pirenne,

> reanimada pela reforma clunisiana, começa a purificar-se dos abusos que se tinham introduzido na sua disciplina e a sacudir a submissão em que a tinham os imperadores. O místico entusiasmo que a anima e que insufla aos seus fiéis lança-os no heroico e grandioso feito da Cruzada que lança a cristandade ocidental contra o Islão.[2]

---

[2] PIRENNE, Henri. *As cidades da Idade Média*, p. 66.

Com o comércio e a indústria, o nascimento das cidades inaugura uma nova era na história da Europa Ocidental. Emerge aí uma nova classe social entregue ao exercício do comércio e à indústria, que aos poucos vai ganhando o *status* de uma ordem privilegiada que forma uma classe jurídica distinta e que goza de um direito especial. Uma classe que ganha força suficiente para reivindicar para si a liberdade que até então era monopólio da nobreza. No âmbito das cidades, a liberdade será um atributo natural do cidadão. Pelo comércio e pela economia urbana, o antigo regime senhorial transforma-se:

> A circulação, que se torna cada vez mais intensa, favorece necessariamente a produção agrícola, desloca os quadros que a tinham manietado até então, arrasta-a para as cidades, moderniza-a e, ao mesmo tempo, liberta-a. Desprende o homem do solo a que tinha estado por tanto tempo sujeito. Substitui cada vez mais amplamente o trabalho servil pelo trabalho livre.[3]

No âmbito dessa transformação econômica, política e social, opera-se também uma transformação cultural e religiosa. No final do século XIII, começam a aparecer nas cidades inúmeras fundações religiosas de caráter laical, animadas por uma piedade arrojada que as leva para além dos limites da estrita ortodoxia.[4] Entre esses movimentos espirituais encontra-se o movimento beguinal, ao qual teria pertencido Marguerite Porete.

II. O movimento beguinal

Segundo J. Van Mierlo, o movimento beguinal desenvolveu-se como alternativa de vida religiosa leiga na Renânia e Países

---

[3] Ibid., p. 166.

[4] Cf. Ibid., p.176.

Baixos. Essas beguinagens começam a aparecer no final do século XII. São formadas por pequenas casas agrupadas. Constituem-se comunidades com promessa (e não voto) de pobreza, obediência e castidade, inseridas num contexto social urbano. Nessas comunidades, as mulheres vivem do próprio trabalho: tecelagem, bordado, costura, ensinamento de crianças e serviços de damas idosas.

O movimento beguinal está inserido no movimento de renovação da vida religiosa que a partir do século X espalha-se por todos os países da Europa Ocidental, e que possibilitou ao "povo cristão" que se associasse à vida das abadias reformadas, se estabelecesse em torno delas e se pusesse a perseguir um ideal de perfeição segundo o modelo monástico, seja ligando-se estreitamente à vida dos monges, seja filiando-se em confrarias, seja colocando-se sob a direção deles.[5] No século XII, esse fervor popular ganha intensidade e estende-se, constituindo-se uma multidão de fervorosos e fervorosas tocados pelo clima de reforma, inquietos diante de tudo o que consideram decadência do espírito primitivo da Igreja, inconformados, sobretudo, com o escândalo de um clero rico e poderoso. Entre essa multidão estão os begardos e beguinas, que, segundo a *chronica regia* de Colônia, são os albigenses dos Países Baixos e das regiões renanas.[6] Comunidades de homens e mulheres cujo fervor vivenciado como aspiração à pureza e continência é interpretado como catarismo.[7]

---

[5] Cf. MIERLO, J. van. Béguins, Béguines, Béguinages. In: *Dictionnaire de spiritualité ascétique et mystique, doctrine et histoire,* p. 1343.

[6] Ibid., p. 1345.

[7] A grande heresia do século XII, o catarismo prega a oposição à matéria, à carne, da qual é preciso libertar-se. Os cátaros reprovam o casamento e a procriação; pregam uma ascese severa, a espiritualização do culto (a rejei-

Esse movimento esteve, no fim do século XII, sob a direção dos cistercienses, e posteriormente sob os "cuidados espirituais" das ordens religiosas mendicantes. Os franciscanos dedicaram-se aos begardos e os dominicanos, às beguinas.

Enquanto movimento de leigos, o movimento beguinal foi, desde muito cedo, alvo da desconfiança eclesiástica. A primeira notícia de reprovação a esse grupo encontra-se num pequeno tratado – *Scandalis Ecclesiae* – redigido pelo franciscano Gilbert de Tounai e destinado ao Concílio de Lyon de 1274. Em uma seção intitulada *de Beghinis*, a obra ataca as interpretações da Escritura e o uso da língua vulgar para a leitura da Bíblia em reuniões que deviam ser comuns entre os membros desse grupo. Mais tarde, eles foram condenados pelo Concílio de Colônia (1306) e pelo Concílio de Viena (França – 1311-1312).[8] Neste último, begardos e beguinas foram englobados numa condenação comum pronunciada por Clemente V contra o begardismo.

O Concílio de Viena[9] reprova a instituição dos begardos e das beguinas em dois decretos. No primeiro, que diz respeito principalmente às beguinas, consta uma reprovação relativa

---

ção de cerimônias exteriores, de imagens, dos sacramentos). Na segunda metade do século XII, o catarismo está estabelecido no sul da França e a *ville d'Albi* é um de seus centros mais importantes, daí a denominação albigenses.

[8]   LECLERCQ et al. *La spiritualité du Moyen Age*, p. 427.

[9]   O Concílio de Viena (França) foi convocado, sobretudo, para resolver a querela política em torno da Ordem dos Templários. Esses últimos foram perseguidos pelo rei Felipe IV, interessado na riqueza deles. Segundo Richard P. McBrien, grande número de templários foram presos em 1307 e torturados pelo rei, que, de posse de confissões arrancadas sob pressão, passou a exigir do Papa Clemente V a condenação da Ordem. O Concílio de Viena acaba por dissolver a Ordem dos Templários e decretar que todas as propriedades deles fossem transferidas aos cavaleiros da Ordem de São João de Jerusalém, hoje conhecidos como Cavaleiros de Malta. Cf. McBRIEN, Richard P. *Os papas, de São Pedro a João Paulo II.* p. 240-241.

à questão do hábito que elas usam, mesmo sem serem religiosas sob a obediência de uma regra aprovada. Consta também a acusação de que se perdem em "especulações loucas" sobre a Trindade e a essência divina, sobre outros dogmas ou pontos de doutrina e sobre os sacramentos. Num segundo decreto, que se estende também aos begardos, o texto do Concílio enumera oito erros que vão referir-se à ousadia de professar que o homem pode chegar à perfeição de Cristo, ao estado de "impecabilidade", estado em que não se necessita de jejum ou oração, não se teme a fraqueza da sensualidade, não se deve mais obediência à autoridade humana, nem à Igreja. Enumera também, como erro, a crença numa beatitude final acessível à natureza humana intelectual ainda neste mundo, a ideia de que para esses perfeitos não existe mais necessidade de lutar para adquirir as virtudes, e que a Eucaristia não requer mais a reverência (essa reverência para eles, afirma o Concílio, faz decair do estado de contemplação já alcançado).

Os oito erros apontados pelo Concílio de Viena são os seguintes:

| 1. Quod homo in vita praesenti tantum et talem perfectionis gradum potest acquirere, quod reddetur penitus impeccabilis et amplius in gratia proficere, non valebit: nam. Ut dicunt, si quis semper posset proficere, posset aliquis Christo perfectior inveniri. | 1. O homem pode na vida presente adquirir tal grau de perfeição que se torne absolutamente impecável e nem mais possa progredir ainda na graça. Do contrário, dizem, se alguém pudesse sempre progredir, poder-se-ia encontrar um mais perfeito que Cristo. |

2. Quod ieiunare non oportet hominem nec orare, postquam grandum perfectionis huiusmodi fuerit assecutus; quia tunc sensualitas est ita perfecte spiritui et rationi subiecta, quod homo potest libere corpori concedere quidquid placet.	2. Conseguido tal grau de perfeição o homem não tem mais necessidade nem de jejuar, nem de rezar, pois agora os sentidos estão sujeitos tão perfeitamente ao espírito e à razão que o homem pode conceder livremente ao corpo aquilo que lhe agrada.
3. Quod illi, qui sunt in praedicto gradu perfectionis et spiritu libertatis, non sunt humanae subiecti oboedientiae, nec ad aliqua praecepta Ecclesiae obligantur; quia, ut asserunt, "ub spiritus Domini, ib libertas" [2Cor 3,17].	3. Aqueles que se encontram neste grau de perfeição e neste espírito de liberdade não são sujeitos a nenhuma autoridade humana, nem obrigados a algum preceito da Igreja, porque, como afirmam, "onde há o espírito do Senhor, há a liberdade" [2Cor 3,17].
4. Quod homo potest ita finalem beatitudinem secundum omnem gradum perfectionis in praesenti assequi, sicut eam in vita obtinebit beata.	4. O homem pode receber na vida presente a beatitude definitiva segundo todos os graus de perfeição, como a obterá na vida bem-aventurada.
5. Quod quaelibet intellectualis natura in se ipsa naturaliter est beata, quodque anima non indiget lumine gloriae, ipsam elevante ad Deum videndum et eo beate fruendum.	5. Cada natureza intelectiva é bem-aventurada naturalmente em si mesma, e para ver Deus e para gozá-lo na beatitude da alma não tem necessidade da lua da glória que a eleve.
6. Quod se in actibus exercere virtutum est hominis imperfecti, et perfecta anima licentiat a se virtutes.	6. Exercitar-se na virtude é próprio do homem imperfeito, e a alma perfeita não tem necessidade disto.

7. Quod mulieribus osculum, cum ad hoc natura non inclinet, est mortale peccatum; actus autem carnalis, cum ad hoc inclinet, peccatum nom est, maxime cum tentatur exercens	7. Beijar uma mulher é pecado mortal, já que a natureza não inclina para isso, mas o ato carnal, já que a isso a natureza se inclina, não é pecado, especialmente quando quem o exerce é tentado.
8. Quod, in elevatione corporis Iesu Christi non debent assurgere nec eidem reverentiam exhibere: asserentes, quod esset imperfectionis eisdem, si a puritate et altitudine suae contemplationis tantum descenderent, quod circa ministerium seu sacramentum Eucharistiae aut circa passionem humanitatis Christi aliqua cogitarent.	8. À elevação do corpo de Cristo, não deve levantar-se nem mostrar alguma reverência, pois afirmam que isso seria para eles sinal de imperfeição, se descessem da pureza e da altura da sua contemplação a ponto de meditar sobre o mistério ou o sacramento da Eucaristia ou sobre a paixão da humanidade de Cristo.
[*Censura:*] Nos sacro approbante Concilio sectam ipsam cum praemissis erroribus dammamus et reprobamus omnimo inhibentes districtius, ne quis ipsos de cetero teneat, approbet vel defendat.	[*Censura:*] Nós, com o consenso do santo Concilio, condenamos e reprovamos totalmente esta seita com os seus erros, proibindo severamente que no futuro alguém possa sustentá-los, aprová-los ou defendê-los.[10]

Essas teses do Concílio de Viena, afirmam os autores, certamente têm como referência a obra *Le Miroir des simples âmes*, de Marguerite Porete, julgada e condenada pela Inquisição em processo que se estendeu ao longo de um ano, entre março de 1309 e abril de 1310.

---

10 Na edição brasileira: DENZINGER, Heinrich. *Compêndio dos símbolos, definições e declarações de fé e moral*. São Paulo: Paulinas/Loyola, 2007. nn. 891-899, p. 308-309.

III. A condenação de Marguerite Porete

Segundo as atas do processo sofrido por Marguerite Porete,[11] vinte e um mestres em teologia são convocados pelo inquisidor Guillaume de Paris para fazer o julgamento de um livro de onde se havia tirado quinze artigos suspeitos. Desses artigos só se sabe o teor do primeiro e do décimo quinto, citados no processo verbal que relata a condenação do livro:

Quorum articulorum primus talis est: 'Quod anima adnichilata dat licentiam virtutibus nec est amplius in earum servitute, quia non habet eas quoad usum, sed virtutes obedient ad nutum'.	Desses artigos, o primeiro é o seguinte: 'Que a alma aniquilada dá licença às virtudes não está na servidão delas, porque não as tem quanto ao uso, mas as virtudes a obedecem a um sinal'.
Item decimus quintus articulus est: 'Quod talis anima num curat de consolationibus Dei nec de donis eius, nec debet curare nec potest, quia tota intenta est circa Deum, et sic impediretur eius intentio circa Deum'.[12]	Igualmente o décimo quinto artigo é: 'Que tal alma não cuida das consolações de Deus nem de seus dons, porque ela é toda voltada para Deus, e assim estaria impedida sua intenção para Deus'.

Antes do processo oficial, *Le Miroir* já havia sido condenado por Guy de Colmieu, bispo de Cambrai, que, em 1306, fez queimar o livro em praça pública na cidade de Valenciennes, na presença de sua autora, e proibiu, sob pena de excomunhão, que ela

---

[11] VERDEYEN, Le procès d'inquisition contre Marguerite Porete et Guiard de Cressonessart (1309-1310), p. 45-94.

[12] Ibid, p. 51.

difundisse ou pregasse suas ideias. Consta que Marguerite teria sido detida em meados de 1308 por Philippe de Marighy, sucessor de Guy de Colmieu, e enviada a Paris, acusada de propagar o livro aos simples e de enviá-lo ao bispo Châlons sur Marne nos anos que sucederam à primeira condenação. Marguerite teria ficado detida em Paris para ser julgada pelo Tribunal da Inquisição. Durante o inquérito, conduzido pelo inquisidor-geral do reino, o dominicano Guillaume de Paris,[13] ela se teria recusado obstinadamente a prestar juramento[14] e a sofrer inquérito regulamentar, fato que levou o inquisidor a pronunciar a excomunhão maior. Por um ano ela permanece nessa recusa.

Passado esse ano, realiza-se uma segunda consulta. Foram convocados, então, para a reunião preparatória em março de 1310, onze dos teólogos que participaram da condenação do livro no ano anterior, sendo que cinco deles eram professores de direito. No documento relativo à reunião de preparação dessa segunda consulta, está citado também Guiard de Cressonessart, begardo da Diocese de Beauvais que se erigiu publicamente como defensor e partidário de Marguerite, tornando-se ele

---

[13]   Cf. CIRLOT, V.; GARÍ, B. *La mirada interior – Escritoras místicas y visionarias en La Edad Media*, p. 225-226.

[14]   Segundo Verdeyen, o Concílio de Béziers (1246) teria imposto que todas as pessoas citadas diante do Tribunal da Inquisição deveriam jurar dizer a pura e inteira verdade sobre tudo o que sabiam sobre a própria vida, também de todos os vivente e mortos. Esse Concílio não fala de uma possível recusa, todavia o *Manual do Inquisidor* de Bernard Gui, de 1325, vai dizer claramente que essa recusa constitui, ela mesma, uma presunção de heresia. O artigo desse autor cita do *Manual do Inquisidor* o capitulo V, que trata da seita dos begardos, mostrando que Bernard Gui descreve com precisão os procedimentos seguidos por Guillaume de Paris em 1310. Cf. VERDEYEN, Le procès d'inquisition contre Marguerite Porete et Guiard de Cressonessart (1309-1310), p. 63-64.

mesmo suspeito de heresia e associando o seu destino ao dela.[15] Segundo esses documentos, Guiard, quando de seu último interrogatório, prestou juramento e fez seu depoimento, no qual responde a perguntas sobre sua identidade e missão, sobre a sua relação com os movimentos espirituais e com as autoridades eclesiais. Marguerite, ao contrário, permanecendo em silêncio, é, portanto, julgada e condenada como relapsa, não com base em um depoimento próprio, mas no testemunho de três bispos (Guy de Colmieu, Phillippe de Marigny, Jean de Châteauvillain) e do inquisidor de Lorraine. Marguerite foi entregue ao braço secular para ser executada: morreu queimada na Place de Grève em Paris no dia 1º de junho de 1310.

IV. *O espelho das almas simples*

O livro de Marguerite, *Le Miroir des simples âmes,* constitui--se uma alegoria mística sobre o caminho que conduz essa alma à união perfeita com seu Criador e Senhor. O aniquilamento é seu grande tema e é descrito como o estado em que as almas simples adquirem a mais plena liberdade e o saber mais alto. A alma aniquilada, amorosa de Deus, Marguerite sempre reafirma, recebe mais saber do que o contido nas Escrituras, mais compreensão do que a que está ao alcance, da capacidade ou do trabalho humano de alguma criatura. A alma sendo nada, possui tudo e não possui nada, vê tudo e não vê nada, sabe tudo e não sabe nada.[16]

---

[15] Ibid., p. 55.

[16] PORETE, Marguerite. *Le Miroir des simples âmes et anéanties*, cap. 7, p. 58. Usaremos para as citações do texto de Marguerite a edição em francês moderno, tradução e notas de Max Huot de Longchamp.

A ascese da alma aniquilada é um itinerário em que a alma é chamada a morrer várias vezes, e esse morrer, para Marguerite, é um entregar-se totalmente, radicalmente. Para ela, depois da radical escravidão vem a liberdade. Trilhado esse caminho, a alma, esvaziada de si mesma, absorvida na "deidade", torna-se *espelho de Deus*.

A obra de Marguerite Porete, *Le Miroir des simples âmes*, escrita em língua vernácula, estando dentro de um contexto religioso, é "espelho exemplar", isto é, um escrito inserido num gênero literário pertencente à tradição cristã, com intenção de "instruir" a respeito de um itinerário espiritual. Por outro lado, o livro não se restringe à função religiosa, é uma obra claramente marcada por elementos profanos. No seu *Le Miroir*, a autora vai lançar mão de conceitos presentes na literatura cortesã, na experiência do "Amor Cortês", que servirão de referências na tentativa de descrever seu itinerário espiritual. O livro, portanto, transborda significados simbólicos em duas direções porque bebe de duas vertentes, da simbólica do espelho considerada no âmbito religioso e da simbólica do espelho considerada do âmbito profano.

V. A teologia de Marguerite Porete

Le Miroir de Marguerite Porete é uma obra de teologia composta no momento em que se começa a distinguir, no interior da teologia, a reflexão racional sobre a doutrina e a experiência espiritual. Nesse contexto, situado entre os séculos XII e XIII, instaura-se no seio da teologia um impasse: a exaltação da transcendência divina em incompatibilidade com as possibilidades da razão. Esse impasse levará os teólogos a recorrer ao Areopagita, que, já presente no Ocidente através das traduções de Johannes Scotus Erígena, passa a ser largamente comentado. A *Teologia mística* do Areopagita, onde Deus é *superessentialis* e *supercognitus* no interior da negação de todo conhecimento, parece oferecer a chave de uma resposta que satisfaça filosofia e fé.[17]

Os teólogos de tendência mística, como Guilherme de Saint-Thierry, no que diz respeito a essa tensão, vão afirmar, por um lado, a simplificação e a unificação como operação das potências (inteligência e vontade) em um só dinamismo e, por outro lado, a grandeza do homem, infinito por natureza pelo dom de Deus.[18] Mas são as mulheres que, segundo Deblaere, ousam desenvolver um modo de pensamento original e dinâmico, que responde mais ao caráter da experiência, que é corroborada pela Escritura.

Hadewijch de Ambers, cujos escritos datam dos anos 1220-1240, em suas cartas espirituais responde à teologia do Deus incognoscível, infinitamente grande em comparação ao homem, ousando afirmar a grandeza da alma, que é, pela graça, aquilo que Deus é por natureza, divina, capaz, portanto, de uma verdadeira troca de amor com *ele*. Deblaere cita as cartas 4 e 18, e aqui reproduzimos a citação em vista da clareza com a qual ela ilustra o argumento:

> A razão sabe que Deus deve ser temido, que ele é grande e que o homem é pequeno. Mas se ela tem medo da grandeza divina ao lado de sua pequenez, se ela não ousa afrontar e duvidar de ser a criança preferida, não pode conceber que o Ser imenso lhe convém, isso resulta que muitas das almas não tentam uma vida tão grande. [...] compreenda então a natureza

---

[17] Cf. DEBLAERE, Albert. Theóries de la mystique chrétienne. In: *Dictionnaire de spiritualité ascétique et mystique, doctrine et histoire*, p. 1905.

[18] Ibid., p. 1906.

profunda de vossa alma, e o que isto quer dizer: "alma". A alma é um ser que atinge o olhar de Deus, e por quem Deus em troca é visível... A alma é um abismo sem fundo em quem Deus se satisfaz, enquanto reciprocamente ela se satisfaz nele. A alma é para Deus um caminho livre, onde se lançar até suas últimas profundezas; e Deus é para a alma, em troca, o caminho da liberdade, até esse fundo do Ser divino que nada pode tocar senão o fundo da alma. E se Deus não lhe pertence inteiramente, ele não lhe satisfaz.[19]

O tema da grandeza infinita do homem e, portanto, de um amor recíproco entre iguais teria ocupado um lugar comum em toda verdadeira mística ao fim da Idade Média.[20] Na verdade, a mística medieval, em resposta aos desafios colocados pela teologia, vai lidar com o paradoxo que se estabelece entre o aniquilamento e a divinização, dinâmica contraditória própria do Homem Novo que nasce pela força do Espírito Santo que habita o homem e o mundo. Nesse sentido, de fato, podemos dizer que entre os místicos encontramos aquilo que existe de mais rico em termos do que hoje chamamos Teologia do Espírito.

Nessa perspectiva, Deus, que vem a nós em seu amor misericordioso, opera no humano, na alma (que é o princípio transcendente do humano), um êxodo, uma saída de si, uma transformação ontológica que a capacita, divinizando-a para o encontro, isto é, para a união mística com o mistério. O encontro amoroso que transforma, conforma o amante, que, por sua vez, toma a forma do amado. O Amor, então, inunda os sentidos e irrompe na alma inaugurando uma outra maneira de conhecer e uma nova forma de relacionar-se. Como podemos ler na obra de

---

[19] Ibid.

[20] Ibid., p. 1907.

Mechthild von Magdeburg, mística alemã da Baixa Saxônia, o conhecimento funda-se na luz que flui da Deidade, revelando à alma a verdade de Deus que é Amor.

Nos escritos de Mechthild encontra-se a experiência espiritual unida a uma objetividade teológica. Ali a teologia não se opõe à experiência, desdobra-se dela. No centro do texto encontra-se uma primeira pessoa em diálogo com Deus, às vezes objetivada como ela, a alma, mas que é retomada como "eu", que, em contato com o transcendente, introduz a descontinuidade no tempo. Esse mesmo "eu" busca também se compreender no tempo da vida e nesse sentido inclui passagens autobiográficas. A contemplação da Escritura, nesses mesmos escritos, move o desejo para o encontro com Jesus, Deus ao alcance de nossa admiração, ao alcance do nosso amor. Mechthild descreve sua paixão pelo Filho, Deus que é conosco. Ama a Deus que desce e quer descer com ele, sofrer com ele e transformar-se nele. Mechthild, como outras mulheres religiosas, vai a Deus arrebatada de desejo erótico e conhece, por Jesus, no Espírito, *Agapè*, o Amor que é o próprio Deus. Mechthild anuncia a Trindade da qual ela mesma participa:

> A humanidade de nosso Senhor é uma imagem inteligível da sua Divindade eterna, de maneira que possamos alcançar a divindade com a humanidade, e, como a Santíssima Trindade, usufruir (deleitar-se), beijar e abraçar Deus de uma maneira incompreensível, que nem o céu, nem o inferno, nem o purgatório poderão, jamais, alcançar ou resistir. A eterna Divindade resplandece, iluminando todos os abençoados que estão na sua presença, deixando-os prontos para o amor, para que eles regozijem livremente e vivam para sempre do sofrimento interior. A humanidade de nosso Senhor saúda, exulta e ama sua carne e seu sangue sem cessar. Embora não exista mais carne nem

sangue lá, ainda assim o parentesco fraternal é tão grande que *ele* tem que amar sua natureza humana de um modo especial.[21]

Essa teologia que reflete os anseios de liberdade perfeita e descreve as transformações na alma operadas pelo amor estará, entretanto, sob suspeita. Ela foge ao controle institucional. Mechthild teme pelo livro que, por Deus, sente-se obrigada a escrever, sabe que ele reflete um conhecimento que não é mais um conhecimento ingênuo. Ela tem noção do perigo que ele representa como crítica ao mundo e à Igreja:

> Por todos os dias de minha vida antes de eu ter começado este livro e antes de uma única palavra ter adentrado a minha alma, eu era uma das mais ingênuas pessoas que já seguiram a vida religiosa. Nada sabia da maldade do diabo; não tinha consciência da fragilidade do mundo; também desconhecia a falsidade das pessoas na vida religiosa. Eu tenho de falar em honra a Deus e em prol do ensinamento do livro [...].[22]

Nesse contexto filosófico-teológico situa-se a obra de Marguerite Porete. Sua teologia será também, como a dessas mulheres, desdobramento incontrolável de experiências religiosas profundas e contundentes. Teologia fundada na experiência direta do mistério de Deus, edificada sob a autoridade do Espírito Santo, o "Fino Amor", que, pelo caminho do aniquilamento, conduz a alma ao país da liberdade perfeita, onde é possível fruir em Deus.

---

[21]   MECHTHILD OF MAGDEBURG. *The Flowing Light of Godhead*, p. 274.

[22]   Ibid., p. 139.

VI. Rumo ao país da liberdade perfeita

Le Miroir compõe experiência mística e teologia dogmática. Nesse sentido, antes de oferecer afirmações sobre Deus procura descrever o itinerário da alma rumo à liberdade que dispõe para o conhecimento de Deus incognoscível. Para Marguerite Porete, situada no âmbito da tradição apofática, o encontro com Deus supõe um caminho de negações, no qual se deve ultrapassar seis estados e enfrentar três mortes.

A primeira morte, a morte ao pecado, leva ao primeiro estado, nomeado em *Le Miroir* como vida na graça. Nessas pessoas mortas ao pecado não deve restar "nem cor, nem sabor, nem odor de nenhuma coisa que Deus proíba em sua Lei"; esse estado é aquele para quem "basta guardar-se de fazer o que Deus proíbe e poder fazer o que Deus manda".[23] A segunda morte é a morte à natureza e leva ao segundo estado, primeiro passo da vida segundo o espírito, vida em que ainda se está sob o domínio de Razão. Aqui a alma que já não pode mais deixar de cumprir os mandamentos passa a considerar "o que Deus aconselha a seus amigos íntimos". A alma nesse estado busca cumprir com perfeição os conselhos do Evangelho e esforça-se para agir não mais sob o conselho dos homens. Procura as obras que mortificam a natureza, busca viver o abandono das riquezas, das delícias e das honras. A exemplo de Cristo, ela não teme a perda do que tem nem as palavras das pessoas, nem a fraqueza do corpo.[24] Aqui tem papel fundamental o acolhimento das virtudes, que, para Marguerite, são mensageiras do Amor, que, desde dentro, pedem o senhorio sobre o corpo. As virtudes são meios para

---

[23] Cf. PORETE, *Le Miroir des simples âmes et anéanties*, cap. 60, p. 126.

[24] Cf. ibid., cap. 118, p. 195-196.

o desembaraçamento do espírito, que, antes de experimentar a liberdade do aniquilamento total, deve ultrapassar os limites colocados pela natureza.

Antes, porém, da terceira morte, que leva ao quinto estado, Marguerite ainda relaciona dois estados, passos que vão sendo dados para passar do momento onde é fundamental a atuação da vontade e o exercício das virtudes para a consideração de que tudo isso é também escravidão e por isso deve ser deixado para trás.

No terceiro estado,[25] a alma passa a habitar o "país dos extraviados",[26] país onde a Razão ainda é soberana. Nesse estado, por decisão do espírito ardente de desejo de amor, a alma multiplica as obras de perfeição com o intuito de oferecer ao seu bem-amado o que ele ama. Assim, a criatura, nesse estado, ama as obras de bondade e os sacrifícios que elas implicam.

O próximo estado, o quarto, é talvez o mais perigoso pelo seu poder de sedução, perigoso pelo risco de interromper-se um itinerário em que é possível ainda vivenciar mais dois estágios até o último estágio na eternidade. Nesse estado a alma é absorvida por elevação de amor em delícias de pensamentos graças à meditação e desprendida de exigência exterior (trabalho e obediência) graças à elevação da contemplação.

Para Marguerite, o estado da alma ao qual conduz a meditação e a contemplação é um estado de tão grande amor que a alma entende que não há vida mais alta que esta, vida saciada de delícias de Amor que a embriaga completamente.

---

[25] Cf. ibid., p.196.

[26] Cf. ibid., cap. 72, p. 138.

[...] Amor Gracioso a embriaga completamente, tão forte que ele não a deixa nada compreender de outro que ele, em razão da força com a qual Amor a deleita. E, portanto, a alma não pode apreciar um outro estado; com efeito, a grande claridade do Amor tem tanto deslumbrado sua vista que ela não lhe deixa nada a ver além de seu amor.[27]

Mas lá, diz Marguerite, a alma se engana, pois existem outros dois estados que Deus possibilita à alma neste mundo, ainda mais nobres que aquele em que ela experimenta tamanha doçura e gozo de amor. Nesse estado a alma é chamada pela autora de extraviada porque se encontra ainda sobre o domínio da razão e embaraçada em sua vontade própria.

Uma terceira morte ao longo desse itinerário, a morte ao espírito, vai nadificar e transfigurar a alma, preparando-a para a vida no "país da liberdade perfeita". Convém que o espírito morra, explica a autora (dando voz à Senhora Amor) para que a alma venha a perder sua vontade.

> *Razão*: Em nome de Deus, Senhora Amor, eu vos peço que me diga porque convém que o espírito morra para perder sua vontade.

> *Amor*: É porque o espírito é pleno de vontade espiritual, e ninguém pode viver de vida divina enquanto tenha vontade, nem encontrar satisfação se não perdeu sua vontade. E o espírito não é perfeitamente morto até que ele tenha perdido o sentimento de seu amor, e até que morra a vontade que lhe dava vida; e nessa perda o querer atinge sua plenitude na satisfação

---

[27] Ibid., cap. 118, p. 197.

do bom prazer divino; e nessa morte cresce a vida superior, que é sempre livre ou gloriosa.[28]

A alma que não se dispõe a perder sua vontade, ensina Marguerite, não está preparada para falar ao Amor em sua câmara secreta. A bem-amada é aquela que não teme perda nem ganho, senão somente pelo bom prazer de Amor, pois, de outro modo, ela encontraria seu próprio interesse e não o dele.

O quinto estado se inicia – explica a autora, agora falando por ela mesma, no capítulo 118 – com duas considerações fundamentais feitas pela alma que está a caminho da liberdade: a primeira é uma consideração sobre Deus, na qual a alma conhece que ele é aquele que é e aquele do qual tudo vem; a segunda é uma consideração sobre si mesma, na qual a alma conhece que ela mesma não é. Através dessas duas considerações, ela vê que Deus, que é todo bondade, deu a ela, que não é senão inteira malícia, uma vontade livre. Nessa visão "maravilhosa", segundo ela, a alma entende que a vontade livre de Deus é que ela tenha ser nesse dom que ele lhe faz. Assim, a alma conhece a sua verdade, isto é, a vontade de Deus para ela. A luz de bondade derramada sobre a alma mostra a ela o que ela pode ser e onde ela deve estar.[29]

Essa luz, continua, que transborda de Deus, faz saber à alma que ela só poderá querer a Deus se sua vontade separar-se de seu querer próprio, pois, sendo sua natureza inclinada ao mal, seu querer próprio a leva ao nada e a reduz a menos que nada. E é assim que, nessa luz que faz ver a grandeza e a bondade de Deus (sua grande misericórdia), a miséria e a pequenez da alma em si

---

[28] Ibid., cap. 73, p. 141.

[29] Cf. ibid., cap. 118, p. 198.

mesma e a vontade divina de fazê-la ser oferecendo à alma sua própria vontade livre, a alma se retira do querer próprio para se remeter a Deus.

> Agora, essa alma é, pois, "nada", porque ela vê pela abundância do conhecimento divino seu nada que a torna nada e a reduz a nada. E assim é ela inteira, porque ela vê pela profundidade do conhecimento de sua maldade, o qual é tão profundo e tão grande que ela não encontra aí nem começo, nem medida, nem fim, mas um abismo abissal e sem fundo.[30]

A seguir, vem, para Marguerite Porete, o sexto estado, que é o estado em que a alma é pura e iluminada, mas, adverte, não glorificada, já que a glorificação pertence ao sétimo estado. Aqui a alma não conhece nada, não ama nada, não louva nada que não Deus, porque sabe que não existe nada que seja fora dele. Nesse estado a alma iluminada não vê nem Deus nem ela mesma, mas Deus se vê por ele mesmo nela, por ela, sem ela. Vê tudo o que é por bondade de Deus e sua bondade doada é Deus mesmo, a bondade é o que Deus é. No sexto estado, portanto, a Bondade na alma se vê por sua bondade, se vê na transformação de amor que opera na alma.[31] Nisso reside a salvação, conhecer a bondade de Deus naquilo que ele opera na alma. Quanto ao sétimo estado, termina a autora o capítulo 118, Amor o guarda em si para doar-nos na glória eterna.

A liberdade perfeita é, então, para Marguerite, a transfiguração que vem da operação de Deus na alma que se despojou de todas as seguranças exteriores (mandamentos, escrituras, conselhos) e de todas as seguranças interiores (razão e vontade).

---

[30] Ibid., p. 199.
[31] Cf. ibid., p. 200-201.

"[...] Amor atrai toda matéria nele, e é uma mesma coisa que Amor e que essas almas – não mais duas, porque haveria, então, discórdia entre elas, mas uma só coisa, portanto há acordo."[32]

É importante, aqui, perceber o paradoxo desse itinerário que afirma uma liberdade em que aniquilamento e nobreza coincidem. Dissolução e transformação de Amor são movimentos contraditórios de uma alma elevada à vida divina depois de tombada, pela revelação da verdade sobre si mesma, no abismo da maior humilhação. A alma aniquilada pela descoberta de si como nada encontra a plenitude na unidade com o amor misericordioso de Deus que vem a ela e a habita.[33] Em seu não saber e em seu nada querer encontra o tesouro escondido, contido na Trindade, a saber: a transformação por força do amor que faz com que ela seja o que convém a ela ser.

---

[32] Ibid., cap. 83, p. 155.

[33] A perspectiva de Marguerite lida, assim, com a paradoxal mensagem cristã que busca unidade com Deus, no entanto sem apagar a diferença básica entre Deus e o ser humano e a singularidade de Jesus. Como afirma Sudbrack, essa tensão entre uma perspectiva panteísta de unidade na dissolução da diferença e uma perspectiva em que se preserva a transcendência está presente na mensagem cristã desde o início e reside no mistério da existência humana e da criação, a partir da vida de Deus e nela. Essa linguagem paradoxal reflete uma experiência que se encontra além do pensamento lógico-racional e, embora encontre um lastro na grande tradição da Igreja – que se desenvolveu com referência a Dionísio Areopagita –, é sempre sujeita a julgamentos equivocados. A mística cristã, continua Sudbrack, transpõe radicalmente o mistério de Deus à crença no Deus que se tornou humano. Esse fato radicaliza o mistério de que na eternidade abrangente de Deus o mundo finito pode ter a sua independência. Essa compreensão, todavia, exige do ser humano a constante e renovada transposição da compreensão e da vontade racionais para o mistério do "Deus sempre maior". Cf. Josef SUDBRACK, Josef. *Mística, a busca do sentido e a experiência do absoluto*, p. 45-57.

Sendo transformada por Amor em Amor, a alma, perfeitamente livre, é de uma amável nobreza na prosperidade, de uma alta nobreza na adversidade e de uma excelente nobreza em todos os lugares, por isso – tira aqui a autora as consequências arriscadas que a levaram a uma problemática relação com a Igreja em sua dimensão institucional – não procura mais a Deus.

No capítulo 85, Amor vai explicar aos ouvintes que a alma, sendo livre, mais que livre, perfeitamente livre, supremamente livre pela transformação operada nela, não procura mais Deus porque se encontra transformada em Deus. Vivendo, agora, da vida divina, tem clareza sobre a relatividade de mediações que atravessou, submetendo-se a elas até o esgotamento:

> *Amor*: Essa alma é esfolada viva estando posta à morte, ela é embrasada pelo ardor do fogo da caridade, sua cinza é jogada em alto mar pelo nada de sua vontade. Ela é de uma amável nobreza na prosperidade, de uma alta nobreza na adversidade, e de uma excelente nobreza em todos os lugares, quaisquer que sejam. Ela que é tal não torna a procurar mais a Deus, nem na penitência, nem nos sacramentos da Santa Igreja, nem nos pensamentos, nem nas palavras, nem nas obras, nem nas criaturas do mundo, nem na misericórdia, nem na glória gloriosa, nem no conhecimento divino, nem no amor divino, nem no louvor divino.[34]

Da liberdade perfeita adquirida por obra de Deus pela alma abismada em grande humildade Marguerite tira, portanto, as consequências que posteriormente serão interpretadas pelo Concílio de Viena (França) como doutrina sacrílega e perversa de uma seita de homens depravados, geralmente chamados

---

[34] PORETE, *Le Miroir des simples âmes et anéanties*, cap. 85, p. 157-158.

begardos, e de mulheres incrédulas, geralmente chamadas beguinas. Essas afirmações, de fato, como já sabia Marguerite, não são facilmente entendidas e por isso devem ser compreendidas em seu sentido escondido. Ela tem presente que suas afirmações são arriscadas e que, não sendo compreendidas no contexto de Amor, seriam, como acabou acontecendo, mal compreendidas pelo poder que permaneceu sob o domínio de Razão.

VII. Deus é Cortesia

A teologia de Marguerite Porete, fundada no aniquilamento, situa-se no âmbito da tradição apofática, que nos remete a Dionísio Areopagita. A alma aniquilada conhece a Deus para além de todo conhecimento e de todo o amor.[35] A linguagem dessa vida aniquilada, denominada por ela vida divina, é o "silêncio secreto do amor divino".[36]

No entanto, paradoxalmente, a alma aniquilada escreve, fala, mas fundamentalmente canta e, com essa canção, diz o que não se pode dizer, a saber, "o que" ou "quem" Deus é. O *Le Miroir* de Marguerite, na radicalidade de sua convicção apofática, emite uma palavra afirmativa sobre Deus. Nele, a alma cantando a sua alegria, chama a Deus, o *Fin Amour*, Amor Cortês, Cortesia. A partir do itinerário místico, Marguerite descobre e anuncia em sua obra que Deus é Amor, e o Amor nela, o Espírito Santo, é delicadeza, doçura, bondade, beleza,[37] atributos de Deus que nos remetem à linguagem dos trovadores, aqueles que cantam o amor cortês.

---

[35] Ibid., cap. 11, p. 66-67.
[36] Ibid., cap. 94, p. 168.
[37] Cf. ibid., cap. 68, já citado na p. 34.

O amor cortês é uma forma nova de poesia, nascida no século XII, no sul da França, pátria cátara. Esse amor celebra a Dama dos pensamentos, a ideia platônica do princípio feminino, o culto do amor contra o casamento e o elogio da castidade,[38] mas, fundamentalmente, o amor cortês é a poesia do amor infinito descoberto pela experiência do amor impossível.

No centro das cantigas de amor dos trovadores existe um amante que se entrega de corpo e alma a uma paixão incontrolável e ao dedicado serviço amoroso da mulher amada, uma dama em geral inatingível por estar espacial ou socialmente inacessível.[39] No paradoxo desse amor impossível, o amante descobre a transcendência de um desejo que, chamado ao despojamento do que é possível na proximidade, em vez de encolher, cresce em intensidade e ultrapassa os limites dos condicionamentos.

O trovador é o amante que descobre e canta o amor para além dos condicionamentos naturais (do encontro genital) e também para além dos limites institucionais (do casamento). Exalta o amor fora do casamento porque o casamento significa apenas união dos corpos, enquanto, para ele, o amor é mais que isso, ele é Eros supremo que transporta a alma para a união luminosa além dessa terra. O amor, para o trovador, supõe castidade.[40]

Embora o amor cortês esteja voltado a um objeto inacessível, supõe, por outro lado, uma recompensa suprema, uma grande alegria (*joy*) que advém da descoberta, pelo impedimento da posse do amado, do amor sem fim. O amor puro para André

---

[38] Cf. ibid., p. 99.

[39] Cf. BARROS, José D'Assunção. *Os trovadores medievais e o amor cortês. Reflexões historiográficas.*

[40] Cf. ROUGEMONT, Denis. *O amor e o Ocidente*, p. 64.

Capelão, explica Buridant,[41] à diferença do amor platônico, não é amor de uma ideia, mas amor que almeja o encontro físico, o beijo na boca, o abraço, o contato com a amante nua, mas exclui o prazer último da posse do outro, a união sexual. O amor puro, assim, alimenta indefinidamente o desejo e engendra um aperfeiçoamento sem fim. A paixão jamais satisfeita está a salvo do declínio e do cansaço:

> É o amor puro que une os corações de dois amantes com toda a força da paixão. Consiste na contemplação do espírito e nos sentimentos do coração; vai até o beijo na boca, o abraço e o contato físico, mas pudico, com a amante nua; o prazer último está excluído, sendo ele vedado a quem queira amar na pureza. É a essa espécie de amor que devem apegar-se com todas as forças aqueles que pretendam amar, pois ele nunca para de fortalecer-se, e não sabemos de ninguém que tenha jamais lamentado dedicar-se a ele; e, quanto mais dádivas ele nos oferece, mais dádivas queremos. Esse amor, como todos reconhecem, tem tal poder que dele nascem todas as virtudes; não causa prejuízo nenhum a quem o pratica, e nele Deus vê pouca ofensa.[42]

O amor, para o trovador, é forte como a morte! Morte para os limites e condicionamentos e abertura para o infinito. Morte que é transfiguração, redenção, o caminho possível para superar definitivamente os limites que aprisionam o homem, e que, no caso do amor cortês, impedem ao amante a união definitiva com a amada.

Os trovadores, portanto, cantando o amor impossível, descobrem o amor infinito, aquele que em sua realidade paradoxal

---

[41] Cf. BURIDANT, Claude; In: CAPELÃO, André. *Tratado do Amor Cortês*, p. XLVIII.

[42] CAPELÃO, André. *Tratado do amor cortês*, p. 160-163.

transforma a vida. Esse amor é, então, mistério que não tem lugar na linguagem, mas que, precisando ser comunicado, vai encontrar forma de expressão na poesia, a arte de dizer o indizível.

É nesse ponto que podemos encontrar os laços que unem mística e cortesia. A mística, que é também relato da transformação operada pela busca do Amor Infinito, aquele que, em sua transcendência, é maior do que tudo o que se pode pensar e do que tudo o que se pode amar.[43]

Na canção da alma aniquilada, Marguerite vai retomar o caminho do aniquilamento, agora em primeira pessoa, explicitando as transformações que Deus operara nela, retirando-a da servidão do pecado, da lei, da razão e até dos afetos e conduzindo-a à liberdade, pela força do Amor Infinito que ela chamará *Fin Amour*, Amor Cortês. Na canção da alma aniquilada, ela louva a Deus revelado a ela como Cortesia.

Depois de uma introdução composta pelo triplo elogio que a Verdade, a Santa Igreja e a Trindade tecem à alma aniquilada, a autora começa sua canção, convidando (os ouvintes) a ver o Filho, Jesus Cristo, que, com sua ascensão aos céus, dá a ela o "Fino Amor", o Espírito Santo, graças à sua afeição – ela diz –,

---

[43] A teologia negativa ou teologia mística, que tem como referência Dionísio, o Areopagita, elabora-se ao encontro com a cultura greco-romana, buscando conectar, como lembra Frei Carlos Josaphat, imanência e transcendência, afirmando-se a partir da razão humana consciente de sua autonomia, ao mesmo tempo que de sua capacidade de reconhecer e superar os próprios limites. Uma teologia emerge, entre os Padres da Igreja, interpretando a revelação bíblica confiada a Israel e realizada em Jesus Cristo, como sabedoria sobre Deus transcendente que eleva o humano, por seu amor, para além dos limites do pensamento. Uma sabedoria sobre a indizível transformação que o Amor opera no mundo e em nós que se afirma como negativa por reconhecer-se incapaz de falar adequadamente do Infinito do Amor e do dom que sobrevém como "ideia de Deus". Cf. JOSAPHAT, Frei Carlos. *Falar de Deus e com Deus. Caminhos e descaminhos das religiões hoje*, p. 175.

"a mim mesma, ao meu próximo e ao mundo inteiro" e graças também "à afeição espiritual e às Virtudes", às quais a alma foi submissa por estar sob o poder da Razão e das quais ela agora está libertada:

> Vi a tolice onde eu estava
> Naquele tempo quando as servia,
> Seguramente eu não sabia
> De todo meu coração, isto vos exprimir!
> E enquanto as servia,
> Enquanto as preferia,
> Eis a alegria que o Amor me deu:
> Isto ouvi alguém falar!
> E também simples como estava,
> Mesmo se bem mal o estimava,
> o Amor me fez querer amá-lo.[44]

O Fino Amor é o Espírito Santo, ousa Marguerite, Deus que habita a alma despojada de tudo, até das faculdades de pensar e de querer, faculdades fundamentais que determinam o seu ser. É ele, canta a alma, que a faz encontrar os versos da canção com os quais pode louvar seu bem-amado, seu Amor de longe, aquele que permanecerá, em sua transcendência, sempre inacessível às possibilidades humanas, inalcançável pela inteligência e pela vontade. O *Le Miroir* nos faz pensar que a teologia, dizer positivo sobre Deus, é talvez mais arte que ciência, isto é, poesia, louvor, canção inspirada apenas possível ao que, despojado de si mesmo, abre espaço para a recepção da palavra revelada pelo Espírito Santo:

---

[44] PORETE, *Le Miroir des simples âmes et anéanties*, cap. 122, p. 206.

Pensar não vale aqui mais nada,
Nem trabalhar, nem falar.
O Amor me leva tão alto
– Pensar não vale aqui mais nada –
Por seus divinos olhares,
Que não tenho nenhum desejo.
Pensar não vale aqui mais nada
Nem trabalhar, nem falar.
O Amor me fez, em sua nobreza,
Encontrar os versos de minha canção.
Ela canta a pura divindade,
Onde a Razão não saberia falar,
E meu único bem-amado:
Ele não tem mãe,
Mas ele saiu de Deus Pai,
E também de Deus Filho.
Seu nome é o Espírito Santo:
Meu coração está com ele de tal forma unido,
Que ele na alegria me faz viver.
O bem-amado, ao me amar,
Me dá aqui seu alimento.
Não quero nada lhe pedir,
Porque isto seria grande malícia.
Eu devo, pois, confiar-me totalmente
A este amor de meu amante.[45]

Aquele do qual nada se sabe dizer, mas de cuja bondade não se pode calar, continua a autora, possui a alma em seu amor e, dando-se a si mesmo, eleva-a à liberdade do não querer. Na teologia de Marguerite Porete, Deus é amor cortesia que, com grande delicadeza, transforma a alma pela autocomunicação de seu maior tesouro, a liberdade.

---

[45] Ibid., cap. 122, p. 206-207.

> Oh, bem-amado, na amável natureza,
> Há muito de que vos louvar!
> Generoso e cortês sem medida,
> Cúmulo de toda bondade,
> Vós não quereis mais nada fazer,
> Bem-amado, sem minha vontade.
> Também eu nada devo calar
> Vossa bondade, vossa bondade:
> Vós sois para mim poderoso e sábio;
> Isto não posso esconder.
> Ai, ai! Mas a quem, então, vou dizer?
> Mesmo um Serafim não o saberia dizer!
> Oh, bem-amado, tu me possuíste em teu amor,
> Para me dar teu grande tesouro,
> Que é o de dar-te a ti mesmo,
> Tu, a divina bondade.
> E se o coração não pode dizer,
> Um puro nada querer o adivinha,
> Ele que tão alto me fez subir,
> Por uma união de coração a coração
> Que jamais devo revelar.[46]

A luz divina liberta a alma do querer e a conduz ao não querer, aberto ao querer divino. Esse querer divino possibilita experimentar as delícias do amor trinitário desconhecidas por aquele que permanece submetido às limitações da natureza e aos condicionamentos da razão. Esse Deus, louvado na teologia poética de Marguerite Porete, pode ser conhecido, no entanto, apenas ao longo da experiência que se abre à negação, caminho que implica uma vivência radicalmente crítica de todas as mediações.

---

[46] Ibid.

Eu fui outrora reclusa na escravidão de uma prisão,
Quando o Desejo me enclausurava em querer afeição.
Lá me encontrou a luz do ardor do divino amor;
Ela logo matou meu desejo, meu querer e meu afeto,
Que me impediam de ser presa no coração do divino amor.
E a luz divina me libertou da prisão:
Sua nobreza me uniu ao divino querer do Amor,
Onde a Trindade me dá as delícias de seu amor.
Este dom, nenhum homem o conhece,
Por isso, há tempos que ele serve a uma ou outra Virtude,
Que ele percebe através da Natureza, ou se exercita na Razão.[47]

Marguerite Porete acrescenta nos versos de sua canção a incompreensão das pessoas que permanecem no desconhecimento dessa condição possível ao que se abre ao "Fino Amor" por estarem apegados ao desejo, ao querer e ao temor, isto é, à natureza, à lei, à razão e à vontade:

Oh, bem-amado, que dirão as beguinas,
as pessoas de religião,
Percebendo a excelência de vossa divina canção?
As beguinas declaram que sou desgarrada,
E os padres também, os clérigos e os pregadores,
Os agostinianos, os carmelitas e os irmãos menores!
Porque o estado do qual eu falo é o amor consumado,
Sem salvar a Razão deles, que os faz dizer isto.
Desejo, Querer e Temor lhes retiram, certamente,
o conhecimento,
A riqueza e a união da alta luminosidade
Do ardor do divino amor.[48]

---

[47] Ibid., cap. 122, p. 207-208.

[48] Ibid.

As delícias de amor que destroem o pensamento, exaltam e transformam, dão à alma a força do bem-amado a quem ela se encontra consagrada, força que ela terá de ter no enfrentamento da perseguição e da condenação. Marguerite Porete é condenada à fogueira pela incompreensão de sua obra entre as pessoas de religião. Sabe-se que a obra tinha sido aprovada por importantes representantes da teologia de seu tempo.[49]

> A Verdade o declara a meu coração:
> Eu sou amada de um apenas.
> Ela diz que é sem retorno
> Que ele me deu seu amor.
> Este dom destrói meu pensamento
> Das delícias do seu amor,
> Delícias que me exaltam e me transformam pela união
> Na eterna alegria de estar no divino Amor.

> O divino Amor me diz que entrou em mim,
> Tão bem que ele pode tudo aquilo que ele quer:
> A força que ele me deu,
> Ela é do bem-amado que tenho em amor;
> A ele estou consagrada,
> E ele quer que eu o ame,
> Tão bem que eu o amarei.[50]

---

[49] O livro de Marguerite foi, antes da sua primeira condenação em 1306, avaliado e aprovado por três nomes importantes, representantes dos grandes grupos que participavam das discussões teológicas da época: um frade menor, um monge cisterciense e um mestre em Teologia da Universidade de Paris. O texto da aprovação figura à maneira de epílogo nos manuscritos das versões latina e italiana e como prólogo na versão inglesa.

[50] Ibid., cap. 122, p. 208.

E a alma proclama finalmente, num verso paradoxal, onde afirma que ama, ao mesmo tempo que não pode amar, pois *ele* está só a amá-la, porque *ele* é e ela não é. E no seu amar sem amor nada importa senão aquilo que *ele* quer e aquilo que para *ele* vale, e isso é o amor em plenitude, Deus:

> Eu disse: eu o amarei;
> Eu minto, eu não me vejo nisso!
> Ele está só ao me amar:
> Ele é, eu não sou!
> E mais nada me importa,
> Senão tudo aquilo que ele quer,
> Senão tudo aquilo que para ele vale.
> Ele está na plenitude
> Eu recebo disto a plenitude;
> Eis aí o divino coração
> E nossos amores leais.[51]

Essa é a conclusão do *Le Miroir* de Marguerite,[52] uma poesia para falar daquilo que não se poder falar, da transformação de amor que operou nela o bem-amado, o *Loinprès*, seu amor impossível, seu amor infinito.

O *Miroir* é, portanto, um livro que anuncia o Amor-Deus absolutamente separado, vindo do Pai e do Filho, que pode ser experimentado, segundo Marguerite, da mesma forma como é experimentado o *Fino Amor* da poesia provençal, aprofundado

---

[51] Ibid., p. 209.

[52] Conforme nota de Max Huot de Longchamp para a edição em francês moderno (Albin Michel, 1984), com a canção da alma aniquilada Marguerite Porete parece concluir o *Espelho*, no entanto o livro não termina aqui, um conjunto de considerações é acrescentado pela autora. Segundo observa Longchamp, esse conjunto pode ser considerado um tratado a parte, elaborado anteriormente e reutilizado no *Espelho* por sua autora.

e radicalizado no enfrentamento da inacessibilidade do objeto do desejo e no aniquilamento de si mesmo. Anuncia que Deus é Cortesia, delicadeza, num mundo cuja imagem privilegiada de Deus é o Pai poderoso, um homem idoso, a um tempo diretor e protetor, fonte de autoridade. É Deus real, Deus majestade, Deus que permanece no céu e que eventualmente mostra sua mão através das nuvens. Deus que está à frente de um exército constituído de santos e anjos que exercem a função de intermediários e que manifestam sua onipresença protetora e julgadora.[53]

VIII. Conclusão

O espelho das almas simples de Marguerite Porete é, portanto, reflexão teológica que foi capaz de integrar mística e dogma. A mística apresenta-se ali, de fato, como uma forma, um esforço de apropriação plena do dogma, que leva a uma transformação substancial da pessoa. Apropriação que é, por um lado, crítica quando atravessa e nega toda e qualquer mediação e, por outro lado, criativa quando ousa afirmar, sem impor, uma imagem de Deus, que reconhece precária e insuficiente.

A teologia de Marguerite Porete, como vimos, fundamentalmente marcada pela teologia negativa de Pseudo-Dionísio vai entender que o caminho da negação é empreendido por aqueles que se dispõem a abandonar as seguranças que proporcionam as coisas que envolvem o incognoscível. Sua reflexão teológica vai insistir na importância do despojamento doloroso de tudo o que nos assegura da presença do Transcendente, do ultrapassamento das mediações. Deus, então, não é outro que este do qual não se pode absolutamente nada conhecer.

---

[53] Cf. LE GOFF, Jacques. *O Deus da Idade Média, conversas com Jean-Luc Pouthier*, p. 37-38.

No entanto, por outro lado, ela explicita, a alma aniquilada, aquela que atravessou três grandes mortes – morte para o pecado, morte para a natureza e morte para o espírito – e cuja memória, entendimento e vontade são abismados (destruídos) inteiramente em Deus, capta o incognoscível. Descobre, então, delicadeza, doçura, bondade... Fundamentalmente, descobre a cortesia de Deus, que, dono de grande poder, faz sua *kénosis*, entra no mundo discretamente, pedindo licença a uma mulher. Marguerite, quando afirma que Deus é Cortesia, parece querer ensinar que, ao mal instalado no mundo, Deus responde com respeito e delicadeza, e que grandes e difíceis projetos operam-se através do que é pequeno e insignificante.

A mística, aqui, é, portanto, um caminho de busca do inacessível mistério da fé que se encontra no interior do dogma, verdade revelada formulada como doutrina pela via do aniquilamento de si. No esforço de apropriação do mistério, o sujeito é transformado pela Transcendência que o dogma procura afirmar, mas não dá a conhecer. A mística, então, afirma a insuficiência do dogma e, ao mesmo tempo, a doutrina como caminho de encontro com o divino. É nesse movimento contraditório que se faz a transformação que possibilita a verdadeira liberdade, ou, para alguns, as maiores ousadias: a glorificação da liberdade do espírito que consiste em uma verdadeira unidade, que impede de querer outra coisa que não seja o que Deus queira.

IX. Referências bibliográficas

BABINSKI, Ellen. Christological transformation in *The Mirror of Souls*, by Marguerite Porete. *Theology Today*, april 2003.

BARROS, José D'Assunção. *Os trovadores medievais e o amor cortês. Reflexões historiográficas.* Revista *Alétheia*, Ano 1, v. 1, n. 1, abr./ maio 2008. Disponível em: <www.aletheiarevista.com/n1/artigosn1/Barros.pdf>. Acesso em: 15 maio 2008.

110　MARGUERITE PORETE. MÍSTICA E TEÓLOGA DO SÉCULO XIII

CAPELÃO, André. *Tratado do amor cortês*. São Paulo: Martins Fontes, 2000.

CIRLOT, V.; GARÍ, B. *La mirada interior – Escritoras místicas y visionarias en la Edad Media*. Barcelona: Ediciones Martínez Roca, 1999.

DENZINGER, Heinrich. *Compêndio dos símbolos, definições e declarações de fé e moral*. São Paulo: Paulinas/Loyola, 2007.

DICTIONNAIRE de spiritualité ascétique et mystique, doctrine et histoire. Paris: Beauchesne. 1964.

GARI, Blanca. El camino al "país de la libertad" en *El espejo de las almas simples*. DUODA – Revista de Estudios Feministas 9 (1995) 49-68.

_____. Mirarse en el espejo: difusión y recepción de un texto. DUODA Revista de Estudios Feministas 9 (1995) 99-117.

GUARNIERI, R. Frère du libre esprit. In: *Dictionnaire de spiritualité ascétique et mystique, doctrine et histoire, Beauchesne*. Paris, 1964, t. V, p. 1241-1268.

_____. *Lo specchio delle anime semplici* e Margherita Porete. *Osservatori Romano* de 16 jun de 1946.

_____. Trabalho intitulado *Il movimento del Libero Spirito*. Testi e documenti. Archivio italiano per la storia della pietá IV. Roma, 1965. p. 353-708.

_____; COLLEDGE, E. Trabalho intitulado *The glosses by "M.N." and Richard Methley to "The Mirror of simple souls"*, Archivio italiano per la storia della pietá V. Roma, 1968. p. 357-382.

JOSAPHAT, Frei Carlos. *Falar de Deus e com Deus. Caminhos e descaminhos das religiões hoje*. São Paulo: Paulus, 2004.

LECLERC, J. Spiritualité abstraite et dévotion populaire a la fin du Moyen Age. *La vie spiritualle*, t. 138, n. 662, p. 649-658, nov./déc. 1984.

_____ et al. *La spiritualité du Moyen Age*. Paris: Aubier, 1961.

LE GOFF, Jacques. *O Deus da Idade Média. Conversas com Jean-Luc Pouthier.* Rio de Janeiro: Civilização Brasileira, 2007.

McBRIEN, Richard P. *Os papas, de São Pedro a João Paulo II.* Trad. do original inglês de Bárbara Theoto Lambert. São Paulo: Loyola, 2000.

MECHTHILD OF MAGDEBURG. *The Flowing Light of Godhead.* New York: Mahwah/Paulist Press, 1998.

MURARO, Luisa. Margarita Porete, lectora de la Biblia sobre el tema de la salvación. *DUODA* Revista de Estudios Feministas 9 (1995) 69-80.

_____. Margarita Porete y Guillermina de Bohemia (la diferencia femenina, casi una herejía). *DUODA* Revista de Estudios Feministas 9 (1995) 81-97.

PIRENNE, Henri. *As cidades da Idade Média.* Lisboa: Publicações Europa-América, 1977.

PORETE, Marguerite. *Le Miroir des simples âmes et anéanties.* Introdução, tradução ao francês moderno e notas por M. Huot de Longchamp. Paris: Albin Michel, 1984.

ROUGEMONT, Denis de. *O amor e o Ocidente.* Lisboa: Veja, 1999.

SCHWARTZ, Sílvia. *A Béguine e Al-Shaykh:* um estudo comparativo da aniquilação mística em Marguerite Porete e Ibn'Arabi. Tese de doutorado. Juiz de Fora: Universidade Federal de Juiz de Fora, 2005.

SUDBRACK, Josef. *Mística, a busca do sentido e a experiência do absoluto.* São Paulo: Loyola, 2007.

VERDEYEN, Paul. Le procès d'inquisition contre Marguerite Porete et Guiard de Cressonessart (1309-1310). *Revue d'histoire ecclésiastique* 81 (1986) 45-94.

ZUM BRUNN, E.; ÉPINEY-BURGARL, G. *Mujeres trobadoras de Dios.* Barcelona: Paidós Iberica, 2007.

O EXTERIOR MAIS INTERIOR QUE O MAIS ÍNTIMO: ECKHART E A EXCELÊNCIA DE MARTA

ADRIANA ANDRADE DE SOUZA*

Assumiremos a tarefa de pensar aquele que nos parece constituir o tema central da obra pregada de Mestre Eckhart: a *Abgeschiedenheit* (o desprendimento ou a liberdade do homem em relação a si mesmo e a todas as coisas). Há a necessidade de perceber nesse termo outra coisa que não uma simples ascese das representações, que é como poderíamos compreendê-lo ao traduzi-lo para o português como desprendimento, desapego, abnegação. Não se trata da aquisição de um lugar em virtude de uma negação pura e simples, como que se privar ou se abster de algo, mas de uma plenitude de ser que não é da ordem de um lugar. Eckhart confere ao seu desprendimento uma significação puramente ontológica: desprendimento quer dizer o ser mesmo de Deus e do homem na medida em que é em Deus. Portanto, mais do que uma simples ascese em relação às imagens, o que

---

* Doutoranda em Ciência da Religião pela Universidade Federal de Juiz de Fora, graduada em Filosofia e mestre em Ciência da Religião. Pesquisa principalmente a mística cristã com Mestre Eckhart.

ainda se exprimiria na dualidade de uma negação pura e simples, o verdadeiro significado do desprendimento eckhartiano revela-se como uma participação em Deus.

A palavra *Abgeschiedenheit* (desprendimento) é composta por dupla negação: *ab* = desvio, distanciamento e *scheiden* = despedir-se, separar-se.[1] Esse duplo negar caracteriza a peculiaridade dessa doutrina eckhartiana: a negação é ela mesma negada na medida em que represente uma realidade mais além da existência – uma simples negatividade negativa. Então, a duplicidade do negar não é senão pura afirmação, uma vez que a própria negação é negada, evidenciando o sentido negativo--positivo da autêntica subjetividade traduzida no caminho eckhartiano chamado *Abgeschiedenheit*: ser simplesmente si mesmo, ou repousar em si, pois "nenhuma saída pode ser tão nobre quanto a permanência em si mesmo".[2] Esse repousar em si significa para o homem um permanecer em si em todo seu ser – até mesmo o múltiplo e efêmero. Aqui a negação está a serviço de uma afirmação de origem, que caracteriza o dinamismo da alma em seu fundo. Nesse fundo está em jogo a disposição de uma liberdade que não é nem só negativa, nem apenas positiva, mas que é sempre em travessia. Por essa liberdade transitória o próprio do homem é não ter próprio, porque não ter próprio é a condição para ser próprio ou "ser simplesmente si mesmo".

---

[1]   Cf. CARNEIRO LEÃO, Emmanuel. A mística de Eckhart em Eckhart. In: *Sermões Alemães 2.* Petrópolis: Vozes, 2008. p. 13. Segundo Reiner SCHÜRMANN, *Maître Eckhart ou la joie errante* (Paris: Éditions Planète, 1972. p. 160): "*Abegescheidenheit*, em alemão moderno *Abgeschiedenheit*, é formada do prefixo *ab-* que designa uma separação…, e do verbo *scheiden* ou *gescheiden*. Na sua forma transitiva, este verbo significa <<isolar>>, <<fender>>, <<isolar>>, e numa forma intransitiva <<ir-se>>, <<morrer>>".

[2]   ECKHART, Mestre. Sermão 71. In: *Sermões Alemães 2.* Petrópolis: Vozes, 2008. p. 67.

O que define o sentido do desprendimento eckhartiano é, numa última instância, o fato de que ele não qualifica somente uma negação pura e simples da realidade exterior, porque o que ele visa é negar a oposição entre Deus e criatura, entre unidade e multiplicidade – o que pode ser caracterizado como uma abertura para além do próprio Deus, conquanto este é ainda determinado pela criatura. O tema conduziu Eckhart através de uma reflexão que acabou por envolver a questão acerca da relação entre a unidade e a multiplicidade, entre Deus e criatura, possibilitando que o autor pensasse numa unidade radical que, não excluindo a multiplicidade, revela-se nos termos de uma unidade da multiplicidade.

Para adentrarmos mais profundamente na reflexão eckhartiana do desprendimento, deter-nos-emos, em seguida, em um sermão inteiramente consagrado a essa questão. Eckhart o introduz com as palavras de Lucas: "'Nosso Senhor Jesus Cristo subiu a um burgo e foi recebido por uma virgem que era mulher' (Lc 10,38)".[3] Ao traduzir descuidadamente o *mulier* da citação latina por uma virgem que era mulher, Eckhart determina, de antemão, a doutrina que ele deseja colocar em obra. Para o autor, a passagem de Lucas descreve a recepção de Jesus por uma virgem. Mas o que é isto, uma virgem? É Eckhart que nos responde: "Virgem diz o mesmo que homem livre de todas as imagens estranhas, tão livre como era quando ainda não era".[4]

A interpretação eckhartiana do termo bíblico "virgem" equivale praticamente àquilo que o autor evoca com a sua doutrina do desprendimento, ou seja, à necessidade de uma liberdade desprovida de todo apego a isto e aquilo. Isto e aquilo é a

---

3   Id. Sermão 2. In: *Sermões Alemães 1*. Petrópolis: Vozes, 2006. p. 46.

4   Ibid.

fórmula eckhartiana para designar a apreensão do eu enquanto criado – aquilo a que Eckhart chama de "apreensão por imagens": "[...] imagem não é, pois, outra coisa do que algo que a alma recolhe das coisas através de suas faculdades. Quer deseje conhecer uma pedra, um cavalo, um homem ou qualquer outra coisa, a alma sempre vai buscar a imagem que antes assimilou para, desse modo, poder unir-se com ela".[5] Apreensão por imagens não é outra coisa senão o apego às imagens e a nós mesmos, como a uma "propriedade". Enquanto sujeitos de "propriedade", vivemos cotidianamente como se possuíssemos o ser por nós mesmos, e nessa "apropriação" do ser nós nos vemos como sujeitos separados do mundo e das coisas. Essa é a perspectiva pela qual o homem vê tudo – até mesmo Deus – como um objeto separado, vendo-se, ao mesmo tempo, como um "fora" – ou um sujeito – que atua separadamente sobre isto ou aquilo. Essa separação entre sujeito e objeto, entre interior e exterior, é o que se chama de espaço da consciência ou da dualidade; espaço no qual o sujeito, ao conhecer Deus e todas as coisas, os conhece a partir do exterior – por meio de um conceito ou de uma representação. Esse sujeito de "propriedade", preso à exterioridade das representações, é o obstáculo à recepção.

Ser "virgem" quer dizer que o homem deve desapropriar-se de si mesmo e de todas as coisas para que alcance aquilo que ele era antes de ter sido. O retorno é a única via para a qual Eckhart aponta com sua doutrina do desprendimento. Assim, a liberdade do ser antes de ter sido é, no entanto, para todo o criado, muito mais uma abertura do que uma perda propriamente. Essa liberdade primordial e originária pertence-nos, segundo

---

[5]   Id. Sermão 57. In: *O Livro da Divina Consolação e outros textos seletos.* Petrópolis: Vozes, 2005. p. 182.

Eckhart, como um caminho. O caminho de um passo atrás, que conduz, contrariamente, ao surgimento do ser criado nas suas dimensões próprias de determinação e dualidade. Um tal caminho abre-se para a existência, no despertar dessa inversão do eu (tomado como um sujeito de "propriedade"), à liberdade do ser que ele mesmo é em Deus antes de ser isto ou aquilo. Ser antes de ter sido significa compreender-se pelo avesso, desdobrando-se, soltando-se para voltar a ser o que era, ou seja, ser a livre soltura que nada é ou ainda não é. Tal qual uma dobradura, na qual se vai dobrando a folha reta do papel até que esta, assumindo uma forma, seja nela mesma encerrada como um isto ou aquilo. Por sua vez, quando deixada ser nela mesma, essa dobradura vai-se desdobrando até deixar de ser em si, abrindo-se toda estendida na soltura de ser si – ou ser na retidão que se é antes de ser. A imagem da folha dobrada fala-nos do nada em si que é o eu ensimesmado ou dobrado como algo, ou seja, como se possuísse o ser por si mesmo. Por isso o estender-se da dobradura do eu é o desdobrar-se do ser de posse de si para o vazio da extensão do nada ser ou ainda não ser.

Esse ser antes de ter sido traduz a doutrina eckhartiana da preexistência das criaturas em Deus como ideias ou formas eternas, antes de determinarem-se como isto ou aquilo. Em Deus, aqui, quer dizer em Deus não determinado pela distinção de sua supremacia: o Deus Criador, mas em Deus tornado o começo das criaturas – Deus feito fundo na eternidade da sua relação consigo mesmo na Trindade. Essa relação intradivina é pensada na medida em que é afirmada a proximidade entre o Nascimento do Filho e a preexistência nele de todas as criaturas enquanto suas ideias. Assim, sendo virgem é "que o homem deve ser um e que deve alienar-se de todas as imagens e formas antes de chegar a ser esse mesmo Filho que o Pai gera".[6] A alma deve libertar-se do conhecimento por intermédio das imagens para tornar-se conhecedora no Filho. Isso porque todo o seu conhecimento dá-se através de intermediários, tal como as imagens ou representações retiradas do mundo exterior, o que significa: "[...] um conhecimento voltado para as coisas exteriores, ou seja, um conhecimento sensível e compreensivo; é um conhecimento que se dá em comparações e em discursos, e que nos oculta aquele outro conhecimento".[7] Esse outro conhecimento define-se na perspectiva do retorno: a alma deve retornar para o que nela mesma está separado de toda a sua criaturidade, esta alguma coisa que é receptiva a Deus só, sem qualquer intermediação:

> Se não houvesse, pois, nenhum intermediário entre Deus e a alma, ela poderia ver a Deus sem mais; pois Deus não conhece intermediário; ele também não tolera nenhum intermediário. Se a alma estivesse totalmente despida e despojada de todos os intermediários, [também] Deus estaria despojado e despido para ela e Deus se entregaria totalmente a ela.[8]

Portanto, a "virgindade" consiste em esvaziar-se de tudo aquilo que constitui um obstáculo a esse retorno, pois é no despojamento, antes que no conhecimento dado em comparações e discursos, que a alma encontra Deus.

Ao definir o que seja uma "virgem", Eckhart fala-nos do desprendimento em toda a sua dimensão passiva (receptiva). "Virgem" quer dizer a receptividade absoluta de Deus na alma.

---

[6] ECKHART, Maître. Voici Maître Eckhart à qui Dieu jamais rien ne cela. In: *Voici Maître Eckhart*. Grenoble: Jerome Million, 1998. p. 72

[7] ECKHART, Mestre. Sermão 76. In: *Sermões Alemães 2*. Petrópolis: Vozes, 2008. p. 91.

[8] Id. Sermão 69. In: *Sermões Alemães 2*, p. 55.

Essa receptividade poderia ser a última palavra do desprendimento, mas Eckhart ainda acrescenta que essa "virgindade" não repousa estéril, pois é ela mesma o caminho aberto à "fecundidade" do ser. Não basta retirar-se para o interior e nessa retirada permanecer inerte sem qualquer ação:

> Agora prestai atenção e observai com precisão! Se o homem permanecesse para sempre moça-virgem, dele não viria nenhum fruto. Para tornar-se fecundo, é necessário que seja mulher. "Mulher" é o nome, o mais nobre que se pode atribuir à alma, e é muito mais nobre do que "moça-virgem". Que o homem conceba Deus em si é bom, e nessa concepção é ele moça-virgem. Mas que Deus se torne nele fecundo, isso é bem melhor. Pois frutificar a dádiva é a única gratidão para com a dádiva. E ali o espírito gera novamente a Jesus para dentro do coração paterno de Deus.[9]

Por isso, é necessário ser "mulher" sendo ainda "virgem". Pois é essa "virgindade" ela mesma que conduz à "fecundidade". O ensinamento que Eckhart coloca aqui em obra é aquele de uma unidade entre a contemplação na liberdade do desprendimento e a ação na fecundidade das obras – entre o interior e o exterior: "E em que me ajudaria o fato de o Pai gerar seu Filho se também eu não o gerar? Por isso Deus gera seu Filho em uma alma perfeita e o coloca num berço a fim de que ela continue a gerá-lo em todas as suas obras".[10] Ser somente "virgem", o que significa ser tão vazio de todas as imagens estranhas ao ponto de Deus encontrar nesse mesmo vazio um lugar para sua geração, não é, ainda, a última palavra do desprendimento. Em Eckhart, a liberdade do desprendimento só pode acabar em atividade.

---

[9]   Id. Sermão 2. In: *Sermões Alemães 1*, p. 47.

[10]   Id. Sermão 75. In: *Sermões Alemães 2*,. p. 88.

O cume do desprendimento é a unidade de Deus e homem na "fecundidade da mulher".

No entanto, é necessário que a alma seja "virgem" para que ela se torne também "mulher". É preciso preparar a terra: nivelar os montes e harmonizar os declives. Todo esse empenho, embora necessário, é ainda preliminar, uma vez que não pode por si mesmo desintegrar a semente da terra.[11] Ou seja, todo esse trabalho de desprendimento na virgindade é vão se não acaba em fecundidade. Porque não se tornar fecundo daquilo que é acolhido na liberdade da virgindade é ver a dádiva recebida estragar-se e aniquilar-se: "Muitas boas dádivas são concebidas na virgindade, mas não geradas em Deus novamente com louvor de gratidão, na fecundidade da mulher. Essas dádivas se estragam, se reduzem a nada. Com elas o homem jamais se torna mais bem-aventurado nem melhor".[12] Para o homem, toda a horizontalidade estendida ao longo do empenho de sua busca

---

[11] Cf. PORETE, Marguerite. *O espelho das almas simples*. Petrópolis: Vozes, 2008, p. 205: "Quando um homem possui uma terra e a necessidade faz com que dessa terra tire o seu sustento, ele ara, cultiva e escava essa terra, da forma que pensa ser a mais eficaz para que ela renda mais ao produzir o trigo que nela devemos semear. Assim deve viver quem trabalhou a terra e nela plantou o trigo. Essas duas coisas são imperativas que ele faça antes que possa ter os frutos de sua terra para viver. Mas quando o sábio trabalhador cultivou e cavou sua terra e dentro dela colocou o trigo, todo o seu poder não pode mais ajudar. É preciso que ele deixe o resto ao cuidado de Deus, se quer ter um bom resultado em seu trabalho. Por si ele não pode fazer nada, e isso podeis ver pelo conhecimento da natureza. Contudo, é necessário que o trigo se desintegre na terra antes que qualquer novo fruto possa surgir dele para sustentar o trabalhador, não importa o quanto ele tenha trabalhado. Como esse grão se desintegra e como revive para render cem vezes mais frutos em grande multiplicação? Ninguém o sabe senão Deus, que sozinho realiza essa obra, mas somente após o lavrador ter feito o seu trabalho, e não antes".

[12] ECKHART, Sermão 2. In: *Sermões Alemães 1*. Petrópolis: Vozes, 2006. p. 47.

descansa de si e abre para a verticalidade da escuta, do deixar ser.

Assim, ao dizer que é necessário que a virgem seja também mulher, Eckhart estende a necessidade do desprendimento: não mais só em relação às imagens, mas também em relação às obras. Apesar de a "virgem" ser livre de toda "propriedade" e receptiva ao nascimento de Deus nela, ela não é, portanto, fecunda ainda. Para tornar-se "fecunda", é "necessário que seja mulher". Esse é o ponto que marca a virada a um campo de reflexão particularmente eckhartiano. A descrição eckhartiana da "virgem" segue um horizonte muito familiar aos seus ouvintes: aquele da receptividade de Jesus na alma "virgem". Mas a "virgem" torna-se "mulher". A insuficiência da "virgem", apesar de sua importância, reflete a igual insuficiência de uma vida espiritual livre de toda possessão, mas ainda apegada à imagem dessa liberdade, o que resultaria em uma nova forma de "propriedade". É assim que, a partir do estado de "virgem", certamente necessário no início, mas ainda preso à "propriedade" de um lugar, aquele da vontade de possuir, que move ainda as obras ascéticas, é partir daí que Eckhart convida-nos ao lugar sem lugar da "fecundidade", que é divina.

> Virgem que é mulher, isto é, livre e depreendida, sem vontade própria, está todo o tempo próxima de Deus e de si mesma, de modo igual. Traz muitos frutos e grandes, nem mais nem menos do que é o próprio Deus. É esse o fruto, e é esse o nascimento que a virgem mulher traz à obra, todos os dias, cem vezes, mil vezes, sim, vezes sem fim, parindo, frutificando, do fundo do mais nobre abismo. Ou dito melhor ainda: Em verdade, do mesmo abismo, de onde o Pai gera a sua Palavra eterna, ela também, em coengendrando, torna-se fecunda. Pois Jesus, a luz e o esplendor do coração paterno – no dizer de São

> Paulo, glória e esplendor do coração do Pai, que, com poder, transluz o coração paterno (cf. Hb 1,3) – é unido a ela e ela a Ele. Unificada com este Jesus, ela esplende e brilha como um Um único, como uma luz pura e clara no coração do Pai.[13]

O desprendimento, tal como Eckhart o compreende, não encaminha para uma contemplação, ele culmina em um novo nascimento. É preciso, então, negar a própria "virgindade", que, ao negar todas as coisas e a si mesma, permanece ainda presa à imagem que têm desta negação. Porque conceber que a negação na "virgindade" está no mais íntimo da existência é analisá-la como algo fora da própria existência, pressupondo, ainda, a dualidade entre aquele que conhece e aquilo que é conhecido. Ou seja, o estado de "virgem" que se opõe ao estado da consciência reflexiva traz ainda vestígios de reflexão no ponto em que ainda pressupõe uma realidade entre o que vê e o que é visto. Por isso, se a "virgindade" está além do campo da consciência, permanece ainda um sentido pelo qual essa mesma virgindade é tomada objetivamente: aquele pelo qual ela é considerada como algo mais além da existência. O aditivo "mulher" abre um horizonte no qual é preciso negar até mesmo a negação na virgindade enquanto esta é ainda considerada como uma ascensão separada do mundo. Marta é também mulher porque não pode parar nessa natureza receptiva, há sempre que ir para o mundo. Essa plenitude da virgem mulher esclarece o que Mestre Eckhart entende pelo nascimento de Deus em nós: essencialmente um certo modo de ser junto ao mundo e às coisas.

Pois bem, virgem e mulher quer dizer o ato passivo e ativo do desprendimento, no qual o que gera é ao mesmo tempo o que é gerado, sem qualquer distinção ou dualidade. A virgem

---

[13] Ibid., p. 48.

que se torna prenhe de Deus faz uma alusão à passagem do intelecto passivo ao intelecto ativo.[14] Assim como no conhecimento o intelecto é revelado em toda a sua dimensão ativa, no desprendimento o homem torna-se prenhe do nada divino e segue gerando esse nada nas obras de todos os dias:

> Muitas vezes já disse que há uma força na alma, a que não tange nem o tempo nem a carne; ela flui do espírito e permanece no espírito e é toda inteiramente espiritual. Nela, Deus é tão florescente e verdejante em toda a alegria e em toda glória, como Ele é em si mesmo [...] Pois, nessa força, o Pai eterno gera sem cessar o seu eterno Filho, de tal modo que ela coengendra o Filho do Pai e a si mesma como o mesmo Filho na força unitiva do Pai [...] Se o espírito estivesse unido com Deus, todo o tempo nessa força, o homem não poderia envelhecer; pois o instante em que ele criou o primeiro homem, o instante em que há de perecer o último homem e o instante em que eu estou falando, agora, são iguais em Deus e nada mais do que um instante [...] Por isso, não recebe nada de novo, seja de coisas futuras, seja de qualquer outro "acaso", pois mora em um instante novo em todo e qualquer tempo novo, sem cessar. Um tal senhorio divino está nessa força.[15]

Eckhart faz-se compreender que a vida intelectual relaciona-se menos a uma forma de ascese que a um certo modo de exercitar-se nas coisas da vida. Essa atividade para a qual conduz o caminho do desprendimento Mestre Eckhart considera superior à recepção do nascimento do Filho na alma. Segundo Reiner Schürmann, "Mestre Eckhart não ensina somente uma

---

[14]   Cf. SCHÜRMANN, *Maître Eckhart ou la joie errante*, p. 45-46.

[15]   ECKHART, Sermão 2. In: *Sermões Alemães 1*. Petrópolis: Vozes, 2006. p. 48-49.

identidade pura e simples entre o intelecto humano e Deus, mas ele faz ouvir o imperativo de uma identidade de realização".[16] Isso significa que a identidade com Deus no ser "virgem" coincide com uma operação no ser "mulher". Enquanto mulher, Marta gera no recolhimento da dor. A dor recolhida é a retração da entrega, ou seja, a dádiva da nascividade que nunca se esgota no nascido, por isso Marta é também sempre virgem. O que Marta recolhe ao dar nascimento é a liberdade de poder receber e gerar sempre de novo. Por isso ela é sempre virgem e mulher. Nessa tensão entre o receber e o gerar em Deus acontece a unidade da multiplicidade.

Essa coincidência que Eckhart estabelece entre a "recepção" e a "fecundidade" faz-se na alma, lá onde coincidem o interior e o exterior – no fundo, onde nasce o Filho. "Virgem e mulher" quer dizer uma interioridade absoluta no ser exterior, como que um ponto entre o interior e o exterior, entre o um e o dois. Esse "entre" não seria, no entanto, um espaço físico separando coisas; seu sentido é, antes, aquele de um perpassar ou permear que indica um ser ou estar já sempre dentro de uma existência concreta essencialmente finita e, por isso, impossibilitada de ser separada de sua realização ou concretização. E, no entanto, estar dentro da existência é não poder estar fora da dinâmica pela qual essa mesma existência, enquanto finita, está sempre começando a ser. Por isso o "espaço" do "entre", dizendo de um perpassar ou atravessar a existência, diz, igualmente de um acolher todas as coisas na dinâmica do seu vir a ser, "de seguir unicamente a Deus na luz, com a qual te orienta a fazer e deixar na liberdade, na novidade, a cada instante: Como se de outro modo tu nada

---

[16] SCHÜRMANN, *Maître Eckhart ou la joie errante*, p. 66.

tivesses, nada quisesses e nada pudesses".[17] Esse é o eixo pelo qual se torna possível pensar a experiência de uma identidade entre Deus e o homem, onde, sem o sujeito de "propriedade", Deus se abre através de todas as coisas. Assim, não é essa identidade que se realiza em um lugar fora da existência, porque a existência, não reduzida à exterioridade objetiva, é que é a própria realização dessa identidade. Ou seja, não é a existência que se esvazia, mas o vazio é que é a própria existência.

O seu sermão de número 86 também se inscreve sobre a mesma passagem de Lucas em que Jesus, estando em viagem, é recebido na casa das irmãs Marta e Maria. Nele, Eckhart surpreende com uma desconcertante interpretação, na qual ele afirma a excelência da prática de Marta sobre a contemplação de Maria. Essa excelência é afirmada junto a uma nova ideia que se transpõe à relação com a exterioridade: "[...] a querida Marta e todos os amigos de Deus estão com o cuidado, não no cuidado".[18] Para Eckhart, o homem é capaz de realizar obras exteriores sendo interiormente unido a Deus.

Marta está "junto às coisas", ou seja, na lida cotidiana e descuidada com as coisas. Mas o que é essa lida cotidiana? É o arrumar e limpar, o arranjo com as coisas, o ir e vir do dia a dia. No estar junto das coisas está-se sempre desatento, sem que se pergunte desde onde vigora o arrumar e o limpar. Todavia, esse não saber de um lugar de origem desde onde se faz possível todo ir e vir do dia a dia deve-se ao fato dessa mesma origem ser-lhe toda junto – tão junto que nem sequer é mais possível concebê-la, pensá-la. O cotidiano é onde estamos abandonados ao vazio de Deus, sem nem sequer tematizar, ou perguntar sobre o que

---

[17] ECKHART, Sermão 2. In: *Sermões Alemães 1*. Petrópolis: Vozes, 2006. p. 47.

[18] Id. Sermão 86. In: *Sermões Alemães 2*. Petrópolis: Vozes, 2008. p. 131.

são as coisas – onde é desfeita a distância que separa o significado das coisas. Por isso, segundo o Mestre, Jesus responde a Marta: "Tu estás junto às coisas e as coisas não estão em ti".[19] Nessa identidade com as coisas – na perda mesma da consistência das coisas como isto ou aquilo – viver não se estrutura desde uma determinação, mas numa ação, ou seja, como um arranjo, uma arrumação, quando o mundo não é visto mais a partir do mundo (de um conceito ou representação), mas desde a dinâmica mesma que o constitui. Marta está com os seus afazeres cotidianos: na arrumação e na lida de todos os dias. Não há, ainda, separação, reflexão. Mas de repente, num instante, é-se lançado para fora, num pôr-se à distância. Desde esse fazer-se à distância dá-se a atenção, reflexão, o pôr-se dentro dos cuidados, das coisas. A reflexão faz nascer o mundo com suas separações. Eis, então, que agora sabe-se, separa-se da arrumação, da correria: separa-se do viço da vida. Faz-se contemplador. Era o estado em que se encontrava Maria: Maria está afastada da arrumação, dos afazeres. É por isso que o Mestre nos diz: "Maria era antes Marta, antes de ela tornar-se Maria; pois, enquanto ainda estava sentada aos pés de Nosso Senhor, não era Maria; na verdade, era Maria no nome, mas ainda não no ser; pois estava assentada pelo prazer e pela doçura e havia recém-ingressado na escola e aprendia a viver".[20]

Assim, a questão excelência de Marta sobre Maria não aborda a maior dignidade de Marta sobre Maria, mas revela-nos o fato de que a atitude de Marta é o princípio da atitude de Maria. Por nossa parte diremos que Marta é igualmente princípio e fim de Maria. Ou seja, o ser verdadeiro de Maria é ser Marta, ou seja, é

---

[19] Id. Sermão 2. In: *Sermões Alemães 1*. Petrópolis: Vozes, 2006. p. 128.

[20] Id. Sermão 86. In: *Sermões Alemães 2*. Petrópolis: Vozes, 2008. p. 133.

conhecer sendo: conhecer e ao mesmo tempo aprender a viver. Por isso, só quando Maria se afasta de Jesus, da sua atitude contemplativa, é que ela começa a servir a Deus:

> "Maria estava sentada aos pés de Nosso Senhor, ouvindo suas palavras" e aprendendo, pois acabara de ingressar na escola e aprendia a viver. Mais tarde, porém, quando aprendera e quando já havia subido ao céu e ela recebera o Espírito Santo, só então começou a servir e atravessou o oceano e pregou e ensinou e tornou-se uma serva e lavadeira dos discípulos.[21]

Assim, segundo Eckhart, Jesus, ao responder às solicitações de Marta, dizendo-lhe que Maria escolheu a melhor parte, não a reprime – pois a parte que Maria escolheu Marta já a possui com a maturidade que lhe é própria –, mas a consola, dizendo que "Maria ainda se tornaria como ela desejava".[22] E o que desejava Marta? Que Maria unisse a sua liberdade interior à fecundidade das obras exteriores: "Ela percebeu que Maria estava tomada de prazer por toda sua satisfação de alma. Marta conhecia Maria melhor do que Maria conhecia Marta, pois vivera mais e vivera bem; e a vida concebe o mais nobre conhecimento".[23]

Assim, Marta e Maria não simbolizam duas atitudes que se excluem, mas representam dois níveis de uma mesma vida – a vida que Marta já possui em sua plenitude, quando é chamada por uma virgem que era mulher. A plenitude de Marta expressa-se no sentido de uma não dualidade entre interior e exterior, num modo em que a ação exterior mantém-se em absoluta reciprocidade com seu interior. Eckhart encontra em Marta a

---

21 Ibid., p. 134.

22 Ibid., p. 128.

23 Ibid., p. 127.

128 O EXTERIOR MAIS INTERIOR QUE O MAIS ÍNTIMO

plenitude de ser ela mesma as duas irmãs ao mesmo tempo. A maturidade de Marta consiste no fato de que ela sabia que a vida contemplativa exige e conduz a uma plena vida ativa. Eckhart supera essa dicotomia, que põe de um lado a pura contemplação e de outro a pura ação exterior, ao reunir esses dois aspectos em uma só vida. É nesse sentido que Eckhart fala-nos de três caminhos para dentro de Deus:

> O primeiro é: procurar a Deus em todas as criaturas [...] Era o que tinha em mente o Rei Salomão quando afirmou: "Em todas as coisas procurei o repouso" (Ecl 24,11) [...] O segundo caminho e caminho sem caminho [...] elevado e arrebatado acima de si mesmo e de todas as coisas, sem vontade e sem imagens [...] Foi a que se referiu Cristo quando disse: "Bem-aventurado és tu, Pedro! A carne e o sangue não te iluminaram", mas, sim, um "ser elevado-para-dentro-do-intelecto", no qual me chamaste "Deus": "foi o meu Pai celeste que to revelou" (Mt 16,17) [...] O terceiro caminho se chama "caminho" e é, no entanto, lar, isto é, contemplar a Deus, sem mediações no-que-é-seu-próprio. E o Cristo amado diz: "Eu sou o caminho, a verdade e a vida" (Jo 14,6).[24]

Dos três caminhos para Deus: primeiro, aquele que procura nas criaturas; a seguir, aquele que se eleva acima de todas as imagens; por último, o caminho de um "em si", onde Deus é contemplado "sem intermediações no que é seu próprio". A alma alcança um novo caminho a cada passo de sua experiência de Deus. Até o momento em que ela deve reconhecer, enfim, que, mesmo em Deus, ou seja, "no-que-é-seu-próprio", ela não é capaz de compreender Deus. Então, quando Deus não é mais reconhecido como um objeto do pensamento, o que resta é a

---

[24] Ibid., p. 129-130.

lida e a ocupação com as coisas da vida. O que permanece no fim das contas é o agir aqui e agora no cotidiano.[25] Diremos que essa era a situação na qual se encontrava a cara Marta: Marta é com Deus e não em Deus, ela que exerceu o fundo de sua alma. Ela encontrou a ação constitutiva pela qual o exterior é tornado mais interior que o mais ínfimo: aquela do desprendimento, do "sem porquê", do "deixar ser". Uma ação no sentido da qual as experiências baseadas na distinção entre interior e exterior, contemplação e ação, teoria e prática, tornam-se inúteis. Numa tal ação as obras dos homens são todas igualmente vivas: "Vai assim até o teu próprio fundo e lá opera. As obras, porém, que lá operas, são elas todas vivas".[26] Portanto, enquanto Maria permanece detida na procura dos caminhos mais altos para Deus, Marta exerce um desprendimento constante que induz a um nada onde só se tem em conta a vivência cotidiana.

Portanto, a lógica do desprendimento eckhartiano, nas suas dimensões de interior e exterior, expressa ela mesma um traço

---

[25] Essa experiência eckhartiana pode ser esclarecida por uma história budista: "Um dia, um velho monge veio sobre um barco comercial para comprar cogumelos. Ele era cozinheiro num monastério zen. O jovem Dôgen pede-lhe para permanecer sobre o barco durante algum tempo para conversar com ele sobre o zen. Mas o velho monge lhe responde: 'Eu não posso, é preciso que eu me ocupe da refeição de amanhã' 'Neste vosso monatério', diz Dôgen, 'não teria ninguém que se ocupasse da cozinha durante vossa ausência?' 'A cozinha é meu estudo', retorquiu o monge, 'por que eu deveria abandoná-la a outro?' No entanto, Dôgen não havia compreendido bem essa resposta profunda. Então ele insiste: 'A cozinha, vós dizeis, é vosso estudo? Mas porque vós não absorveis antes na meditação ou nos livros sagrados, e abandoneis o trabalho doméstico?' O velho monge se põe a rir: 'Ah! Jovem estudante estrangeiro, é lamentável que vós não compreendeis a ausência mesma do estudo!'". SHIBATA, Masumi. *Les maîtres du zen au Japon*. Paris: Maisonneuve & Larose, 1969. p. 173.

[26] ECKHART, Sermão 39. In: *Sermões Alemães 1*. Petrópolis: Vozes, 2006. p. 231.

do caminho da cruz.[27] Essa expressão, em geral, não se dá numa linguagem do sacrifício, da expiação. No que se refere aos sermões alemães, ela se revela nos termos de uma "fecundidade":

> Ora, certas pessoas querem chegar lá, a ponto de ser livres, vazios de obras. Eu digo que isso não é possível [...] Em Cristo disso encontramos testemunha; desde o princípio, quando Deus se fez homem e o homem se fez Deus, ele começou a operar para nossa bem-aventurança, até o fim, quando morreu na cruz.[28]

Se Eckhart expõe o caminho da cruz como um modelo, tem, porém, pouco interesse nas práticas exteriores, tais como as meditações da Paixão de Cristo na cruz. Ou seja, nas práticas daqueles que, "ligados ao eu, estão presos à oração, ao jejum, à vigília e a toda sorte de exercícios e mortificações exteriores".[29] Assim, enquanto "fecundidade", a cruz não seria ela mesma um lugar especial de Deus, mas o lugar para descobrirmos que Deus não é da ordem de um lugar. A cruz não é o objetivo de um caminho para Deus, mas é ela mesma o caminho que conduz ao reconhecimento de que Deus não está fundado em caminhos. Para Eckhart, o caminho da cruz não é nada mais, nada menos do que a perfeita negação de si. A linguagem da fecundidade aparece também muito claramente no sermão 49, onde Eckhart refere-se a uma passagem do Evangelho de João (Jo 12,24):

> Volto-me agora para o segundo tema, dito por Nosso Senhor: "Se o grão de trigo não cair na terra e ali perecer, fica só e não dá fruto. Mas, se cair na terra e ali perecer, frutifica cem vezes". "Cem vezes", em sentido espiritual, é o mesmo que

---

[27] Cf. SCHÜRMANN, *Maître Eckhart ou la joie errante*, p. 298.

[28] ECKHART, Sermão 86. In: *Sermões Alemães 2*, p. 134.

[29] ECKHART, Sermão 2. In: *Sermões Alemães 1*, p. 47.

"frutos inumeráveis". Mas o que é o grão de trigo que cai na terra e o que é a terra na qual o grão deve cair? Como quero agora explicar, esse grão de trigo é o espírito, termo com que se chama ou se nomeia uma alma humana, e a terra onde deve cair é a sumamente louvada humanidade de Jesus Cristo. Pois isto é o mais nobre dos campos que já se extraiu da terra ou que já se preparou para toda e qualquer fecundidade.[30]

Jesus Cristo se traduz como a terra fecunda. Não é ele mesmo o homem desprendido por excelência? Aquele que chega à casa das irmãs de Lázaro é o mesmo que não fixa morada, que não tem um lugar próprio: todo lugar ao qual chega é, ao mesmo tempo, o lugar do qual parte. A entrada é ao mesmo tempo saída, e saída é entrada, ao toque de um nascimento que está sempre começando a ser. Todo lugar é, assim, um não lugar, é travessia. O caminho da cruz é só travessia. Porque é o instante da entrada e da saída simultâneas de uma ordem para outra. Essa travessia é sempre retorno, porque no cumprimento da obra há sempre de novo a abertura em retorno da cruz. O caminho da cruz é o próprio Cristo em pessoa, na perfeição de exterior e interior, no dinamismo nascido do seu ser. Aí, exterior e interior, tempo e eternidade não são coisas simplesmente dadas uma ao lado da outra – como "um dentro" e "um fora" –, mas, antes, uma só presença no dinamismo de uma vida errante que permanece no mundo sem fixar-se no mundo. Vida que, eclodindo do nada na direção ao nada, segue sendo si mesma em relação a todo lugar particular – a toda determinação cristalizada como isto ou aquilo.

A via da *Abgeschiedenheit* não é especificamente cristológica, sendo o Fundo sem fundo da Deidade sua última meta final.

---

[30] ECKHART, Sermão 39. In: *Sermões Alemães 1*, p. 274.

O evento do Filho, no entanto, na sua perfeição de exterior e interior, ocupa um lugar central no sentido da sua encarnação.[31] Pela encarnação do Cristo é aberta uma possibilidade sempre disponível ao homem: a união com Deus através de suas obras. O homem interior mantém-se na unidade de Deus ao fixar o homem exterior no seu devido lugar: aquele da não "propriedade". Para Eckhart, o Filho ou o Verbo é o mesmo encarnado em Jesus Cristo, "pois ele assumiu a pura natureza humana e não um homem". Essa "natureza humana" está acima daquilo que no homem diz da sua particularidade:

> [...] se deveis ser um Filho, é necessário que vos separeis e vos afasteis de tudo quanto faz diferenciação em vós. Pois, para a natureza "humana", o homem "particular" é um acidente; e, por isso, afastai-vos de tudo que é acidente em vós, e assumi-vos segundo a natureza humana livre, indivisa. E porque a mesma natureza, segundo a qual vos tomais, tornou--se Filho do Pai eterno em consequência de ter sido assumida pela palavra eterna, assim vos tornareis filho do Pai eterno com Cristo, por vos tomardes segundo a mesma natureza, que lá "no Cristo" Deus tornou-se homem.[32]

Nascimento eterno. Encarnação eterna. Toda criatura é um traço dessa eternidade. Mas sob uma condição: "[...] se deveis ser um Filho, afastai-vos de todo não, pois o não cria diferença entre si e aquele homem". E portanto: "Se quereis ser sem diferença, então afastai-vos do não. Pois há na alma uma força separada do não, e como ela nada tem em comum com coisa alguma,

---

[31] Cf. JARCZYK, Gwendoline; LABARRIÈRE, Pierre-Jean. *Maître Eckhart ou l'empreinte du désert.* Paris: Albin Michel, 1995. p. 208. Spiritualités Vivantes.

[32] ECKHART, Sermão 46. In: *Sermões Alemães 1*, p. 262.

nela nada há a não ser somente Deus: nessa força ele brilha sem encobrimento".[33]

O homem ocupa o coração mesmo dessa dinâmica da qual lhe advém o sentido mesmo do seu ser. Para o homem, esvaziar-se de si mesmo é ser todo e perfeitamente em si mesmo, até mesmo no múltiplo e efêmero. É ser exterior e interior no nada de Deus. Ser exterior e interior em Deus é poder agir de modo a não acrescentar nada às coisas, mas acolhê-las no movimento de seu nascimento. O homem assim desprendido já não precisa buscar a profundidade de si mesmo: seu existir é na profundidade da existência e a profundidade da existência é no existir. Parece Jesus dizendo à Marta: "Uma coisa é necessária!".

---

[33] ECKHART, Sermão 46. In: *Sermões Alemães 1*, p. 262.

SIMONE WEIL: UMA MÍSTICA PARA O SÉCULO XXI

Maria Clara Lucchetti Bingemer[*]

Em nossos dias, a mística cristã, apesar de provocar muito interesse na academia, seja por parte da filosofia, da psicologia e da literatura,[1] entre outros, mostra, através dos estudos teológicos, um rosto inesperado. Enquanto antes os místicos cristãos situavam-se sempre no interior da instituição eclesiástica, sendo a maioria deles padres ou religiosos de ambos os sexos, os místicos da atualidade mostram frequentemente outro perfil.

---

[*] Maria Clara Lucchetti Bingemer é professora associada do departamento de Teologia da PUC-Rio e pesquisadora do CNPq. Suas linhas de pesquisa concentram-se sobre a experiência de Deus e a mística contemporânea. Nos últimos tempos tem publicado muito sobre a filósofa e mística francesa Simone Weil. Suas últimas publicações são: *Simone Weil: a força e a fraqueza do amor* (Rio de Janeiro: Rocco, 2007); (org.) *Simone Weil e o encontro entre as culturas* (São Paulo: Paulinas/PUC-Rio, 2009); *Jesus Cristo, servo de Deus e Messias glorioso* (Valencia/São Paulo: Siquem/Paulinas, 2009); (org. com Marcos Reis). *Mística e filosofia* (Rio de Janeiro: PUC-Rio/Uape, 2010), além de numerosos artigos.

[1] Ver os trabalhos de: VANNINI, M. *Introdução à mística*. São Paulo: Loyola, 2008. VASSE, D. *L´autre du désir ou le Dieu de la foi*. Paris: Seuil, 1991. BATAILLE, G. *L'Expérience intérieure*. Paris: PUF, 1943.

O processo de secularização que se desenvolve no Ocidente, com a crise da razão iluminista e a emergência da era do vazio e do fragmento, fazem sentir suas consequências sobre a forma e a expressão da experiência espiritual. Esta se apresenta de forma nova, mais livre, mais desinstitucionalizada, mais aberta à pluralidade e em diálogo não somente com o ateísmo e o agnosticismo frutos da secularização,[2] como também com outras tradições religiosas.[3]

Por outro lado, os místicos, ou seja, os homens e mulheres que viveram uma experiência profunda e visceral de Deus não estão recolhidos fora do mundo ou no silêncio do claustro. Ao contrário, podem ser vistos nas ruas, "no coração das massas", ativos e participando dos grandes desafios de seu tempo, ocupados com questões muito "seculares", inspirados, contudo, por sua experiência espiritual.[4] Ao lado disso, muitos, se não quase todos esses místicos, foram muito críticos com relação à Igreja

---

[2]   Cf., por exemplo, o belo livro de A. COMTE SPONVILLE *L'esprit de l'athéisme* (Paris: Cerf, 2006), entre outros.

[3]   Cf., por exemplo, toda a obra de L. MASSIGNON, muito especialmente *Parole donnée* (Paris: Julliard, 1962). Ver também: LE SAUX, H. *La montée au fond du cœur*. Paris: O.E.I.L., 1986.

[4]   Cf. Madeleine DELBRÊL, que deixou sua experiência de trabalhadora seguindo o chamado de Deus, in *Œuvres complètes* (Paris: Nouvelle Cité, 2007). Dorothy DAY, a mãe solteira, ativista política e mística militante das ruas de Nova York, in *The long loneliness. The Autobiography of Dorothy Day* (New York: Image Books, 1959); *From Union Square to Rome*. Silver Spring: Preservation of the Faith Press, 1940; *On Pilgrimage; The Sixties*. New York: Curtis Books, 1972. ELSSBERG, R. (Ed.). *The Duty of Delight. The Diaries of Dorothy Day*. Milwaukee: Marquette, 2008; *All the Way to Heaven. The Selected Letters of Dorothy Day*. Milwaukee: Marquette University Press, 2010. Etty HILLESUM, jovem advogada judia levada, por sua experiência de Deus, ao campo de concentração de Westerbrok, a fim de "ajudar a Deus, salvar seu povo e ser um bálsamo para suas feridas": *Une vie bouleversée*. Paris: Seuil, 1985.

institucional, apesar de sua falta de dúvida sobre a matriz cristã de sua experiência. Quase todos também tiveram dificuldades reais com a mesma instituição e fizeram seu caminho, por assim dizer, "à margem" dela.[5]

Simone Weil é um desses casos. De origem judaica, criada em meio agnóstico, filósofa e intelectual brilhante, ela vive, apesar de si mesma, uma experiência que sua razão jamais cogitaria admitir. E ela não pode impedir-se de dar a essa experiência o nome de Cristo.[6] No entanto, apesar disso, não se decide a receber o Batismo e permanece fora da instituição eclesiástica até o momento de sua morte.[7]

Neste artigo, examinaremos o percurso único e original de Simone Weil enquanto mística cristã. Vamos servir-nos do clássico esquema tomista em três etapas (via purgativa, via iluminativa, via unitiva) para tentar descrever o percurso dessa mulher única em direção à sua relação igualmente única com o Deus da revelação cristã e suas dificuldades com a Igreja Católica, no seio da qual ela hesita, longa e persistentemente, em entrar.

No final, esperamos poder tirar algumas conclusões que possam ajudar os homens e mulheres de hoje, os quais, atraídos pelo

---

[5] Cf., por exemplo, o italiano Ignazio Silone (cf. DANESE, A.; NICOLA, G. P. di. *Ignazio Silone. Percorsi di una conscienza inquieta*. Torino: Effatà, 2007. MOUNIER, E. *Le personnalisme*. 7e. éd. Paris: PUF, 1961; *L'engagement de la foi*. Paris: Seuil, 1968. Textes choisis et présentés par Paulette Mounier.

[6] Cf. *Attente de Dieu [AD]*. Paris: Éditions Fayard, 1966. Version numérique, p. 37: "Le Christ lui-même est descendu et m'a prise" [Edição brasileira: *A espera de Deus*. São Paulo: ECE, 1987.]. Ver sobre isso o belo artigo de T. E. BARCELO "Le Christ lui-même est descendu et m'a prise". An approximation of the irruption of Christ in Simone Weil's life. *Cahiers Simone Weil [CO]* XXXI, n. 3 (2008) 301-338.

[7] Cf. mais adiante a narração do Batismo, episódio revelado recentemente por Simone Dietz.

Evangelho, permanecem, no entanto, no umbral da Igreja por causa de dificuldades semelhantes às de Simone Weil com a instituição e a sua história. Nosso desejo é que o novo paradigma de mística em plena laicidade que Simone Weil – e muitos outros místicos contemporâneos – representa possa ser de algum serviço ao grande desafio de viver a fé hoje, em um mundo secular e plural.

Purificação, *kénosis* e desventura

As três grandes etapas da mística cristã, segundo a teologia clássica, são a via purgativa, a via iluminativa e a via unitiva.[8] Simone Weil, mesmo nos tempos que antecedem sua experiência mística em nível consciente e explícito, certamente viveu a

---

[8] O itinerário da alma até Deus, segundo Tomás de Aquino, desenvolve-se em duas etapas: a via ascética ou purgativa, que se dá pela purificação da alma, e a via mística, que se dá primeiramente pela iluminação, e em seguida pela união da alma com Deus pela infusão dos dons e graças divinos na alma. É na união da alma com Deus que reside a contemplação pela infusão dos dons. A contemplação consiste, através desses dons, em obter a visão de Deus, contemplá-lo. Os mestres tomistas da espiritualidade, muito especialmente R. GARRIGOU-LAGRANGE (*Les Trois âges de la vie intérieure, prélude de celle du ciel*. Paris: Cerf, 1938), concordam em dizer que são três as vias que conduzem a alma para Deus: via purgativa (iniciantes), via iluminativa (perseverantes que progridem) e via unitiva (perfeitos que contemplam, pela infusão dos dons do Espírito Santo, a perfeição divina). A teologia ascética trata estritamente da via purgativa. Santo Tomás de Aquino refere-se explicitamente àquilo que a tradição denominou ascética quando fala da perfeição da caridade nesta via, à qual se chega pelo crescimento espiritual, como quando um homem abstém-se mesmo das coisas permitidas para entregar-se mais livremente ao serviço de Deus (*STh*. II-II, q. 184, a. 3, ad. 3). Disponível em: <http://www.aquinate.net/portal/Tomismo/Teologia/tomismo-ascetica.html>. Acesso em: 20 nov. 2008.

purificação, que constitui o selo da iniciação de todos os grandes místicos.[9] Mas ela a viveu de maneira diferente e original.

Excepcionalmente dotada do ponto de vista intelectual, Simone Weil fará da busca da verdade sua mais cara paixão. Durante sua juventude, ela crê que essa verdade seria acessível apenas pela via do conhecimento intelectual e da reflexão teórica. Ao lado da paixão pelo conhecimento intelectual, Simone Weil era extraordinária por outros dons que tinha. Nela, a compaixão pelo sofrimento humano, a solidariedade e a abertura aos outros, com o consequente despojamento que a fazia esquecer-se de si mesma a fim de que os desejos dos outros passassem à frente dos seus, foram realidade em sua vida desde sempre, segundo o testemunho de seus biógrafos, amigos e todos aqueles ou aquelas que a conheceram e receberam suas confidências.[10]

Seu itinerário intelectual, com a entrada no campo dos estudos em filosofia, aparece já marcado pela compaixão ardente que configurará toda a sua vida e que a conduzirá pelos caminhos da política, do engajamento intelectual e da mística. Aí Simone Weil encontrará a abertura à diferença do outro que a fará buscar a verdade não apenas em termos teóricos, mas também em forma eminentemente prática e experiencial. Seu itinerário intelectual, vivido e praticado com todo rigor e exigência, vai unido a uma paixão pelo mundo e o ser humano, com um coração profundamente afetado por tudo que possa agredir ou diminuir a vida humana.

---

[9] Cf. as vidas de místicos cristãos, tais como Inácio de Loyola, Francisco de Assis, Teresa de Ávila, João da Cruz etc.

[10] Cf. PÉTREMENT, S. *La vie de Simone Weil*. Paris: Fayard, 1973. 2 vv.: *SPI* e *SPII*. Aqui, *SPI*. p. 34.

140 SIMONE WEIL

Já na Escola Normal Superior, onde estuda filosofia, Simone Weil sente o desejo de estar mais próxima fisicamente dos operários, a fim de experimentar suas condições de vida. Tinha, segundo sua biógrafa e amiga Simone Pétrement, um desejo profundo de experimentar o trabalho manual.[11] Já se pode identificar aí o movimento interior que chegará a seu clímax durante o ano de trabalho na fábrica. É um projeto que começa, então, a delinear-se em seu espírito e ao qual ela "obedecerá" no futuro. Ela sente assim, em seu pensamento e em seu coração, a intuição de algumas tragédias da história da humanidade que a tocam muito de perto.[12]

O processo interior da intelectual Simone Weil vai imbricar-se com a realidade interior da opressão e injustiça no mundo do qual são vítimas muitos milhões de seres humanos. A verdade, também apaixonadamente por ela buscada, começa a mostrar seu rosto sombrio. E a compaixão que a habita desde seus mais jovens anos alarga-se sem fronteiras, tomando as dimensões de todo o universo.

Seu projeto de trabalhar na fábrica implica uma busca de como conciliar a organização exigida pela sociedade industrial com as condições de trabalho e vida que seriam as de um proletariado livre. Tal questão, ainda sem resposta para ela, irá ao seu encontro no calor infernal da fábrica e na proximidade do sofrimento dos operários.[13]

---

[11] Ibid., p. 138.

[12] Cf. *OC* II 1: *Écrits historiques et politiques. L'Engagement syndical (1927-juillet 1934)*. Paris: Gallimard, *1988. EHP II*, p. 135.

[13] Simone Pétrement, como sempre, interpreta lucidamente sua grande e extraordinária amiga: "Ela devia pensar que, ali onde a reflexão teórica não encontrava solução, o contato com o objeto poderia sugerir alguma. O objeto era a miséria para a qual se tratava de encontrar remédio e solução. Mergu-

Com apenas duas semanas de trabalho, a fadiga cai cruelmente sobre sua fragilidade física. Ela trabalhava chorando sem cessar e tinha crises de prantos e soluços chegando em casa.[14] E Simone Pétrement narra em sua biografia que pressentia uma luz nova em sua amiga, através e ao fundo de todo o sofrimento que ela passava naquele momento.[15]

A acumulação de fadiga ao longo das semanas começa a colocá-la em um estado onde mesmo o pensamento faz-se impossível. Ela mesma descreve o estado deplorável em que se encontra:

> O esgotamento acaba por fazer-me esquecer as verdadeiras razões de um tempo na fábrica, torna quase invencível para mim a tentação mais forte que comporta esta vida: a de não mais pensar, único meio de não mais sofrer. Apenas durante o sábado à tarde e o domingo as recordações me vêm, fiapos de ideias...[16]

Refletindo sobre sua experiência, ela diz que somente o tempo passado na fábrica produziu-lhe já uma profunda transformação, não de algumas ideias, mas de toda a sua perspectiva sobre as coisas, o sentimento mesmo da vida.[17] No entanto, é dessa experiência profundamente dolorosa e exaustiva que ela vai extrair suas reflexões mais lúcidas sobre o trabalho operário

---

lhada ela mesma nessa miséria, veria melhor que remédios são apropriados para curá-la. E depois de tudo, era necessário conhecer tudo aquilo para poder falar com conhecimento de causa". Cf. *SPI*, p. 412-413. Cf. também, sobre essa dimensão do pensamento de Simone Weil, o excelente livro de E. BEA PEREZ *Simone Weil; la memoria degli opressi* (Torino: SEI, 1997).

[14] *CO*, p. 40, citado por *SPII*, p. 24, n. 2.

[15] *SPII*, p. 26.

[16] Ibid., p. 51, citado por ibid., n. 3. Cf. também: BEA PEREZ, E. *Simone Weil; la memoria degli opressi.*

[17] *SPII*, p. 30.

e a soberba pretensão das ideologias modernas, notadamente o socialismo real, de liberar os operários, enquanto de fato eles vivem uma vida de cativeiro e escravidão na fábrica.[18]

Nesse período tão duro seu pensamento não se detém. Ela declara desejar pensar a libertação do operário, a qual não pode dar-se senão no interior do trabalho, e que o trabalho, para ser livre e não escravo, deve estar penetrado de pensamento, invenção, avaliação. É toda uma reforma do trabalho e sua configuração moderna que ela deseja ardentemente.[19]

Em 27 de junho de 1934, Simone Weil escreve em seu diário algo que será de extrema importância para a evolução de seu processo vital, intelectual e espiritual. Quando sobe no ônibus, sente-se como uma escrava privada de direitos. Sobre isso escreve essas palavras lancinantes:

> Como eu, a escrava, posso ainda subir neste ônibus, usá-lo por meus doze centavos, da mesma maneira que qualquer outra pessoa? Que favor extraordinário! Se me fizessem brutalmente descer... eu creio que isto me pareceria perfeitamente natural. A escravidão me fez perder completamente o sentimento de ter direitos. Parece-me um favor ter momentos nos quais não tenha que suportar nada de fato da brutalidade humana. Estes momentos são como sorrisos do céu, um dom do acaso. Esperemos que eu conserve esse estado de espírito tão razoável.[20]

---

[18] "Quando eu penso que os grandes chefes bolcheviques pretendiam criar uma classe operária livre e que nenhum deles... sem dúvida nunca havia posto os pés em uma fábrica... a política me aparece como uma sinistra palhaçada." *SPII*, p. 30.

[19] Ibid., p. 43.

[20] *CO*, p. 92, citado por *SPII*, p. 46.

Está claro para ela que sua ida à fábrica não era um capricho, mas um movimento interior ao qual era imperioso obedecer. Isso, que por ela mesma não seria capaz de suportar, era necessário suportar por causa de outros, dos pobres. E ela mesma se surpreende de sua reação, isenta de cólera, mas cheia de submissão e docilidade diante das circunstâncias que lhe era necessário enfrentar.[21] Qualquer idealização sobre a classe operária estaria para sempre banida do pensamento e do coração de Simone Weil a partir dessa experiência.

Ainda que a concepção de vocação e obediência em Simone Weil durante esse período pudesse assemelhar-se mais a outras escolas filosóficas e não ao Cristianismo,[22] não se pode deixar de reconhecer em sua atitude e posição elementos muito semelhantes aos do movimento de Deus mesmo em seu caminho *kenótico*, quando, em sua Encarnação, entra e penetra até o fundo a desventura e o pecado humano, sem buscar outro caminho para realizar a salvação da humanidade.

Nesse sentido, a obediência experimentada e vivida como vocação conduzirá Simone Weil a viver os aspectos mais dolorosos do mistério da Encarnação do Verbo, ao ponto mesmo de declarar que a experiência na fábrica matou sua juventude e a marcou para sempre com o ferro incandescente da escravidão e da desventura. Com essa marca para sempre plantada em seu corpo e sua vida, Simone Weil vai caminhar pelas sendas da experiência espiritual profunda que irá confirmá-la em sua vocação marcada pela compaixão. O despojamento interior que deveria purificá-la muda de forma e de configuração. Simone Weil vai terminar sua etapa na fábrica, que foi sua "via

---

[21] *SPII*, p. 52.
[22] Por exemplo, estoica ou cátara.

purgativa". Ela estará pronta, então, para a poderosa iluminação que vai prepará-la para o encontro com o rosto amoroso de Cristo, Verbo feito carne.

Iluminação crística e revelação cristológica

O Deus da revelação cristã gira em torno da vida de Simone Weil desde os tempos aparentemente agnósticos de sua formação filosófica. Mas seus biógrafos são unânimes quando dizem que, apesar de nessa época ela estar bem próxima de aceitar a prova ontológica da existência de Deus, seu Deus ainda era o Deus dos filósofos.[23] Ao Padre Perrin, amigo e confidente, em uma carta publicada no belo livro *A espera de Deus* (*Attente de Dieu*),[24] a filósofa, fiel à sua "forma mentis", explica o porquê de não haver jamais buscado a Deus. "Isto se deve", diz ela, "à firme crença de que não se pode alcançá-lo aqui embaixo, pelo pensamento e pela razão." Por causa disso, ela jamais o procurou, sobretudo para não encontrá-lo e explicá-lo falsamente.

No entanto, ela afirmará também haver sempre considerado como a única atitude possível para ela mesma a atitude cristã: "Eu, por assim dizer, nasci, cresci e sempre permaneci na inspiração cristã".[25] Sem utilizar termos teológicos ou morais, Simone Weil faz aí uma distinção importante no pensamento cristão: ela vivia como cristã (por suas atitudes), mas não utilizava nem se servia das noções ou dos conceitos cristãos em

---

[23] *SPI*, p. 295. Ver também: CABAUD, Jacques. *L'Expérience vécue de Simone Weil*. Paris: Plon, 1957. PERRIN, J. M.; THIBON, G. *Simone Weil telle que nous l'avons connue*. Paris: Fayard, 1967.

[24] Citamos aqui o original francês. Cf. n. 6 supra.

[25] Ibid., p. 32.

MARIA CLARA LUCCHETTI BINGEMER   145

termos teoréticos, mas sim práticos.[26] Tais concepções tornadas prática vital estariam presentes em sua pessoa desde quando teve consciência de ser humana, ao mesmo tempo que outras se lhe impuseram mais tarde.

Com a sede absoluta que tem de verdade, Simone Weil declara jamais se haver permitido pensar em uma vida futura, exceção feita ao momento da morte como aquele momento onde todos os véus caem e a verdade nua se apresenta à alma.[27] E ela diz claramente não haver jamais desejado outra coisa em sua vida do que encontrar essa verdade. Sua biógrafa, Simone Pétrement, assim como todos os seus outros biógrafos, confirmam que isso é absolutamente verdadeiro.[28] E acrescenta que para estar segura de ser movida pela verdade sempre procurou agir por obediência aos eventos ou às circunstâncias. Assim seria, segundo ela, sua decisão de ir para a fábrica.[29]

Buscando e perseguindo a Transcendência e o Absoluto como os outros nomes para a Verdade que a apaixonava e dava sentido a sua vida, ela teve encontros que a marcaram: "Sob o nome de verdade eu englobava também a beleza, a virtude e toda espécie de bem, de maneira que se tratasse para mim de uma concepção da relação entre a graça e o desejo".[30] Entre eles se

---

[26] Ibid., p. 37.

[27] Ibid.

[28] Cf. PÉTREMENT, *La vie de Simone Weil*. Ver também: CABAUD, *L'Expérience vécue de Simone Weil*. KHAN, G. et alii. *Simone Weil, philosophe, historienne et mystique*. Paris: Aubier, 1978. DAVY, M. M. *Simone Weil*. Paris: P.U.F. 1966. HOURDIN, G. *Simone Weil*. Paris: La Découverte 1989. FIORI, G. *Simone Weil, une femme absolue*. Paris: Éd. du Félin, 1993. PLESSIX GRAY, F. du. *Simone Weil*. Montréal: Fides, 2003.

[29] *AD*, p. 38.

[30] Ibid., p. 39.

146 SIMONE WEIL

situam sua crise aos 14 anos, quando recebeu a revelação de que o desejo e a busca apaixonada da verdade são a condição para encontrá-la. A figura de São Francisco de Assis, pelo qual ela tem um profundo amor desde a infância, marcou-a também. A caridade para com o próximo, que o Evangelho chama justiça, habita-a desde a infância, assim como a vocação para a pureza que ela sente quando da contemplação de uma paisagem de montanha aos 16 anos. A aceitação da vontade de Deus é também algo muito presente, mas ela a entende no começo desde a perspectiva do *amor fati* estoico.[31]

Simone Weil diz ao Padre Perrin saber que sua concepção de vida era cristã. Eis por que nunca cogitou entrar no Cristianismo de maneira "oficial". Simplesmente porque acreditava já estar dentro. Acrescentar a essa vida, a qual, sob seu ponto de vista, era já cristã, o dogma – como ela o diz – pareceria-lhe uma falta de probidade.[32] E assim, sendo radical até o extremo, como sempre, ela se impede de ir à igreja, onde, por outro lado, gostava de estar.

Neste ponto da *Autobiografia*, Simone Weil vai narrar ao Padre Perrin seu itinerário através da luz divina, que terá seu momento de culminação com a experiência de ser tomada por Cristo; experiência, portanto, de união amorosa. Esse itinerário terá três pontos fundamentais, que serão os três contatos com o Catolicismo que "verdadeiramente contaram" para ela.[33] Trata-se de um encontro profundo com a alteridade de uma cultura e uma religião que não eram as suas e que lhe abriam, portanto, a outro universo diferente daquele vivido até ali. Essa experiên-

---

[31]   Ibid., p. 39-40.

[32]   Ibid., p. 41.

[33]   Ibid.

cia, preparada pela purificação do ano na fábrica, a iluminou e dispôs para entrar em terras absolutamente desconhecidas até então.

O primeiro encontro aconteceu em Portugal, em Póvoa do Varzim, aldeia de pescadores. Simone Weil acabava de sair da fábrica e sentia-se fragilizada e marcada para sempre com o ferro em brasa da escravidão. É ela mesma quem narra:

> Estando neste estado de espírito e em um estado físico miserável, entrei na pequena aldeia portuguesa que era, ai, tão miserável também, sozinha, de noite, sob a lua cheia, no dia exato da festa da padroeira. Era à beira do mar. As mulheres dos pescadores davam voltas ao redor dos barcos, em procissão, levando velas, e cantando cânticos certamente muito antigos, de uma tristeza dilacerante. Nada pode dar uma ideia do que isto é. Eu nunca ouvi nada tão pungente, a não ser o canto dos barqueiros do Volga. Lá eu tive subitamente a certeza de que o Cristianismo é por excelência a religião dos escravos, que os escravos não podem não aderir a ela, e eu entre eles.[34]

Não deixa de ser curioso e ao mesmo tempo instigante o fato de que Simone Weil inverta aí a afirmação de Nietzsche, o grande crítico do Cristianismo, o qual afirma em sua obra que a rebelião dos escravos na moral dá-se graças à sua impotência para destruir a escravidão ou aquele que a apoia, o Império Romano. A nova religião, que era o Cristianismo – segundo Nietzsche –, tornou-se seu instrumento para ser suporte de seu ódio impotente, que devia contentar-se com uma vingança imaginária. O produto desse ressentimento foi fazer com que os escravos, a "raça inferior e baixa", transformassem "tudo que é

---

[34] Ibid., p. 42.

digno e nobre em pecaminoso: a prostração e a pobreza em virtude, a nojenta covardia de dar a outra face em caso de agressão em ato sublime de perdão".[35]

A experiência de Simone Weil diante da procissão de Póvoa do Varzim é descrita com os mesmos termos que os do filósofo alemão, mas chegando a uma conclusão totalmente oposta. A contemplação da conaturalidade dos pobres deste mundo com o Cristianismo – vista por Nietzsche como a fonte da desventura e a decadência das forças vivas da aristocracia e da sociedade ocidental – é sentida por Simone Weil, com base em sua experiência na fábrica, como seu próprio lugar de pertença. Estar ao lado dos últimos deste mundo, de todos aqueles que são desprezados e considerados insignificantes, é onde está o Cristianismo, e ali ela também deveria estar.

O segundo encontro tem lugar em Assis, em 1937. Simone Weil viajava pela Itália e a beleza do país a encantava. A contemplação da beleza diante de seus olhos maravilhados será o que forçará seu corpo a dobrar-se na atitude de adoração e reverência, ajoelhado: "Ali, estando sozinha na pequena capela românica do século XII de Santa Maria degli Angeli, incomparável maravilha de pureza, onde São Francisco rezou muitas vezes, alguma coisa mais forte que eu me obrigou, pela primeira vez em minha vida, a ajoelhar".[36]

Aqui é a beleza que provoca a experiência mística de Simone Weil e que ilumina toda a sua pessoa, conduzindo-a a exprimir

---

[35] Cf. NIETZSCHE, F. *A genealogia da moral*. São Paulo: Companhia de Bolso, 2009.

[36] *AD*, p. 43. O Padre Perrin se pergunta, em *Mon dialogue avec Simone Weil*, p. 43, se seria possível ver aí uma primeira orientação de Simone Weil em direção à fé na presença real na Eucaristia. Conclui que não.

essa tomada de consciência por um gesto corpóreo. Evidentemente, a presença de São Francisco, figura tão fundamental em sua vida, desempenhou um papel importante. Mas cremos que é sobretudo o belo, o estético aliado à simplicidade que caracteriza a verdadeira beleza, pura e nua, o que lhe provoca o êxtase que a faz cair de joelhos.

O terceiro encontro acontecerá na Abadia beneditina de Solesmes, França, na Semana Santa de 1938. Aí se pode observar bem que o itinerário espiritual de Simone Weil nesta etapa iluminativa é coerente e ascendente. O terceiro episódio é marcado pelo sofrimento, como o primeiro. Lá a tristeza lancinante do sofrimento dos pobres, aqui as enxaquecas insuportáveis que sentia. Mas é também marcado pela beleza incomparável da música do canto gregoriano que ela escutava, tal como em Assis pela visão da arte românica da capela franciscana. E inclui já a presença da Paixão de Cristo, que une os dois elementos – sofrimento e beleza – e lhes dá seu sentido definitivo e sobrenatural: "Esta experiência me permitiu por analogia compreender melhor a possibilidade de amar o amor divino através da desventura. É evidente que no decurso desses ofícios o pensamento da Paixão de Cristo entrou em mim de uma vez por todas".[37] Simone Weil está pronta, aí, para a experiência da união mística que não tardará a acontecer.

O poema *Love*, a ela oferecido por um jovem católico inglês, será o que vai provocar essa experiência unitiva. Simone Weil o lê e relê em meio às crises de enxaquecas e é no decurso de uma dessas leituras que se sente tomada por Cristo:

---

[37] Ibid.

Frequentemente, no momento culminante das crises violentas de dor de cabeça, eu me exercitava a recitá-lo aplicando aí toda a minha atenção e aderindo de toda a minha alma à ternura que ele encerra. Eu acreditava recitá-lo somente como um belo poema, mas, sem que eu me desse conta, essa recitação tinha a virtude de uma oração. É no decurso de uma dessas recitações que, como eu já lhe escrevi, Cristo em pessoa desceu e me tomou.[38]

Embora longa, parece-nos importante citar toda a sua reflexão sobre essa experiência-chave:

> Em meus raciocínios sobre a insolubilidade do problema de Deus, eu não havia previsto a possibilidade disto, de um contato real, de pessoa a pessoa, aqui embaixo, entre um ser humano e Deus. Eu havia vagamente ouvido falar de coisas desse gênero, mas não havia jamais acreditado. Nos *Fioretti* as histórias de aparições me desagradavam sobremaneira, assim como os milagres do Evangelho. Aliás, nessa súbita tomada de posse de Cristo sobre mim, nem os sentidos nem a imaginação tiveram parte alguma; eu somente senti através do sofrimento a presença de um amor análogo ao que se lê no sorriso de um rosto amado.
>
> Eu nunca havia lido os místicos, porque nunca havia sentido nada que me ordenasse lê-los. Em minhas leituras também sempre me esforcei por praticar a obediência. Não há nada mais favorável ao progresso intelectual, pois só leio, quanto seja possível, aquilo de que tenho fome, no momento em que tenho fome. E então não leio, mas como. Deus me havia misericordiosamente impedido de ler os místicos, a fim de que me fosse evidente que eu não havia fabricado esse contato absolutamente inesperado.[39]

---

[38] *AD*, p. 44-45.

[39] *AD*, p. 45.

A novidade absoluta consiste em que não se trata mais agora de contatos "com o Catolicismo", mas "de um contato real, de pessoa a pessoa, aqui embaixo, entre um ser humano e Deus".

Experiência impressionante, já que, quando Simone Weil acrescenta que em seus raciocínios sobre a insolubilidade do problema de Deus ela jamais havia previsto tal possibilidade, é necessário ver que essa confissão corresponde menos ao que os raciocínios filosóficos não haviam "previsto" e mais àquilo que eles haviam explicitamente recusado na década de 1930.[40] Ora, não há nada além desse " contato" que autorize a nomeação que Simone Weil se havia proibido de dar às experiências precedentes, nas quais ela declarara a Jöe Bousquet: "[...] eu me esforçava por amar, mas sem me acreditar no direito de dar um nome a este amor".[41] Agora, a nomeação acontece, pura e cristalina, crística.

A afirmação de um contato real, de pessoa a pessoa, aqui embaixo, entre um ser humano e Deus, colocando em plena luz o problema da irredutibilidade e da imediatez da experiência, remete a uma multiplicidade de camadas experienciais que o precederam e também que a ele se seguiram, dando assim um sentido à interpretação e à releitura que Simone Weil faz em sua *Autobiografia*.[42] Trata-se de um testemunho fundamental, pois, como ela mesma dirá posteriormente, esse itinerário é, a seus

---

[40] Ibid. Em Roanne, Simone Weil declara que afirmar a possibilidade de um "contato" com Deus é "uma espécie de blasfêmia". Por definição... Deus não pode ser sentido. *Leçons de philosophie de Simone Weil (Roanne 1933-1934) (LP)*, transcrites et présentées par Anne Reynaud-Guérithault, 1ère éd. Paris, Plon, 1959; puis Paris UGE, coll. « 10/18 », 1970. Réédition en 1989, p. 182.

[41] *Pensées sans ordre concernant l'amour de Dieu (PSO)*. Paris: Gallimard, 1962. p. 81. Coll. "Espoir".

[42] *AD*, p. 38-40. Simone Weil fala aqui de inspiração, de atitude diante dos problemas deste mundo, de concepção da vida (*AD*, p. 37, 40-41).

olhos, uma verificação existencial das "formas do amor implícito de Deus", desenvolvidas em Marselha.[43]

O encontro pessoal com Cristo a leva com luminosa e teologal coerência em direção à experiência do Pai. A oração do "Pater", da qual se enamora profundamente, recitando-a continuamente, com infinita doçura, é o sinal palpável disso.[44] E é também para ela uma ocasião de encontro pessoal com Cristo e seu Pai. O "Pater" – a oração do Senhor – a toma e envolve da presença divina. Enquanto ela invoca o Pai, o Filho se faz presente "em pessoa, mas com uma presença infinitamente mais real, mais pungente, mais clara e mais plena de amor do que esta primeira vez na qual ele me tomou".[45]

Durante os últimos tempos de sua vida, depois de haver feito a experiência do encontro com Cristo em pessoa e do amor terno e intenso do Pai, ela vive igualmente de maneira muito consciente o fato de ser habitada e movida em seu interior por esse mesmo Deus que a ela se revela em pessoa. Ela não o nomeia enquanto terceira pessoa da Trindade – Espírito Santo –, mas o que se passa nela, e que ela mesma reconhece como obra divina, é sem dúvida o que a teologia nomeia inabitação do Espírito Santo.[46] É esse Espírito do Pai e do Filho que lhe vai fazer sentir

---

[43]   Ver *AD*, p. 75-77 e 122-214, e as variações da carta VI, publicadas em anexo em: GABELLIERI, E. *Être et Don. Simone Weil et la philosophie*. Leuven: Peeters, 2005. p. 540-541.

[44]   "A doçura infinita deste texto grego me tomou então de tal maneira que durante alguns dias eu não podia impedir-me de recitá-lo continuamente. Uma semana depois comecei a vindima. Recitava o *Pater* em grego cada dia antes do trabalho e o repeti muito frequentemente na vinha" (*AD*, p. 40).

[45]   *AD*, p. 41.

[46]   Cf. sobre isto a excelente reflexão de Y. CONGAR em sua obra monumental *Je crois en l´Esprit Saint* (Paris: Cerf, 1995. 3v.). [Ed. bras.: *Revelação e experiência do Espírito Santo* (v. 1. 2. ed. 2009); *Ele é o Senhor que dá a vida*

em seu interior o que ela deve fazer e o que Deus deseja que ela faça. Simone Weil dá numerosos exemplos ao Padre Perrin. É o desejo que a move a retomar a oração do "Pater";[47] sua consciência de que tudo que se passa nela não é obra sua, mas obra de Deus;[48] sua convicção de que Deus mesmo conduz sua alma.[49]

Mas, sobretudo, este Deus pessoal, Mestre Interior que a habita e conduz, leva-a ao encontro dos outros, do próximo. Ela o diz ao mesmo tempo que declara sua amizade ao Padre Perrin: "Pois nada entre as coisas humanas é mais potente, para manter o olhar aplicado sempre mais intensamente sobre Deus do que a amizade dos amigos de Deus".[50] Ou, ainda, quando ela diz compreender que "a amizade entre dois cristãos é sempre uma amizade onde Cristo está presente". Ele disse exatamente que é sempre o terceiro na intimidade de uma amizade cristã, a intimidade do "tête-à-tête".[51]

Simone Weil termina o texto de sua *Autobiografia* espiritual fazendo a seu amigo uma confissão tão bela quanto terrível: "[...] todas as vezes que penso na crucifixão de Cristo, cometo o pecado da inveja".[52] O movimento do amor trinitário que encontra seu centro no encontro pessoal com Cristo, que a conduz ao amor do Pai e à vida sob a moção do Espírito, começou de fato

---

(v. 2. 2. ed. 2010); e *O rio da vida corre no Oriente e no Ocidente* (v. 3. 2012). São Paulo: Paulinas. (Coleção Crer no Espírito Santo).]

[47] "[...] mas eu só o faço se o desejo me move a isso" – p. 41.

[48] "[...] em tudo isso não se trata de mim. Só se trata de Deus. Eu não significo nada aí [...]" – p. 41.

[49] "[...] quanto à direção espiritual de minha alma, penso que Deus mesmo a tomou em suas mãos desde o começo e a conserva" – p. 41.

[50] *AD*, p. 51.

[51] *AD*, p. 47.

[52] *AD*, p. 50.

por sua imersão no Mistério Pascal. Essa imersão configurou--se pela paixão dos outros, gerando a compaixão que sempre atormentou seu coração. Primeiro pelos operários da fábrica, em seguida através do Cristo em pessoa, percebido em meio ao sofrimento como um sorriso sobre um rosto amado. Tal dinâmica trinitária a reconduz, então, em direção a esse mesmo Mistério Pascal, centro da revelação mais densa desse Deus pessoal e interpessoal que entra em relação com sua criatura, atraindo-a à comunhão e participação na Paixão de seu Filho.

Crítica da instituição e abertura à pluralidade

Através de dois mil anos de história, o Cristianismo teve de fazer face à questão do conflito entre carisma e instituição. Quase todos os místicos cristãos tiveram dificuldades com a instituição eclesial e a superaram de diferentes maneiras.[53] Com Simone Weil não foi diferente.

Com toda a luz de sua experiência crística, a rigorosa filósofa não se sente atraída pela pertença à Igreja. Ela nem se coloca a questão do Batismo, pois não sente que possa abandonar seus sentimentos com relação às religiões não cristãs. É o encontro com o Padre Perrin que faz aflorar essa questão, mas este não chega a vencer suas resistências. Seu amor pela verdade situa sempre sob suspeita a influência que a amizade por esse amigo e interlocutor espiritual possa ter sobre ela.[54] E é ela própria quem justifica sua recusa do Batismo nestes termos:

---

[53] Cf. Santo Inácio de Loyola, que esteve quatro vezes nas mãos da Inquisição; São João da Cruz, preso em uma masmorra pelos próprios confrades. Assim também Santa Teresa de Ávila, São Francisco de Assis e muitos outros e outras.

[54] *AD*, p. 47.

[...] Existe um meio católico pronto para acolher calorosamente qualquer pessoa que nele entre. Ora, eu não quero ser adotada em um meio... Tudo isto é delicioso. Mas eu sinto que isto não me é permitido. Sinto que me é necessário, que me é prescrito ficar sozinha, estrangeira e em exílio com relação a qualquer meio humano, sem exceção.[55]

Isso não impede que seu itinerário espiritual prossiga e avance, malgrado suas resistências à instituição eclesial. Simone Weil avança pelos caminhos do Espírito, jamais por sua própria iniciativa ou pela influência de outra pessoa, mesmo sendo um amigo ternamente amado como o Padre Perrin. Mas a cada passo que dá é Deus mesmo que vem a seu encontro, a inspira e move.

As dificuldades que Simone Weil vê com respeito à sua entrada na instituição eclesial são sobretudo a ameaça que um autoritarismo por parte da Igreja possa exercer sobre sua liberdade de pensar. Ela critica muito fortemente também a violência que a Igreja utilizou a fim de defender seus privilégios, pretendendo serem os mesmos de natureza divina. Assim fazendo, pensa Simone Weil, a Igreja deformou o sentido mesmo do projeto cristão.[56] Em suas palavras: "Cristo disse: 'Fazei discípulos em todas as nações e batizai aqueles que creem'. Ele jamais disse: 'Obriguem-nas a renegar tudo que seus ancestrais tinham como sagrado e a adotar como livro santo a história de um pequeno povo desconhecido para eles'".[57] Chega mesmo a afirmar não ver nenhum impedimento no fato de que um hindu receba o

---

[55] *AD,* p. 58-59.

[56] Cf. MUELLER, J. M. *Simone Weil. L'exigence de la non violence.* Paris: Desclée, 1995. p. 25.

[57] *Lettre à un religieux (LR).* Paris: Gallimard, 1951. p. 37. Coll. "Espoir".

156 SIMONE WEIL

Batismo e creia ao mesmo tempo em Vishnu como Verbo e em Shiva como Espírito Santo.[58]

Segundo Simone Weil, a ação missionária, tal como foi praticada pela Igreja, desenraiza as pessoas e faz-lhes um mal imenso. Nisso, tal ação é semelhante à do Império Romano.[59] Ela não pode admitir que os missionários cristãos, que têm como divisa o Evangelho de Cristo, utilizem a força para evangelizar. Tal atitude, segundo ela, tem como consequência a submissão de povos inteiros à religião católica: "O zelo missionário não cristianizou a África, a Ásia e a Oceania, mas colocou esses territórios sob a dominação fria, cruel e destruidora da raça branca, que a tudo esmagou. Seria estranho que a palavra de Cristo tivesse produzido tais efeitos se fosse bem compreendida".[60]

Da mesma forma, em certos pontos da doutrina católica Simone Weil não chega a dar sua plena adesão à Igreja, a qual, segundo ela, faz violência sobre a consciência religiosa das pessoas. Sobre o problema da salvação unicamente dentro da Igreja, ela observa que

> a crença em que o homem possa ser salvo fora da Igreja visível exige que se pensem novamente todos os elementos da Fé, sob pena de incoerência completa. Pois todo o edifício é construído em torno da afirmação contrária, que quase ninguém, hoje, ousaria manter. Se a Igreja não reconhece, rapidamente, esta necessidade, é de temer que ela não possa cumprir sua missão.[61]

---

[58] Ibid.

[59] Ibid., p. 94.

[60] Ibid., p. 32.

[61] *LR*, p. 52. Novamente é impressionante como Simone Weil antecipa-se, com seu pensamento, a muitas conclusões às quais a Igreja Católica mes-

E continua, com impressionante espiritual lucidez:

> Não há salvação sem novo nascimento, sem iluminação interior, sem presença de Cristo e do Espírito Santo na alma. Se, portanto, há possibilidade de salvação fora da Igreja, há possibilidade de revelações individuais ou coletivas fora do Cristianismo. Neste caso, a verdadeira Fé consiste em uma espécie de adesão muito diferente daquela que consiste em crer em tal ou qual opinião. É necessário pensar de novo a noção de Fé.[62]

Simone Weil recusa todo constrangimento feito à alma e à razão humana que não seja da parte de Deus. Deus move nossa vontade proporcionalmente à nossa atenção e nosso amor.[63] Simone Weil diz que é necessário abandonar-se a essa moção, segui-la até onde ela nos levar e não tomar iniciativa a não ser sob tal moção. Ao contrário, é preciso continuar a pensar em Deus com atenção e amor, esperando o novo movimento que empurrará para adiante e mostrará claramente onde Deus deseja conduzir-nos. Recusando o Batismo, portanto, ela afirma não estar fechada a Deus, mas à espera de que Deus lhe mostre sua vontade "no momento preciso em que eu mereça que ele ma imponha".[64]

---

ma vai chegar, sobretudo no Concílio Vaticano II. Sobre essa questão da salvação não atrelada aos limites da instituição, ver, por exemplo, *Lumen Gentium, Gaudium et Spes, Dei Verbum*, e outros documentos do Concílio.

[62] Ibid., p. 53.

[63] É curioso perceber que se pode muito bem aproximar o que Simone Weil diz aqui do que outros mestres espirituais, tais como Santo Inácio de Loyola, por exemplo, chamam de "as moções do Espírito". Ver sobre isso o belo texto de T. E. BARCELÒ, "Le Christ lui-même a descendu et m'a prise". An approximation of the irruption of Christ in Simone Weil´s life as interpreted through the christian tradition, p. 301-337.

[64] *AD*, p. 18.

Para Simone Weil – e isso, cremos, é prova da autenticidade de sua experiência mística – a obediência a Deus é mais importante que a obediência aos homens ou a uma instituição. Trata-se de uma pessoa possuída pela inefável liberdade que sempre demonstram ao longo da história os homens e mulheres que possuem a interna segurança de haver sido possuídos pelo Mistério Santo e amoroso de Deus. Mesmo levando a sério os argumentos de seu amigo Padre Perrin, ela afirma escolher sempre a obediência, crendo que este é o caminho pelo qual encontrará a Deus.[65]

O coração solidário e compassivo de Simone Weil experimenta uma grande dor diante da decisão de entrar na Igreja e dever separar-se da massa imensa e infeliz dos não crentes. Ela sente como sua vocação passar entre os homens mais diferentes confundindo-se com eles. Seu desejo é desaparecer em meio às massas anônimas a fim de que estas possam revelar-se a ela tal como são.

Ela termina sua carta ao Padre Perrin fazendo sua profissão de Fé. Declara amar a Deus, a Cristo, a Fé católica; os santos, os católicos fiéis e coerentes (poucos) que encontrou ao longo da vida; a liturgia, os cantos, a arquitetura, os ritos, as cerimônias católicas. Mas declara também temer muito a Igreja enquanto "coisa social". Tem medo de deixar-se arrastar pelo "patriotismo eclesial" que detecta em certos meios católicos. Teme este patriotismo que faz da Igreja uma pátria terrestre, sentimento que fez muitos santos darem apoio às Cruzadas e à Inquisição. Apesar de seu desejo de fazer parte deste *nós* que é a Igreja,[66] vê que seu destino é permanecer sozinha, estrangeira e em exílio em relação a qualquer meio humano, sem exceção.

---

[65] Ibid.

[66] *AD*, p. 25.

Se, como ela crê, "a obediência apenas é invulnerável ao tempo",[67] declara desejar esta obediência mais que a qualquer outra coisa. É em nome desta que decide permanecer no umbral da Igreja, sem dar o passo que a fará entrar.[68] Isso lhe permitiu viver em união com Cristo sem por isso sentir-se menos atraída por outras religiões. Em sua experiência de amor pelo outro, a ponto de ser confundida com este em sua humanidade, a ponto de desaparecer para que o outro possa revelar-se plenamente em sua essência humana, ela inclui o outro sem rosto e anônimo: o pobre, o infeliz, e também o adepto de outra tradição, o que professa outra fé, que traz consigo a riqueza e a verdade contida nas outras religiões.

A mística inegavelmente cristã que é Simone Weil declara amar muitas coisas que não pertencem ao Catolicismo. Ela não quer abandoná-las, pois acredita que Deus as ama também:

Toda a imensa extensão dos séculos passados, com exceção dos vinte últimos; todos os países habitados pelas raças de cor; toda a vida profana nos países de raça branca; na história desses países, todas as tradições acusadas de heresia, como a maniqueia e a albigense; todas as coisas nascidas no Renascimento, muito frequentemente degradadas, mas não completamente sem valor.[69]

Hoje se sabe, com segurança, que Simone Weil foi finalmente batizada por uma amiga, Simone Dietz, com água da torneira, quase no momento de sua morte, a seu pedido e em

---

[67] Ibid., p. 28.

[68] Ibid., p. 29. De fato, ela entrará no momento de sua morte, através do Batismo administrado por sua amiga Simone Dietz. Cf. sobre isso: DANESE, A.; NICOLA, G. P. di. *Abissi e vette*. Città del Vaticano: Librería Editrice Vaticana, 2002. [Ed. bras.: *Abismos e ápices*. São Paulo: Loyola, 2006.]

[69] *AD*, p. 52-53.

plena lucidez.[70] Permanece, no entanto, uma mística estranha e marginal com relação à Igreja institucional, malgrado sua adesão de coração a tudo que constitui o cerne do Catolicismo.[71] Devido à perpétua espera que foi sua vida espiritual, e também a seu perfil algo rebelde e ao mesmo tempo, paradoxalmente, tão submisso às moções do Espírito e aos apelos da graça divina, ela pode ser uma inspiração luminosa para a vida de Fé dos homens e mulheres de hoje.

Conclusão: Simone Weil, testemunha e desafio à santidade cristã

Simone Weil concebia a santidade, antes de qualquer coisa, como obediência. Para ela, "Deus recompensa a alma que pensa nele com atenção e amor, e ele a recompensa exercendo sobre ela uma coerção rigorosamente, matematicamente proporcional a esta atenção e a este amor. É preciso abandonar-se a esta moção...".[72] É por essa passividade amorosa e obediente que ela empreendeu as grandes decisões e iniciativas de sua vida, tais como o período na fábrica, a entrada na Resistência durante a guerra etc. É também essa amorosa passividade, cheia de atenção, que lhe permitiu reconhecer e consentir a tomada de posse de Cristo sobre sua vida, deixando-se configurar progressivamente a ele. É também em nome dessa obediência que ela não

---

[70] Cf. a admirável análise deste fato tardiamente revelado por S. DIETZ a G. HOURDIN, feita por G. P di NICOLA e A. DANESE em *Abissi e Vette*. Ver, igualmente dos mesmos autores, *A universalidade de Simone Weil na questão do Batismo*, conferência do colóquio "Simone Weil e o encontro entre as culturas", realizado em São Paulo, por Paulinas Editora, 2009

[71] Cf. supra *AD*.

[72] *AD*, p. 15.

faz o passo em direção ao Batismo, pois não sente que Deus lhe peça tal coisa.

Simone Weil pensou e escreveu sobre a santidade. Em uma carta ao Padre Perrin, escrita a caminho do exílio, ela diz: "Hoje não é nada ainda ser um santo, é necessária a santidade que o momento presente exige, uma santidade nova, ela também sem precedente".[73] Tal como muitos santos e místicos cristãos, Simone Weil considera a santidade como uma transmutação tão radicalmente profunda como a Eucaristia, onde seria preciso consentir à morte espiritual para ser totalmente transformado em Cristo. "A humildade total é o consentimento à morte, que faz de nós um nada inerte. Os santos são aqueles que, ainda vivos, realmente consentiram à morte."[74]

A verdadeira característica da santidade não pode ser apreendida a não ser que se distinga nitidamente santidade de moralidade. A santidade passa além do simples exercício voluntarista das virtudes. A intimidade com Deus, a necessidade de êxodo interior, ou seja, sair de si mesmo e oferecer a própria vida: tal é a marca do santo.

Os santos e místicos são como espelhos da graça divina para o mundo. Canonizando seus santos, a Igreja quer dar testemunho ao mundo de que alguns de seus filhos viveram plenamente o "ethos" do amor e da intimidade com Deus e o serviço dos outros e gozam agora da plenitude luminosa da graça de Deus. Viver seus valores, no entanto, não é prerrogativa apenas dos santos canonizados pela Igreja. Muitos outros santos, "cristãos

---

[73] *AD*, p. 81. E ela acrescentava que isto era uma necessidade imperativa para o mundo tal como é no presente.

[74] *La Connaissance surnaturelle (CS)*. Paris: Gallimard, 1950. p. 325. Coll. "Espoir".

sem Igreja", podem igualmente ser paradigmas sobre o caminho incerto e obscuro do ser humano Moderno e Pós-Moderno, constrangido a viver na secularidade, tendo algumas vezes a impressão de haver perdido o sentido da vida. Às vezes, são esses santos sem auréola nem capela aqueles e aquelas cujo ensinamento e amor vividos podem inspirar as vidas humanas de hoje e de amanhã.

Talvez possamos falar de santidade a propósito de Simone Weil se aceitarmos a definição de santo segundo a qual "o santo tende à perfeição menos pela busca de integridade do que por amor a Deus (ou ao divino) no ardor de uma Fé que leva ao devotamento total e ao esquecimento de si".[75] Cremos poder dizer que, apesar de todas as restrições que possa ter tido com relação à Igreja enquanto instituição, são muito raros os homens ou mulheres que tenham vivido e compreendido tão profundamente esse ideal de amor oblativo e abandono de si mesmo ao outro – quer seja o Outro divino e absoluto, que seja o outro desfigurado pela miséria e a desventura – como essa judia, filósofa brilhante e mística ardente.

O último tormento de Simone Weil, agonizante em Londres, sua angústia de não poder dar sua vida e o "temor de malograr sua morte",[76] é feito do dilaceramento interior que ela exprime, como se vê em sua última carta a Maurice Schumann: "Experimento um dilaceramento que se agrava sem cessar, ao mesmo tempo na inteligência e no centro do coração, pela incapacidade em que me encontro de pensar ao mesmo tempo, e em ver-

---

[75] Cf. *Encyclopaedia Universalis*, version numérique. Ver também: "Sainteté". Ver também: FESTUGIERE, Gaston. *La sainteté*. Paris: PUF, 1949.

[76] *Écrits de Londres et dernières lettres (EL)*. Paris: Gallimard, 1957. p. 213. Coll. "Espoir".

dade, a desventura dos homens, a perfeição de Deus e a conexão entre as duas".[77] Não escutamos aí o grito dilacerante de uma radicalidade pouco comum, testemunhando de uma vida espiritual radical e autêntica?

Creio que podemos afirmar sem medo e sem dúvida que Simone Weil é a mística da passividade atenta e obediente, cujo agir não pode fazer-se concreto senão movido por Deus. O sentido de sua vida e a maneira única de não malograr sua morte é para ela entregar-se em plena solidão, em plena obscuridade, em profundo silêncio, entre as mãos daquele que é o único a poder responder a seu grito e sua súplica: "[...] Encontro-me fora da verdade; nada de humano pode transportar-me aí; e tenho a certeza interior de que Deus não me transportará aí de outra maneira senão esta. Uma certeza da mesma espécie que aquela que está na raiz daquilo que se nomeia uma vocação religiosa".[78]

Testemunha privilegiada da vida, no sentido em que sempre buscou o excesso da justiça, da misericórdia e da solidariedade, Simone Weil viveu seu projeto de vida carregada pela utopia que lhe dava força e sustento. Como muitas outras figuras humanas do século XX – chamado de o século sem Deus –, ela lutou pelo mundo com o olhar fixo em Deus com amor. Com sua atitude de atenção a Deus e ao outro desventurado, tocou de muito perto o mistério do Deus Pai de Jesus Cristo, que a tomou e recebeu na câmara nupcial da união amorosa, ao mesmo tempo que a enviava à praça pública da luta pela justiça. Mística do Amor, Simone Weil continua a inspirar hoje aqueles e aquelas que fazem a experiência de amar e ser amados, traduzindo essa

---

[77] Ibid., p. 213.

[78] Ibid., p. 214.

experiência de amor em um engajamento radical a serviço dos outros, dentro ou fora de qualquer instituição.

TEILHARD DE CHARDIN E A DIAFANIA DE DEUS NO UNIVERSO

Faustino Teixeira*

Tempera-te na Matéria,
Filho da Terra,
banha-te em suas
dobras ardentes,
pois ela é a fonte
e a juventude
da tua vida.

(T. de Chardin)

---

* Professor do Programa de Pós-Graduação em Ciência da Religião da Universidade Federal de Juiz de Fora-MG, pesquisador do CNPq e consultor do ISER Assessoria (Rio de Janeiro). Dentre suas publicações: *Ecumenismo e diálogo inter-religioso.* Aparecida: Santuário, 2008 (com Zwinglio Mota Dias); *Sociologia da religião* (org.). 4. ed. Petrópolis: Vozes, 2011; *Catolicismo plural;* dinâmicas contemporâneas. Petrópolis: Vozes, 2009 (org. com R. Menezes); *O canto da unidade. Em torno da poética de Rûmî* (org. com Marco Luchesi). Rio de Janeiro: Fissus, 2007; *No limiar do mistério* (org.). São Paulo: Paulinas, 2004; *Nas teias da delicadeza* (org.). São Paulo: Paulinas, 2006.

Introdução

Uma das figuras mais singelas e nobres da mística contemporânea foi o jesuíta Pierre Teilhard de Chardin (1881-1955). É raro encontrar no panorama da espiritualidade cristã vigente na primeira metade do século XX alguém que conseguiu viver com tamanha intensidade a experiência do Real, com toda a riqueza de sua materialidade, colhendo o dinamismo espiritual que brota do canto das coisas mesmas. Seu testemunho e suas obras traduzem o dinamismo de uma vida "preenchida", tocada pela semente do amor. Mais do que uma teoria ou sistema, o que ele buscou traduzir foi "um certo gosto, uma certa percepção da beleza, do comovente, da unidade do ser".[1] Apesar de toda resistência encontrada ao longo de seu caminho, das oposições sofridas e das decepções vivenciadas, nada disso interrompeu o traço fundamental de seu incontornável otimismo com os rumos da humanidade. Não via outro caminho senão o da confiança e da esperança, como confidenciou à sua amiga Léontine Zanta: "Crer energicamente que o Universo é bom e que são boas as suas potências, desde que os tratemos laboriosa e fielmente no sentido em que as coisas se tornem melhores e mais unas".[2]

Teilhard transmite uma "visão apaixonada da Terra", um amor sem limites às suas energias, segredos e esperanças. É o que mais seduz em suas reflexões. Impressiona nele a inteireza e a coragem. Não há obstáculos que o impeçam de apostar no dinamismo que anima a matéria e a vida. Foi um "cristão audacioso", que chegou a roçar precipícios. Mas como sinalizou Henri de Lubac, sua experiência de fé e seu enraizamento na tradição

---

[1]   TEILHARD DE CHARDIN, Pierre. *Accomplir l'homme. Lettres inédites (1926-1952)*. Paris: Bernard Grasset, 1968. p. 74.

[2]   Id. *Cartas a Léontine Zanta*. Herder: Lisboa, 1967. p. 103.

foram essenciais nessa arriscada aventura, preservando-o da queda: "Foi nesse enraizamento que foi beber o sumo daquilo que nele admiramos de mais vigorosamente pessoal".[3]

Em sua vida foi tocado por dois grandes amores: o Mundo e Deus. Neles vislumbrava o eixo profundo do Cristianismo e em sua conjunção a visibilização do Reino de Deus. Não conseguia encontrar outro caminho "fora da síntese (teórica e prática) da fé apaixonada no Mundo e da fé apaixonada em Deus. Ser plenamente humano e cristão, um pelo outro".[4] O filósofo Henrique Cláudio de Lima Vaz assinala essas duas presenças na vida de Teilhard, ou seja, a experiência da terra e o influxo da graça. A primeira foi decisiva e fundamental:

> Na elaboração de seu pensamento, Teilhard lutou continuamente contra a tentação do espiritualismo extraterreno, desenraizado da terra, desenvolvido no menosprezo do terreno; contra a tentação de pensar o homem independente da terra. Esforçou-se por mostrar que só podemos compreender realmente o homem na sua solidariedade com a terra, na sua dependência telúrica.[5]

Mas o segredo dessa "solidariedade com a terra" está numa experiência espiritual, tocada pela gratuidade da graça. Aqui reside o traço mais íntimo de sua experiência, que não se penetra senão com delicadeza e respeito. Na verdade, "nada ou bem

---

[3]   DE LUBAC, Henri. *A oração de Teilhard de Chardin*. São Paulo: Duas Cidades, 1965. p. 16.

[4]   TEILHARD DE CHARDIN, *Cartas a Léontine Zanta*, p. 137. E também: *Lettres intimes de Teilhard de Chardin*. Paris: Aubier Montaigne, 1972. p. 143 e 187 (cartas a Auguste Valensin).

[5]   LIMA VAZ, Henrique Cláudio de. *Universo científico e visão cristã em Teilhard de Chardin*. Petrópolis: Vozes, 1967. p. 56.

pouco se poderia explicar de seu pensamento se não pudésse-mos acompanhá-lo através de seu itinerário espiritual, desse crescimento na graça, nas descobertas dos valores do Evange-lho, principalmente dos valores mais universais".[6]

Teilhard pedia permanentemente a Deus para manter acesa em seu coração a capacidade permanente de ouvir e perceber, assim como de transmitir aos outros, até a embriaguez, "a imensa música das coisas".[7] É o "apelo da matéria" que o acompanhou desde a tenra idade, mais precisamente, aquele "algo que cinti-lava no coração da matéria".[8] Teilhard descreve admiravelmente esse seu itinerário espiritual em sua obra de 1950 *O coração da matéria*. Fala de sua paixão infantil pelo ferro e pelas rochas, a busca pelo "permanente e duradouro", e dos desdobramentos de sua abertura infinita ao mundo planetário e ao mundo interior da vida cósmica, até vislumbrar o mistério que habita o sentido do Todo.

Nesse itinerário da comunhão com Deus através do cosmos, ou de ir ao céu mediante o cumprimento da terra, Teilhard reser-vou um lugar especial ao Cristo. É nele que o místico francês vislumbra a possibilidade efetiva de dar consistência, coração e rosto ao Mundo celebrado.[9] Não se trata, porém, de "sobrepor Cristo ao Mundo, mas de 'pancristizar'o Universo".[10] Enquanto o cosmos em evolução faculta uma outra dimensão ao crístico, o

---

[6]   Ibid., p. 57.

[7]   TEILHARD DE CHARDIN, Pierre. *Lettres de voyage (1923-1955)*. Paris: Bernard Grasset, 1956. p. 87-88.

[8]   Id. *Il cuore della materia*. 3. ed. Brescia: Queriniana, 2007. p. 11-12 (a edi-ção original francesa é de 1976).

[9]   Id., *Lettres intimes de Teilhard de Chardin*, p. 182.

[10]   Id., *Cartas a Léontine Zanta*, p. 141.

crístico, por sua vez, "intensifica ao máximo a potência energética e unificante do cósmico".[11]

As etapas de sua vida

Teilhard de Chardin nasceu em maio de 1881, no pequeno vilarejo de Sarcenet, na região francesa de Puy-de-Dôme. Seus pais tiveram onze filhos, sendo ele o quarto da numerosa família. Seu pai, Emmanuel Teilhard de Chardin, era um agricultor erudito, muito interessado na observação da natureza. Foi dele que Pierre herdou seu amor pelas pedras, plantas e animais. De sua mãe, Berthe-Adèle de Dompierre d'Hornoy, herdou a centelha da corrente mística cristã, e a dinâmica de sua animação.

A vida de Teilhard pode ser dividida em quatro etapas ou fases. A primeira traduz os *anos de sua formação*, marcadamente tradicional. Passa pela formação jesuíta no colégio de Mongré, entrando em seguida na Companhia de Jesus (1899), vindo a ordenar-se sacerdote em agosto de 1911. Pode-se perceber vivos traços da espiritualidade jesuítica na cosmovisão de Teilhard, de modo particular a percepção da presença e diafania de Deus no mundo.[12] A segunda fase cobre sua *experiência na guerra*, podendo situar-se entre os anos de 1914 e 1918. Foram anos fecundos para o seu amadurecimento pessoal, e ali nasceram suas primeiras intuições, firmando-se as bases de sua reflexão futura. Nesse período, ele

entra na plena maturidade. Na frente de combate, sob as asas da morte, longe das conversações da vida de todos os dias, na

---

[11] DE LA HÉRONNIÈRE, Edith. *Teilhard de Chardin. Una mistica della traversata*. Genova: L´hippocampo, 2005. p. 301.

[12] LIMA VAZ, *Universo científico e visão cristã em Teilhard de Chardin*, p. 52.

solidão das noites de sentinela ou, nos intervalos de repouso, um pouco na retaguarda das linhas de batalha, ele reflete, reza e, perscrutando o futuro, entrega-se. A presença de Deus toma posse dele.[13]

Uma terceira fase cobre os "anos parisienses" e as expedições subsequentes, iniciando-se entre os anos de 1919 e 1923 e prorrogando até a Segunda Guerra Mundial. É o período de sua formação científica em Paris, nos campos da paleontologia e da geologia. Ali defende sua tese doutoral em ciência, no ano de 1922, sendo também convidado a lecionar geologia no Instituto Católico de Paris. Nesse momento surgem os primeiros conflitos com as autoridades da Igreja Católica e da Companhia de Jesus, que não estavam preparadas para acolher a novidade de seu pensamento. Por decisão de seus superiores, é enviado à China, para lá dar continuidade às suas pesquisas científicas. A primeira viagem ocorreu em 1923, sendo precursora de outras tantas. Praticamente, vai fixar residência na China até 1945.[14] A China torna-se, para Teilhard, uma "segunda pátria", e ali desenvolve não só suas reflexões científicas, mas também espirituais e teológicas, quando acontece, então, "o pleno amadurecimento de suas ideias".[15] O próprio Teilhard dirá a respeito: "Provo pela China, meu país adotivo, um grande reconheci-

---

[13] DE LUBAC, *A oração de Teilhard de Chardin*, p. 25.

[14] Serão quase vinte anos de permanência na China, entre os anos de 1923 e 1946, intercalados com expedições e viagens aos Estados Unidos e França, sendo o período mais duradouro entre os anos de 1939 a 1946. Veja a respeito: BOUDIGNON, Patrice. *Pierre Teilhard de Chardin. Sa vie, son ouvre, sa réflexion*. Paris: Cerf, 2008. p. 105 e 138. Ver ainda: TEILHARD DE CHARDIN, Pierre. *La mia fede. Scritti teologici*. Brescia: Queriniana, 1993. p. 7 (introdução de Rosino Gibellini).

[15] LIMA VAZ, *Universo científico e visão cristã em Teilhard de Chardin*, p. 36.

mento. A China foi a sorte da minha vida. Contribuiu, com a sua imensidão e a enormidade de suas dimensões, para ampliar o meu pensamento e elevá-lo à escala planetária".[16] A última fase de sua vida cobre o período que vai do final da Segunda Guerra, 1945, até sua morte, ocorrida em Nova York, em 1955. É uma fase marcada por grande fecundidade intelectual, mas também pontuada por muitas tensões e sofrimentos, motivados pela resistência e oposição às suas ideias.

Os conflitos com a Igreja

As maiores dificuldades enfrentadas por Teilhard com as autoridades da Igreja e de sua Ordem ocorreram em razão de suas produções espirituais e teológicas. Os primeiros conflitos acontecem nos anos de 1925 e 1926. Nesse período será destituído de sua cátedra no Instituto Católico de Paris[17] e enviado para o seu primeiro "exílio" na China. Lamenta em carta a seu amigo, Père Valensin, em dezembro de 1926, a visão restrita da Igreja Católica, incapaz de, a seu ver, abraçar o dinamismo do mundo. Sente-se como um "estrangeiro" em face da literalidade das crenças, preocupações e métodos vigentes na Igreja e na Companhia de Jesus, e "sufocado" na atmosfera "católica" do período. Sublinha também sua percepção de uma enorme desproporção entre as perspectivas católicas de então com as

---

[16] Apud DE LA HERONNIÈRE, *Teilhard de Chardin. Una mistica della traversata*, p. 232.

[17] Na origem desse afastamento estaria a divulgação de algumas notas de Teilhard a respeito do pecado original, redigidas confidencialmente, onde buscava uma conciliação entre os dados da dogmática católica com a visão evolucionista moderna. Ver a respeito: TEILHARD DE CHARDIN, *La mia fede*, p. 7. Também: EUVÉ, François. Introducción. In: TEILHARD DE CHARDIN, Pierre. *Cartas a Édouard Le Roy (1921-1946). La maduración de un pensamiento*. Madrid: Trotta, 2011. p. 30-38.

possibilidades religiosas do mundo. E desabafa com o amigo: "Oh! como amaria poder encontrar Santo Inácio ou Francisco de Assis, presenças de que nosso tempo tanto necessita. Seguir um homem de Deus num caminho livre e refrescante, impelido pela plenitude da seiva religiosa de seu tempo, que sonho!".[18] No ano seguinte, em carta a Léontine Zanta, questiona o integrismo vigente na Igreja Católica, identificando-o como um caminho simples e cômodo para driblar os desafios do tempo, excluindo do Reino de Deus "as enormes potencialidades que se agitam por toda a parte". Com sua veia crítica, adverte: "Não há dúvida de que por vezes tem-se a impressão de que as nossas igrejinhas nos escondem a Terra".[19] As dificuldades, iniciadas em 1925, balizarão de forma quase ininterrupta toda a sua existência. Passou por períodos fortes de angústia, e mesmo por crises de "antieclesiasticismo", superados pela vitalidade de sua fé no Espírito, que é o "organizador vivo e amoroso do Mundo".[20] Como assinalou Henri de Lubac, o segredo da resistência de Teilhard estava na sua vida espiritual: "Fortalecido por esta fidelidade, jamais se deixava abater, porque tinha consciência de trabalhar, não

---

[18] TEILHARD DE CHARDIN, *Lettres intimes de Teilhard de Chardin*, p. 144 (carta a Père Valensin, de 31 de dezembro de 1926).

[19] TEILHARD DE CHARDIN, *Cartas a Léontine Zanta*, p. 99 (carta de 7 de maio de 1927).

[20] Ibid., p. 45, 113, 101 e 108. Curiosamente, tinha escrito para a mesma amiga, em agosto de 1922: "Penso que, como no Evangelho, as águas revoltas nos conduzem na medida em que ousamos caminhar sobre elas, contanto que seja na direção e no amor de Deus": Apud DE LUBAC, *A oração de Teilhard de Chardin*, p. 108. Sinaliza em carta ao amigo Père Valensin, em abril de 1929, que a fase anticristã, que tinha acabado de atravessar, transformara-se numa "atitude mais larga e mais calma", e sabia agora da importância da síntese fundamental entre o amor do Mundo e o amor da Igreja, e que seria destrutivo para a sua dinâmica vital sacrificar qualquer um desses dois amores: *Lettres intimes*, p. 187.

para si, nem para uma causa simplesmente humana, mas para Deus".[21]

Nova onda de dificuldades, ainda mais duras, aconteceram a partir de 1948, quando, por ordem de seu provincial, a pedido do Geral dos Jesuítas, Teilhard é aconselhado a restringir suas publicações aos temas puramente científicos. É igualmente persuadido pelos superiores da América a não dar conferências ali. O clima é tenso.[22] Na verdade, nenhuma obra de cunho espiritual ou teológico conseguiu autorização de publicação quando Teilhard ainda estava vivo. Todas foram publicadas postumamente. Já frágil de saúde, depois de um infarto sofrido em junho de 1947, Teilhard vai viver momentos pesados de ansiedade e sofrimento com toda a situação que o envolvia.[23]

Ataques à reflexão de Teilhard ocorrem no período, já antecipando o clima de cerceamento que ocorrerá por ocasião da publicação da encíclica *Humani Generis*, de Pio XII (1950). Pode-se registrar, sobretudo, os posicionamentos críticos do dominicano Garrigou-Lagrange, que buscou vincular o pensamento de

---

[21] DE LUBAC, *A oração de Teilhard de Chardin*, p. 107. Essa visão vem compartilhada por François Euvé, que reforça não só a importância da vida interior de Teilhard para a superação de sua crise, mas também o apoio que ele encontrou junto a numerosos amigos: Introducción. In: TEILHARD DE CHARDIN, *Cartas a Édouard Le Roy (1921-1946)*, p. 35.

[22] TEILHARD DE CHARDIN, *Accomplir l'homme*, p. 237-239 (carta de de 8 de fevereiro de 1949). Ele lamenta toda essa situação e acrescenta: "O cristianismo é alguma coisa bem maior que tais mesquinharias": Ibid., p. 239. Ver ainda: KÜNG, Hans. *¿Existe Dios?* 4. ed. Madrid: Cristiandad, 1979. p. 248-249.

[23] DE LUBAC, *A oração de Teilhard de Chardin*, p. 109. TEILHARD DE CHARDIN, *Lettres intimes de Teilhard de Chardin*, p. 401. DE LA HÉRONNIÈRE, *Teilhard de Chardin. Una mistica della traversata*, p. 255, 258-259.

174 TEILHARD DE CHARDIN E A DIAFANIA DE DEUS NO UNIVERSO

Teilhard à Nova Teologia francesa.[24] Em carta ao amigo Max Bégouen, de agosto de 1950, comentando sobre os teólogos integristas, Teilhard reage: "Eles nos impedem de adorar e amar plenamente; eles querem impedir Deus de engrandecer aos nossos olhos".[25] Após a publicação da *Humani Generis*, um novo exílio impõe-se ao místico francês, desta vez em Nova York, onde permanecerá até o fim de seus dias, em 1955.

As dificuldades com a obra de Teilhard e, sobretudo, com a difusão de seu pensamento não se encerraram com a sua morte. Há que recordar que o início da publicação das obras de Teilhard ocorreu após sua morte, com a edição dos treze volumes, entre os anos de 1955 e 1976.[26] Dentre seus principais trabalhos, o *Fenômeno humano*, escrito entre 1938-1940, só foi publicado em 1955 e o *Meio divino*, escrito entre 1926-1927, só foi editado em 1957. Na sequência das primeiras publicações dessas obras, aparecem as resistências no mundo acadêmico e magisterial. Em 1959, um grupo de teólogos da Pontifícia Academia Teoló-

---

[24] De modo particular, no artigo publicado na revista *Angelicum* (v. 23, n. 314, 1946), intitulado: "La nouvelle théologie: où va-t-elle?". Ver, a respeito: TEILHARD DE CHARDIN, *Lettres intimes de Teilhard de Chardin*, p. 349. Também: BOUDIGNON, *Pierre Teilhard de Chardin. Sa vie, son ouvre, sa réflexion*, p. 285. Embora Teilhard tenha sido um *outsider* da teologia, esteve sempre próximo dos teólogos de Fourvière e do grupo ligado à revista *Études*.

[25] TEILHARD DE CHARDIN, *Lettres intimes de Teilhard de Chardin*, p. 351. Escreve, ainda, em setembro de 1952: "O que me faz sofrer, no fim das contas, não é tanto sentir-me sufocar no Cristianismo, mas que o Cristianismo esteja momentaneamente sufocado nas mãos daqueles que oficialmente o detêm": Apud DE LA HÉRONNIÈRE, *Teilhard de Chardin. Una mistica della traversata*, p. 300.

[26] Para maiores detalhes, ver: GIBELLINI, Rosino. *Teilhard de Chardin. L'opera e le interpretazioni*. 4. ed. Brescia: Queriniana, 2005. p. 9-89. Para uma síntese cronológica de seus escritos, cf. MANTOVANI, Fabio. *Dizionario delle opere di Teilhard de Chardin*. Verona: Gabrielli Editori, 2006.

gica Romana esboça uma primeira reação em publicação sobre o sistema que envolve a reflexão de Teilhard.[27] Em junho de 1962, vem o posicionamento do Vaticano, com o *Monitum* do Santo Ofício sobre a obra de Teilhard de Chardin. Em reação à publicação póstuma das obras de Teilhard, o documento do Santo Ofício chama a atenção para as "ambiguidades" e "erros graves" que acompanham a reflexão do pensador francês, e que estariam em contradição com a doutrina católica. O texto adverte ainda aos bispos, aos superiores de institutos religiosos, superiores de seminários e reitores universitários sobre a necessidade de protegerem seus fiéis, sobretudo os mais jovens, dos "perigos que apresentam as obras do P. Teilhard de Chardin e de seus discípulos". O *Monitum*, publicado no jornal *L'Osservatore Romano*, no início de julho de 1962, veio seguido de um comentário anônimo, onde são tecidas algumas críticas ao pensamento de Teilhard, particularmente aos desdobramentos filosóficos e teológicos de sua reflexão científica. O texto chama a atenção para alguns riscos presentes na reflexão de Teilhard, em torno de temas como a criação; a relação entre cosmos e Deus; a questão do Cristo; da criação, encarnação e redenção; do espírito e da matéria; do pecado; do lugar do mundo. Dentre as preocupações apontadas, destacam-se o lugar insuficientemente expresso concedido à transcendência divina na lógica teilhardiana e a falta de clareza com respeito à distinção entre ordem natural e ordem sobrenatural. Mesmo reconhecendo a intensidade da vida espiritual de Teilhard no plano de sua vida privada, o texto indica que o sistema teilhardiano inclina-se para uma naturalização da

---

[27] Publicado em *Divinitas* 2 (1959) 219-364. Entre os teólogos que escreveram: N. L. Guérard des Lauriers, R. Masi, Philippe de la Trinité, Ch. Journet e M. Alessandri. Ver, a respeito: GIBELLINI, *Teilhard de Chardin. L'opera e le interpretazioni*, p. 153-160.

176 TEILHARD DE CHARDIN E A DIAFANIA DE DEUS NO UNIVERSO

ordem sobrenatural. Aponta-se, mais ao final do comentário, que em numerosos pontos dos escritos de Teilhard verifica-se uma oposição com a doutrina católica.[28]

Novas críticas ao pensamento de Teilhard aparecem na primeira metade da década de 1960, traduzindo o complexo clima que preparou o advento do Concílio Vaticano II. Dentre os estudos publicados na ocasião podemos mencionar os artigos de Claude Tresmontant (1962), de Charles Journet (1962) e Etienne Gilson (1965).[29] Segue-se no pós-concílio o livro de Jacques Maritain, *Le paysan de la Garonne* (*O camponês do Garona*), onde tece duras críticas ao que denomina teilhardismo, ou seja, a problemática circulação de ideias que envolvem o pensamento de Teilhard.[30] Mas há que considerar o outro lado da medalha,

---

[28] *Monitum* du Saint-Office. *La Documentation Catholique*, v. 44, n. 1380, p. 950-956, 15 juillet 1962 (a publicação traz o conteúdo do *Monitum* e o comentário anônimo anexo). O comentário anexo faz menção à obra de Henri de Lubac sobre o pensamento religioso de Teilhard, considerando-a o "estudo mais importante" publicado até então sobre o tema, mas o autor expressa sua dificuldade em subscrever a posição de De Lubac, dados os "pontos de desacordo" com a doutrina católica. Em passagem reveladora de seu diário do Concílio, Henri de Lubac assinala que se dizia, nos jornais de 29 de setembro de 1962, que o seu nome estava sendo cotado para perito do Concílio Vaticano II, e isso como expressão do descontentamento de João XXIII com respeito ao *Monitum* do Santo Ofício sobre Teilhard de Chardin e do artigo "anônimo", em que se fazia oposição ao seu livro sobre o pensamento religioso de Teilhard: Henri de Lubac. *Carnets du Concile I*. Paris: Cerf, 2007. p. 89.

[29] TRESMONTANT, Claude, op. Teilhard de Chardin e a teologia. *Lettre*, n. 49-50, 1962. JOURNET, Charles. Pierre Teilhard de Chardin pensador religioso. *Nova et Vetera*, out./dez. 1962. GILSON, Etienne. O caso Teilhard de Chardin. *Seminarium*, n. 4, 1965.

[30] Na avaliação de Maritain, a "gnose teilhardista e a sua espectativa de um metacristianismo receberam do Concílio um golpe bastante duro": MARITAIN, Jacques. *O camponês do Garona*. Lisboa: União Gráfica Lisboa, 1967. p. 154. Sobre Teilhard, ver ainda as p. 145-156 e 317-321 (em torno

ou seja, a linha de reflexão que vai num sentido distinto dessa visão crítica a Teilhard, e que recupera a complexidade e riqueza de seu pensamento filosófico e teológico. Podem ser elencadas aqui as obras de Claude Cuénot (1958), Madeleine Barthélemy--Madaule (1962), Henri de Lubac (1962 e 1964), Émile Rideau (1965) e Pierre Smulders (1964).[31]

A pesada atmosfera eclesiástica que acompanhou os desdobramentos da encíclica *Humani Generis* (1950), com toda a repercussão no abafamento da reflexão teológica,[32] é transformada com a primavera do Concílio Vaticano II (1962-1965). O Concílio vem "dilatar os espaços da caridade", para utilizar uma bela expressão do Papa João XXIII. Embora Maritain tenha afirmado que o evento conciliar tenha ignorado o esforço em favor de um "melhor cristianismo", como o defendido por Teilhard, não há como negar o influxo do místico francês na espiritualidade e teologia do Concílio Vaticano II. É o que mostra com acerto Rosino Gibellini em sua reflexão. O Concílio aciona nova-

---

dos estudos de Tresmontant e Charles Journet sobre Teilhard). Para uma serena e pertinente crítica à visão de Maritain sobre Teilhard, cf. LIMA VAZ, *Universo científico e visão cristã em Teilhard de Chardin*, p. 20-31.

[31] CUÉNOT, Claude. *Pierre Teilhard de Chardin. Les grandes étapes de son evolution.* Paris: Plon, 1958. BARTHÉLEMY-MADAULE, Madeleine. *Bergson e Teilhard.* Paris: Seuil, 1962. DE LUBAC, Henri. *La pensée religieuse du Père Teilhard de Chardin.* Paris: Aubier, 1962. *La prière du Père Teilhard de Chardin.* Paris: Fayard, 1964. RIDEAU, Émile. *La pensée du Père Teilhard de Chardin.* Paris: Seuil, 1965. SMULDERS, Pierre. *La vision de Teilhard de Chardin.* Bruges: Desclée de Brouwer, 1964.

[32] Como sublinhou Chenu, grande teólogo e perito do Concílio Vaticano II, a *Humani Generis* fecha as portas para o dinamismo de esperança que animava a reflexão teológico-pastoral no final da década de 1940 e faz com que a atmosfera torne-se "irrespirável": DUQUESNE, Jacques. *Un théologien en liberté. Jacques Duquesne interroge le Père Chenu.* Paris: Le Centurion, 1975. p. 130-131. Para Teilhard, a encíclica revela-se bem fundamentalista. Cf. *Accomplir l'homme*, p. 262.

178 TEILHARD DE CHARDIN E A DIAFANIA DE DEUS NO UNIVERSO

mente, na agenda da Igreja Católica, as "forças de renovação", e esse movimento tem, certamente, um influxo de Teilhard:

> A reflexão de Teilhard de Chardin, cujas obras começaram a ser publicadas postumamente a partir de 1955, influenciaram na espiritualidade e teologia do Concílio, sobretudo na complexa temática das relações entre Igreja e mundo; e sucessivamente na teologia do pós-Concílio, onde se tornará agudo o problema da relação entre salvação cristã e história humana.[33]

A diafania de Deus no Universo

Levando-se em conta a nova sensibilidade que marca esse início de milênio, e todos os desafios que tocam a dinâmica do tempo atual, nada mais pertinente do que retomar a riqueza da mística de Teilhard de Chardin, em toda a sua densidade e tessitura. Ela merece ser descoberta, como apontou com razão Edith de la Heronnière. Toda a sua obra e vida traduzem "um hino ao mundo, uma poética da criação e das criaturas vibrantes de emoção".[34] Não há dúvida de que Teilhard foi um dos grandes místicos do século XX. Um místico singular, profundamente sintonizado com a "ressonância do Todo", com a perscrutação do Real, com a vibração do Tempo. Para ele, toda a dinâmica vital da matéria era caminho para a percepção da Grande Presença. Em seu belo texto em que aborda a missa sobre o mundo, convoca a atenção de todos para a irradiação universal dessa Presença, que é mistério que sempre advém. Na distância das estepes da Ásia, na ausência do pão e do vinho para celebrar a

---

[33] TEILHARD DE CHARDIN, *La mia fede*, p. 11.

[34] DE LA HÉRONNIÈRE, *Teilhard de Chardin. Una mistica della traversata*, p. 310.

Eucaristia, oferece ao Pai "o trabalho e a fadiga do Mundo". O seu cálice e sua patena "são as profundezas de uma alma largamente aberta a todas as forças que, num instante, vão se elevar de todos os pontos do Globo e convergir para o Espírito".[35] Ali em Ordos revela com um lirismo que é único sua "simpatia irresistível por tudo aquilo que se move na matéria obscura". É com a "seiva do mundo", e a fragrância que o envolve, que capta a Presença do Espírito, e sobe "vestido com esplendor concreto do Universo".[36] O seu olhar é o de alguém que busca um "Deus paupável", que é também gratuita Fantasia; um Deus que é força ardente e que se revela a cada momento na simplicidade das coisas.

Henri de Lubac soube reconhecer com grandeza a riqueza do vigor místico de Teilhard[37] e a peculiaridade da linguagem que envolve a sua reflexão, que enquanto mística é paradoxal e "excessiva", mas guarda o segredo de quem toca o Mistério do Real. Alguns resistem à sua ousadia, pois sentem-se balançados na sua autocompreensão e temem perder o chão sob os pés. Mas para quem sabe *ver*, o caminho que ele abre é singular e novidadeiro.

Teilhard é alguém que "sente apaixonadamente com seu tempo". O desafio essencial que lança com sua vida e seus trabalhos é o de saber captar a presença de Deus em toda parte, de "vê-lo no mais secreto, no mais consistente, no mais definitivo do mundo". Como bem sintetizou De Lubac, "ao cristão

---

[35] TEILHARD DE CHARDIN, Pierre. *Hino do universo*. São Paulo: Paulus, 1994. p. 19. A edição original francesa é de 1961, embora sua redação tenha ocorrido em 1924, quando Teilhard encontrava-se em expedição no deserto da Mongólia (Ordos).

[36] Ibid., p. 21 e 29.

[37] DE LUBAC, *La pensée religieuse du Père Teilhard de Chardin*, p. 119-121.

que sabe ver, não há nada no mundo que não mostre Deus".[38] O que se exige de todos é uma educação do olhar, de forma a vislumbrar a diafania de Deus, sua "universal transparência" na criação e na história. O ser humano, como mostra Teilhard em diversos momentos de sua reflexão, já está sempre inserido no Meio Divino. O que é necessário é dar-se conta disso, abrir os olhos para perceber essa sua imersão permanente no Mistério do Todo.[39] Em carta de abril de 1923, Teilhard sublinha que os vértices habitados por Deus não se encontram numa montanha inacessível, mas numa "esfera mais profunda das coisas". E conclui dizendo que "o segredo do mundo está em toda parte onde conseguimos captar a transparência do Universo".[40] Essa percepção da "immédiateté" do Mistério em toda parte traduz uma visão profunda do Deus criador. Longe de ser uma visão problemática, revela uma percepção que conquistou cidadania no pensamento teológico atual, como bem mostrou Henrique Cláudio de Lima Vaz. Trata-se de uma "visão profundamente tradicional, integralmente ortodoxa: nela se verificam maravilhosamente as características da mística cristã enumerada por um grande teólogo contemporâneo, uma das luzes, convém lembrá-lo, do Vaticano II".[41]

---

[38] Ibid., p. 38.

[39] Veja a reflexão do teólogo Andrés Torres Queiruga a respeito: *Creio em Deus Pai*. São Paulo: Paulinas, 1993. p. 175-181.

[40] TEILHARD DE CHARDIN, Pierre. *Lettres de voyage (1923-1955)*. Paris: Bernard Grasset, 1956. p. 26.

[41] LIMA VAZ, *Universo científico e visão cristã em Teilhard de Chardin*, p. 25. O teólogo a que Vaz faz referência é Karl Rahner. Essa visão de Teilhard enfrentará dificuldades na ocasião, dentre as quais as expressas pelo teólogo suíço Hans Urs von Balthasar, em texto de 1963. Para ele, trata-se de uma visão que acaba encerrando Deus na dinâmica da cosmogênese e da evolução, apagando o mistério do Deus totalmente Outro. Ver, a respeito: GIBELLINI, *Teilhard de Chardin*, p. 192-197.

O amor ao tempo e à terra são vinculantes na reflexão mística de Teilhard. Se no passado havia uma dicotomia que separava o amor ao céu e o amor à terra, como se fossem possibilidades excludentes, abre-se agora um caminho novo: "ir ao céu através da terra". Trata-se de uma nova comunhão com Deus através do Mundo. Em carta a Léontine Zanta, de outubro de 1926, assinala Teilhard:

> Parece que a humanidade não voltará a apaixonar-se por Deus antes que Este lhe seja mostrado no termo de um movimento que prolongue o nosso culto pelo Real concreto, em vez de a ele nos arrancar. Ah!, como o Real seria formidavelmente poderoso para nos arrebatar ao nosso egoísmo, se soubéssemos olhá-lo na sua prodigiosa grandeza![42]

Na visão teilhardiana, Deus é sempre um Mistério que advém, uma surpresa permanente. Deus está sempre em processo de mudança. Não apenas um Deus do alto, mas um Deus à frente. A descoberta desse Deus Mistério convoca a uma fé transformadora, que combina uma dinâmica ascensional, em direção ao Mistério sempre transcendente, com uma dinâmica propulsiva de imersão no imanente.[43]

Um toque singular na mística de Teilhard é a presença do feminino. Ao longo de toda a sua vida, as mulheres tiveram um papel singular. Veja o lugar ocupado por amigas como Marguerite, Léontine Zanta, Ida Treat e Lucile Simone Weilan e a larga

---

[42] TEILHARD DE CHARDIN, *Cartas a Léontine Zanta*, p. 91. Ao tratar o tema da potência espiritual da matéria, em sua obra *Hino do universo*, Teilhard assinala: "Não, a pureza não está na separação, mas numa penetração mais profunda do Universo" (p. 68).

[43] TEILHARD DE CHARDIN, *Il cuore della materia*, p.43-44.

correspondência que elas entabulam com Teilhard. O traço unitivo do feminino vem destacado por Teilhard numa de suas últimas obras, *O coração da matéria*. Trata-se de um dos fios essenciais que, junto com os elementos cósmico, humano e crístico, entram para tecer o sistema teilhardiano. Para Teilhard, o feminino é a "luz que ilumina todo o processo de concentração universal", entendido como "espírito de união".[44]

O *Meio Divino*

Com o intuito de sinalizar um pouco mais concretamente a perspectiva mística de Teilhard de Chardin, esta última parte do texto visa apresentar de forma sintética o seu trabalho mais importante nesse campo, que é o *Meio Divino*. Trata-se da expressão mais viva de sua espiritualidade e um dos grandes clássicos da literatura mística cristã. Segundo Henri de Lubac, a obra não nasce de uma improvisação, mas foi "lentamente gestada em sua vida", como lembra o próprio Teilhard, em carta de novembro de 1926.[45] Já no período em que esteve na frente de guerra, no ano de 1916, decidiu "sistematizar sua vida interior", amadurecendo, em seguida, o projeto até sua redação final, entre o final de 1926 e o início de 1927.[46] Como indica De Lubac, o livro foi escrito na "linguagem ardente de um homem que vive com intensidade a aventura de seu século".[47]

---

[44] Id., *Accomplir l´homme*, p. 258-259.

[45] Id., *Lettres de voyage (1923-1955)*, p. 98.

[46] DE LUBAC, *La pensée religieuse du Père Teilhard de Chardin*, p. 23-24. De Lubac assinala em outra obra *A oração de Teilhard de Chardin* que o livro *Meio divino* "foi longamente rezado antes de ser escrito", e que para ser mais bem compreendido deveria ser lido de joelhos (p. 153).

[47] DE LUBAC, *La pensée religieuse du Père Teilhard de Chardin*, p. 30.

O *Meio Divino* constitui um complemento da obra *A missa sobre o mundo*, escrita na Páscoa de 1923.[48] Respira-se nos dois livros a mesma liberdade interior, a singela abertura ao mundo e um otimismo renovado. Infelizmente, o *Meio Divino* não recebeu autorização eclesiástica para sua publicação. Aliás, não pôde ser publicado durante sua vida. A primeira edição só vai sair em 1957 (Éditions du Seuil).

O livro de Teilhard de Chardin vem dividido em três partes: A divinização das atividades (Parte I); A divinização das passividades (Parte II); e O Meio Divino (Parte III). Na epígrafe, o autor indica que o livro foi redigido para "aqueles que amam o mundo". Lança, porém, uma advertência no início: o livro destina-se aos "inquietos de dentro e de fora" da Igreja, e não àqueles que se encontram "solidamente instalados em sua fé". Indica que aos que escapam da angústia ou fascinação diante de um mundo demasiadamente grande ou demasiadamente belo o livro não provocará interesse.[49] O toque peculiar de otimismo e de percepção da diafania de Deus no mundo envolve toda a introdução da obra: "Este pequeno livro, onde somente se encontrará a eterna lição da Igreja, apenas repetida por um homem que sente apaixonadamente com seu tempo, gostaria de ensinar a ver Deus em toda parte: vê-lo no mais secreto, no mais consistente, no mais definitivo do mundo" (p. 13). Sua proposta vai no sentido de uma educação do olhar, que faculte aos leitores a disponibilidade para abraçar o mundo com amor. Deus é

---

[48] Sua edição ocorreu em 1961, inserida no volume intitulado *Himne de l`Univers* (Paris: Seuil. p. 13-37).

[49] TEILHARD DE CHARDIN, Pierre. *Le Milieu divin*. Paris: Seuil, 1957. Utilizaremos aqui a recente edição brasileira: *O meio divino*. Petrópolis: Vozes, 2010. p. 12. As outras referências de páginas serão indicadas no corpo mesmo do texto.

o sempre-já-aí que "nos espera verdadeiramente nas coisas" (p. 14).

Na abertura da primeira parte de seu livro, que trata da *divinização das atividades*, Teilhard assinala que a ação humana é um dos dois componentes que traduzem a realidade da vida. Reagindo à visão cristã tradicional que reforçava o desinteresse pela terra, propõe uma perspectiva mais positiva, onde se concilia o "amor a Deus e o saudável amor ao mundo" (p. 19). É no âmbito das atividades que Teilhard desoculta o exercício de "edificação de algo definitivo" (p. 22), que será identificado com a "edificação do Reino celeste" (p. 33). Todo esforço humano vem animado pela dinâmica de "cooperação no acabamento do mundo em Cristo" (p. 23).

A abertura à consciência do tempo e ao canto das coisas torna-se essencial para Teilhard. Indica que "o que é necessário é ver: ver as coisas da maneira real e intensa como elas são" (p. 25). Tudo contribui para o modelamento do mundo, desde o "trabalho da alga", a "indústria da abelha" e os esforços individuais de espiritualização. O mundo sensível está aí, irradiando e inundando toda a criação com as suas riquezas. É no campo do empenho vivo e da ação que acontece o encontro íntimo de Deus com o mundo:

> Deus, naquilo que ele tem de mais vivo e de mais encarnado, não está distante de nós, fora da esfera tangível, mas ele nos espera a cada instante na ação, na obra do momento. Ele está, de alguma maneira, na ponta de minha caneta, de minha picareta, de meu pincel, de minha agulha, de meu coração, de meu pensamento (p. 31-32).

Não há atividade humana que escape ao domínio da "adoração", embora se faça necessária a presença de momentos especiais e preciosos de um contato mais explícito e manifesto com o Mistério que a todos habita. Mas para aquele que "sabe ver" não há realidade profana, e todo trabalho no tempo é expressão de uma imersão em Deus (p. 33).

Teilhard empenha-se, na primeira parte do livro, a justificar a nobre humanização do esforço cristão. Reconhece que algumas das grandes objeções presentes em seu tempo contra o Cristianismo relacionam-se com sua incapacidade de sintonizar-se com a história, ou seja, um Cristianismo que desloca seus praticantes "para fora e para a margem da humanidade", ou, ainda mais doloroso, um Cristianismo que "torna desumanos os seus fiéis" (p. 35). Na contramão dessa perspectiva escapista, propõe uma nova atitude: "De acordo com a nossa fé, nós temos o direito e o dever de apaixonar-nos pelas coisas da terra" (p. 37). Trata-se de um empenho que se dá em virtude da própria exigência da Encarnação: "O Deus encarnado não veio diminuir em nós a magnífica responsabilidade nem a esplêndida ambição de nos construirmos a nós mesmos" (p. 37). Não há como desconhecer aqui intuições que antecipam pistas abertas pela *Gaudium et Spes* do Concílio Vaticano II (1962-1965).

A segunda parte do livro trata o tema da *divinização das passividades*. A existência humana, como lembrou Teilhard, não é tecida apenas pelas atividades, mas também pelas passividades, que revelam a presença profunda de uma "noite impenetrável". Essa noite pode estar carregada de ameaças, mas pode, igualmente, revelar presenças que abrem caminhos inusitados para a transfiguração da pessoa. Há passividades que são de crescimento e outras que são de diminuição. Quanto às primeiras, há que reconhecer aí a presença escondida do acolhimento divino. Numa das passagens mais bonitas de todo o livro, Teilhard descreve o exercício de uma viagem interior, ao "recanto mais secreto" de si mesmo, no "abismo profundo" de onde emana o poder de ação (p. 44-46). Não é uma viagem simples e tranquila, mas pontuada pelo risco de uma descoberta perturbadora e desestabilizadora. Quando nessa viagem interior o chão começa a faltar, a tendência é querer retornar à superfície, ao "confortável ambiente das coisas familiares", evitando "sondar imprudentemente os abismos". O que faz vencer a "angústia essencial do átomo perdido no Universo" é a viva percepção da voz evangélica, captada no mais profundo da noite: "Ego sum, noli timere" ("Sou eu, não tenhas medo").

Contudo, há passividades que são de diminuição e que revelam traços difíceis e negativos da própria existência: aqueles "em que nosso olhar, por mais longe que o procure, não discerne mais qualquer resultado feliz, qualquer termo sólido ao que nos acontece" (p. 48). São inúmeras as potências de diminuição, algumas são de origem externa, como as "más sortes" que acometem as pessoas: as infecções, os acidentes e incidentes nas suas diversas modalidades. Outras são de origem interna, que já se apresentam no início da vida, como os defeitos naturais ou incapacidades físicas, intelectuais ou morais, ou que se manifestam mais tarde, como os acidentes e doenças. Segundo Teilhard, são processos de "desorganização" que se instalam duramente no coração da existência e diminuem a temperatura vital. São formas, às vezes violentas, que enfraquecem ou mesmo matam a energia do viver. Há passividades que são inevitáveis, que acompanham o avançar da idade, que marcam a velhice. Elas "arrancam-nos de nós mesmos para nos empurrar para o fim" (p. 50). No horizonte da consumação de todas as diminuições está a morte, esta "indesejada das gentes", como diz o poeta Manoel Bandeira. Teilhard lança, porém, um desafio que brota do mais íntimo da fé cristã: "Superemos a morte descobrindo Deus nela. E o Divino encontrar-se-á, ao mesmo tempo, instalado no coração de nós mesmos, no último recanto que parecia poder escapar dele" (p. 51). Trata-se de levar adiante o processo de transfiguração das diminuições, que se opera em dois tempos, mediante a luta contra o mal e a dinâmica de sua reconfiguração.

Apesar da envolvente realidade do mal, que circunscreve a vida e ameaça sua realização, há que repeli-lo com todas as forças, e Deus assim o quer (p. 52 e 60). Na medida em que se aparta o sofrimento com toda a energia do coração, "tanto mais aderimos, então, ao coração e à ação de Deus" (p. 53). Conforme sublinha Teilhard, não há como escapar ao envelhecimento e à morte nem driblar totalmente o problema do mal, que é "um dos mistérios mais perturbadores do Universo", mas é possível, sim, transfigurar essa "derrota" integrando-a num plano positivo. Teilhard serve-se de uma rica analogia, tomada do mundo das artes:

> Semelhante a um artista que saberia aproveitar-se de um defeito ou de uma impureza para tirar da pedra que ele esculpe, ou do bronze que ele funde, as linhas mais delicadas ou um som mais belo, Deus, *visto que nós nos confiamos amorosamente a ele*, sem descartar de nós as mortes parciais nem a morte final, que fazem essencialmente parte de nossa vida, as transfigura, integrando-as em um plano melhor (p. 55).

Em passagem que se assemelha a uma oração, Teilhard aponta o caminho da comunhão pela diminuição. Quando tudo aponta na direção da vitória do desencanto ou do sofrimento, sobretudo nos momentos de solidão da velhice ou da doença, quando o sujeito sente que escapa de si mesmo, absolutamente passivo e "tristemente diminuído", é possível para aquele que crê identificar a Presença de Deus, que abre dolorosamente as

188 TEILHARD DE CHARDIN E A DIAFANIA DE DEUS NO UNIVERSO

fibras do ser para aí penetrar com vigor e realizar o espetáculo da comunhão (p. 59). Há situações ainda mais difíceis, como as que acompanham a morte antes do tempo, mediante "desaparecimentos prematuros, acidentes estúpidos, enfraquecimentos que atingem as áreas mais altas do ser". São experiências que obscurecem qualquer horizonte. Mesmo nesses casos é possível realizar uma transfiguração. Diz Teilhard que "Deus deve, de alguma maneira, a fim de penetrar definitivamente em nós, cavar-nos, esvaziar-nos, fazer para si um lugar. Ele precisa, para assimilar-nos nele, retocar-nos, refundir-nos, quebrar as moléculas de nosso ser. A morte é encarregada de praticar, até o fundo de nós mesmos, esta abertura desejada" (p. 58). Teilhard serve-se da história de santos ou de personagens singulares para exemplificar testemunhos vivos de transfiguração do sofrimento, ou seja, de pessoas que saíram renovadas ou engrandecidas das difíceis provações por que passaram (p. 56). A poeta brasileira Lya Luft fala das "mulheres ensolaradas", cuja "luminosidade se espalha por toda parte. Mesmo abaladas por alguma fatalidade, ainda que lhes falte o que para tantas sobra em beleza ou luxo, têm em si uma espécie de obstinado sol que se desprende delas como um perfume".[50]

Na terceira parte do livro, Teilhard trata o tema do *Meio Divino*. Não há como escapar das "camadas ardentes" desse Meio Divino que transparece por todo canto: "Em toda parte e ao redor de nós, à esquerda e à direita, por trás e pela frente, por cima e por baixo, bastou ultrapassarmos um pouco a área das aparências sensíveis para vermos surgir e transparecer o Divino" (p. 83). Ele se encontra, por um lado, radicalmente "próximo e tangível", mas escapa simultaneamente à apreensão. Ele

---

[50] LUFT, Lya. *O rio do meio*. 10. ed. São Paulo: Mandarim, 1982. p. 59.

se faz presente no mais íntimo do humano e no mais consistente da Matéria. É realmente o *Centro* ou *Ponto* último de convergência de todas as realidades. Para Teilhard, "no Meio Divino, todos os elementos do Universo *se tocam* por aquilo que eles têm de mais interior e de mais definitivo" (p. 86). A sintonia com esse Centro não ocasiona um afastamento das coisas, pois com a animação de sua visada elas ganham um brilho particular: "Um dia, lá reencontraremos a essência e o brilho de todas as flores e das luzes que tivermos que abandonar para sermos fiéis à vida" (p. 86). A comunhão com o Divino não apaga também a singularidade das diferenças. Daí ser equivocado identificar o pensamento de Teilhard como panteísta. O seu pensamento resguarda a aspiração essencial que anima toda mística autêntica: "unir-se (isto é, tornar-se o Outro), permanecendo si-mesmo" (p. 88).

Para Teilhard, essa imagem da "transparência de Deus no Universo" é o que anima o mistério do Cristianismo (p. 105). Trata-se de uma percepção que brota naturalmente da viagem que leva o sujeito ao centro de si mesmo. Sentindo-se invadido pelo Meio Divino ele sabe e pressente que esse mistério ardente está em toda parte convidando-o a um novo modo de ser. E para essa concentração amorosa no Divino concorrem três fundamentais virtudes: a pureza, a fé e a fidelidade (p. 107). A pureza traduz o élan do amor de Deus na própria vida. A fé traduz a confiança essencial na força misericordiosa e beneficiente de Deus. E deve ser mais viva e vigorosa quanto mais a realidade anuncia-se ameaçadora e irredutível. A fidelidade, por fim, é o que mantém acesa a crença e a esperança na positividade do mundo. Segundo Teilhard, acreditando no mundo com pureza de coração, "o mundo abrirá diante de nós os braços de Deus" (p. 113).

O Meio Divino não é, para Teilhard, um "lugar fixo no Universo", mas um "centro móvel", semelhante à estrela que guiou os reis magos na adoração do Deus menino. E aqui Teilhard sugere uma linda imagem de Deus, bem diverso de uma realidade já acabada: "Ele é para nós a eterna descoberta e o eterno crescimento. Quanto mais cremos compreendê-lo, mais ele se revela outro. Quanto mais pensamos possuí-lo, mais ele recua, atraindo-nos para as profundezas de si mesmo" (p. 115). Esse astro ardente conduz os seres humanos ao destino de formas diversificadas, mas "todas as pistas que ele indica têm em comum que elas fazem subir sempre mais alto" (p. 115).

Teilhard de Chardin brinda os leitores com uma das mais preciosas peças da mística cristã, e uma das mais singulares da literatura mística universal. Não encontrou a compreensão necessária em seu tempo, talvez pela incapacidade de os censores perceberem a riqueza e singularidade de seu conteúdo. É uma obra que guarda as riquezas de uma experiência de amor. Vale aqui a advertência feita por um dos grandes místicos da tradição mística persa, Farid ud-din Attar: "Os filhos da ilusão naufragaram na música dos meus versos, mas os filhos da Realidade souberam penetrar nos meus segredos mais íntimos".

Conclusão

O que mais impressiona e encanta em Teilhard de Chardin é a sua apaixonada abertura ao mundo e sua capacidade de ver a presença de Deus em todo canto. Ao tratar o tema da potência espiritual da matéria, sublinhou que, "para compreender o Mundo, o saber não basta; é preciso ver, tocar, viver na presença, beber a existência quente no próprio seio da Realidade".[51] Sua obra é um convite à imersão no Real, ao mergulho na matéria, em cuja força e potência revela-se a face amorosa de Deus.

---

[51] TEILHARD DE CHARDIN, *Hino do universo*, p. 68.

Sofreu, e muito, por viver essa opção em entrega e radicalidade, mas deixou rastros que estão dando muitos frutos em nosso tempo. Viveu uma dor que é semelhante à de Simone Weil, que lamentava a dificuldade da Igreja Católica de abraçar com gratuidade o mundo e suas belezas: como poderia o Cristianismo nomear-se católico se era incapaz de envolver o Universo em seu projeto? Assim também Teilhard de Chardin, com a sua sede de matéria e sua sensibilidade universal, lamentava a imensa desproporção entre a recolhida perspectiva católica e as imensas possibilidades religiosas do mundo. Ele deixa um sólido legado, de otimismo, sensibilidade e abertura ao tempo. É bonito reconhecer, como o fez Henri de Lubac em 1962, num período ainda sombrio para Teilhard, mas que já anunciava a primavera conciliar, que ele foi um "autêntico testemunho de Jesus Cristo", tão fundamental e imprescindível para o século XX.[52]

---

[52] DE LUBAC, *La pensée religieuse du Père Teilhard de Chardin*, p. 295.

A MÍSTICA JUDAICA REFLETIDA NA OBRA DE HESCHEL

ALEXANDRE LEONE[*]

Introdução

Qual a influência da mística judaica no pensamento de Abraham Joshua Heschel? Durante os anos em que exerceu o cargo de professor do Departamento de Filosofia Judaica do Jewish Theological Seminary, em Nova York, de 1945 até 1972, o ano de sua morte, Abraham Joshua Heschel lecionou um curso cujo título é bem chamativo: Mística e Ética. Esses dois campos por si mesmos imensos raramente são tratados conjuntamente. Não que eles necessariamente se oponham, mas na história do pensamento ocidental eles tenderam a voltar-se para aspectos diferente da realidade e mesmo para aspectos diferentes da experiência religiosa. O mero fato de serem relacionados por Heschel já diz muito sobre o caráter de seu pensamento.

---

[*] Doutor em Cultura Judaica pela FFLCH-USP, rabino ordenado pelo Jewish Theological Seminary of America (JTS), New York. Master of Arts (Jewish Philosophy) pelo JTS. Mestre em Cultura Judaica pela FFLCH-USP e bacharel em Ciências Sociais pela FFLCH-USP. Professor da Escola Dominicana de Teologia. Pesquisador do Centro de Estudos Judaicos da USP. Pós-doutorando no Departamento de Filosofia da FFLCH-USP.

Poderíamos, aqui, usar a noção de afinidade eletiva de correntes de pensamento tal como usada por Michael Löwy em *Redenção e utopia*, que estudou uma cepa de intelectuais judeus que se caracterizaram por sua forte crítica à sociedade moderna aliada a um retorno muitas vezes difícil à tradição, em busca de reencontro com o encantamento e com a utopia humanista. Dentro desse grupo, estariam pensadores como Martin Buber, Franz Rozen, Simone Weileig, Walter Benjamin, Gershon Scholem, Franz Kafka, Gustav Landauer, Ernst Bloch, György Lukács, Erich Fromm, entre outros. Löwy denomina-os geração de intelectuais "messiânico-libertários". Sua principal característica seria, por um lado, o contato com a tradição judaica e com a cultura ocidental moderna e, por outro, a de terem realizado em suas vidas e obras a união por "afinidade eletiva" de duas correntes de pensamento aparentemente muito distantes entre si, o messianismo místico (fruto da tradição judaica) e a utopia romântico-libertária anticapitalista. Sobre essa corrente de pensadores comenta Löwy: "Seria preciso um termo novo para designá-la, mas, na impossibilidade de encontrá-lo (ou de inventá-lo), somos obrigados a contentar-nos com um híbrido, um nome composto construído com termos antigos: *messianismo histórico* ou *concepção romântico-messiânica da história*". Segundo Löwy, essa é uma configuração distinta tanto do messianismo judaico tradicional quanto do romantismo alemão clássico, que não poderia ser reduzida a uma simples associação dos dois. Fundindo o conceito místico de *Tikun* (Restituição) e a utopia social, ela reinterpreta a tradição à luz do romantismo e confere a este uma tensão revolucionária, culminando com uma modalidade nova de "filosofia da história", um novo olhar sobre a ligação entre o passado, o presente e o futuro.[1]

---

[1] LÖWY, M. *Redenção e utopia*. 1989. p. 26.

Essa reflexão é importante por fornecer um marco teórico para que se apreenda o pensamento de Heschel, pois na formação de seu pensamento encontramos a concorrência de diferentes correntes de pensamento. Por um lado, temos o hassidismo, com seu componente místico; por outro lado, o racionalismo judaico pós-iluminista também exerceu um papel de forte influência no pensamento hescheliano. É na confluência dessas duas tendências que Heschel produzirá um pensamento ao mesmo tempo pouco sistemático e bastante dialético.

Neil Gillman, professor do Departamento de Filosofia do Jewish Theological Seminary, caracteriza a obra de Heschel como se movendo entre polaridades religiosas e ao mesmo tempo insistindo que o Judaísmo autêntico situa-se exatamente dentro dessa tensão. As duas vertentes da polaridade hescheliana seriam uma antropologia religiosa, que vê o ser humano à luz do sagrado, e uma teologia voltada para a experiência do encontro com Deus que busca o homem. Gillman enfatiza que a antropologia de Heschel e sua teologia são dois lados de uma mesma moeda. "A antropologia e a teologia de Heschel formam uma metáfora global, na linguagem rabínica um *midrash.*"

A teologia, assim como a filosofia da religião, em Heschel tem, assim, um caráter menos conceitual e mais voltado para a experiência religiosa em si. Ele seria, desse modo, um experimentalista religioso. Para ele, conceituar o divino é muito menos importante do que sensibilizar o homem para responder a Deus, quando a pessoa se percebe visitada e buscada por ele. Heschel usa em sua obra termos como *inefável* e *mistério* para referir-se a Deus de um modo que mostra grande influência da mística judaica. A obra filosófica e religiosa de Abraham Joshua Heschel (1907–1972) é, assim, um convite ao reencontro existencial e ao espanto radical com o mistério profundo que, segundo o filósofo, é o tecido da vida. Heschel convida o homem moderno a dar um salto existencial de modo a abrir-se para o encontro com a Presença Divina. É nesse aspecto de sua obra que Heschel expõe de modo mais nítido suas origens hassídicas.

Mística e hassidismo

A experiência mística tem como seu foco e concernência última a vivência direta de encontro com a fonte do Sagrado. Tal experiência tem como objetivo último nas religiões teístas a união com a Divindade. Essa união tem sido descrita e experimentada de vários modos em diferentes comunidades religiosas através dos séculos. Na Bíblia, ela é descrita como profecia. No misticismo medieval cristão, islâmico e judaico, ela foi descrita em termos de um encontro erótico. No misticismo judaico, a partir do século XVI, ela tem sido descrita como contemplação e absorção na Divindade. De acordo com Rudolf Otto, a experiência de encontro direto com o Numinoso é o centro de toda experiência religiosa. Heschel denomina o Numinoso de Inefável. A experiência religiosa não se resume apenas à mística, há certamente outras províncias no reino da religião. No entanto, talvez seja possível afirmar que o encontro direto com o Sagrado, para além dos símbolos e das liturgias comunitárias, representa a dimensão de maior profundidade existencial na vida religiosa. Ela é a seiva viva que torna possível a fundação e a renovação dos símbolos, das liturgias e da comunidade religiosa enquanto comunhão diante de Deus.

Heschel foi um intérprete e um tradutor dos conceitos da mística judaica, especialmente do hassidismo, para a linguagem filosófica do Ocidente moderno. Isso não significa, no entanto, que sua obra tenha apenas um conteúdo místico. Contudo, enquanto pensador religioso, várias categorias centrais de sua filosofia são mais bem entendidas à luz do pensamento e das práticas religiosas do movimento de renovação e popularização da mística judaica que foi o hassidismo.

Heschel, como um sobrevivente daquele mundo, dedicou-se ao estudo da experiência religiosa hassídica. Nesse sentido, ele foi reconhecido como um dos mais importantes especialistas em hassidismo. Antes de Heschel, o estudo acadêmico da literatura hassídica era praticamente inexistente. A razão disso é que, por um lado, a literatura hassídica é ela mesma muito difícil e enigmática e, por outro lado, pela atitude negativa que os estudiosos ligados ao *Wissenschaft des Jundentums* nutriam em relação ao hassidismo. Para além dos círculos ligados ao *Wissenschaft des Jundentums,* desde o início do século XX o hassidismo já havia impressionado e influenciado outros pensadores judeus, tais como Martin Buber, Gershom Scholem, Jacob Levi Moreno e Walter Benjamin. Heschel, porém, enquanto pesquisador da literatura hassídica, não era apenas um estudioso distante. Assim como o pensamento de Paul Tillich (ou o de Gabriel Marcel) não pode ser desvinculado de seus compromissos religiosos, tampouco pode ser a obra hescheliana desvinculada da experiência religiosa que moldou o caráter de seu autor.

Como um exemplo da influência direta do hassidismo da obra hescheliana está a centralidade dada à oração em seus escritos. Em Heschel, a oração é um dos três caminhos propostos ao homem moderno para a contemplação da Presença Divina. "O primeiro é o caminho do sentimento da presença de Deus no mundo, nas coisas; o segundo é o caminho do sentimento de sua presença na Bíblia; o terceiro é o caminho do sentimento de sua presença nos atos sagrados."[2] Citando o *Zohar*, a mais importante obra mística judaica, Heschel escreve que ao primeiro caminho corresponde a oração, ao segundo corresponde o estudo meditativo e ao terceiro corresponde a ação humanizadora.

A preocupação central da obra hescheliana é a de inspirar o homem moderno à busca de uma renovação humana baseada no despertar deste para a profundidade e a oportunidade que é a possibilidade da humanização. A condição humana sendo frágil, se não for devidamente cultivada pode ser perdida. O *Homo sapiens* não tem essa condição como uma "coisa" ou uma essência que lhe é garantida de uma vez para sempre. Ele deve cultivar sua humanidade como forma de tornar-se plenamente humanizado e, assim, ir além de sua condição atual, que é a de uma humanidade possível e ainda não redimida. Isso, porém, só pode ocorrer na busca da essência última de seu ser. Essa essência é a Divindade que é também a essência última da existência. Em outras palavras, o homem necessita buscar a transcendência para poder humanizar-se plenamente. Nesse aspecto, a obra hescheliana apresenta vários pontos em comum com a obra do filósofo existencialista cristão Gabriel Marcel.

Heschel nasceu em Varsóvia, na Polônia, em 1907. Era descendente, tanto pelo lado paterno quanto pelo materno, de longas linhagens de rabinos ligados desde o século XVIII ao hassidismo.[3] Seu pai foi um *rebe*, o título dado aos líderes espirituais hassídicos. Entre seus ancestrais poderíam ser citados o Dov Beer Friedman, "o Pregador" (*Maguid*) de Mezritch (séc. XVIII), mais conhecido como "o Grande *Maguid*", que foi o mais famoso

---

[2]   HESCHEL, A. J. *Deus em busca do homem*. São Paulo: Paulus, 1975. p. 50-51.

[3]   MERKLE, John C. *The Genesis of Faith*. New York: Macmillan Publishing Company, 1985. p. 45.

discípulo direto do fundador do hassidismo, o *Baal Shem Tov* (séc. XVIII). Outro famoso antepassado de Heschel foi o *rebe* Abraham Joshua Heschel de Apt (séculos XVIII e XIX), o Apt *Rebe*, de quem Heschel herdou o nome, como era costume entre as dinastias hassídicas. Pelo lado materno estão, entre seus mais famosos antepassados, o *rebe* Pinkhas de Koretz (séc. XVIII) e o *rebe* Levi Ytzhak de Berditchev, o Compassivo (séc. XVIII).

Heschel cresceu em um ambiente religioso de pietismo místico, como era o existente nas comunidades hassídicas da Europa Oriental antes da Segunda Guerra Mundial. Até então a comunidade tradicional judaica ainda se encontrava em grande parte pouco influenciada pela Modernidade, que tardiamente chegava a esse meio tão fechado dentro do mundo judeu asquenazi. Lá, ainda predominavam as formas tradicionais de estudo da Torá, recheadas de lendas acerca de grandes rabinos e mestres do passado. E onde a oração meditativa, o *daven*, era largamente praticado. Para os *hassidim*, cada ação humana era imbuída de um sentido cósmico e divino, sendo os seres veículos da manifestação de Deus.

Dois mestres do hassidismo são reconhecidos pelo próprio Heschel como sendo os que mais o influenciaram: o *Baal Shem Tov*, que no século XVIII fundou o movimento, e Menahem Mendel de Kotzk, um dos mais importantes líderes hassídicos do século XIX. O próprio Heschel, em uma de suas últimas obras, *A Passion for Truth* (1973), que foi publicada postumamente, descreve esses dois rabinos como representantes de dois extremos da concepção hassídica de mundo. Por um lado, o hassidismo manifestava-se como misericórdia, compassiva e alegre. Por outro lado, manifestava-se como sede de justiça, indignado com o sofrimento e ansioso pela redenção da condição humana sofredora. No polo da compaixão, teríamos, assim, o *Baal Shem*

Tov reconhecendo a presença divina, a *Shekhiná*, em todos os seres, eventos e processos da criação. No polo da justiça severa, o *Kotzker Rebe*, que, indignado diante do pecado e da corrupção, sentia a dor do mundo. Heschel chega a comparar o sentimento do Kotzker ao de Kierkegaard. A dor indignada gera no Kotzker a convocação à tarefa do *tikun olam*, a redenção cósmica.

O movimento hassídico inicia-se na primeira metade do século XVIII na Europa Central, quando Israel ben Eliezer, conhecido como *Baal Shem Tov* (o Mestre de Boa Fama), que na época pregava e fazia curas de aldeia em aldeia, juntou um grupo de discípulos em torno de uma nova disciplina religiosa. Essa nova disciplina, o hassidismo (*Hassidut*, em hebraico) tinha como um dos seus aspectos centrais uma técnica espiritual que visava possibilitar a liberação das vicissitudes deste mundo através da união mística (*devekut*) com Deus. O ensinamento central do *Besht* é que o ser humano é capaz de desprender-se deste mundo através da oração meditativa, o *daven*. O objetivo do *daven* é possibilitar que o indivíduo possa atingir a experiência de unidade com a Divindade.

O hassidismo promoveu no Judaísmo um novo tipo ideal, o místico piedoso, o *hassid*, em oposição ao intelectual talmúdico, o rabino. O *hassid* é alguém que está, por assim dizer, intoxicado com a Presença Divina alcançada através da oração meditativa. A oração meditativa não inclui apenas as longas recitações comuns às orações judaicas, mas também o canto repetido de peças melódicas, o *nigun*, e a dança hassídica. Além disso, o hassidismo promoveu uma radical reorganização da vida comunitária judaica baseada na ideia de um misticismo para o homem comum.

A teologia do hassidismo é fortemente "panenteísta", isto é, ele ensina que Deus é a realidade última. Todos os fenômenos e seres no mundo são receptáculos que contêm a luz divina. Os fenômenos e os seres não possuem nenhuma realidade independente em si mesmos. Essa ideia não deveria ser confundida com o panteísmo, que é a doutrina teológica de que o Ser Divino existe através dos fenômenos naturais. Deus é concebido no panteísmo como sendo imanente ao universo e à natureza. O ensinamento hassidico, em sua origem, afirma que nada no universo "existe" verdadeiramente, exceto Deus. O Divino é para o hassidismo um transcendente que se manifesta de modo imanente através de cada fenômeno no universo. Os fenômenos são, por assim dizer, os veículos da manifestação da Divindade. O mundo é um véu que, se for removido, revela apenas a Divindade. Se no panteísmo Deus está imanente na natureza, no panenteísmo a natureza existe em Deus.

Também nos seus escritos Heschel escreve sobre Deus em termos muito próximos aos descritos na literatura hassídica. Para o filósofo, o Divino está "dentro" e, estando dentro, está também além, pois todo ser é o "transcendente disfarçado". Assinala:

> Deus é a unidade onde vemos diversidade, a paz onde estamos envolvidos em discórdia. Deus significa: ninguém nunca está sozinho; a essência do temporal é o eterno; o momento é uma mensagem da eternidade em mosaico infinito. Deus significa: a união de todos os seres numa sagrada alteridade.[4]

Esse ponto de vista religioso de que nada existe no mundo independente de Deus é derivado diretamente do *Zohar* (séc. XIII) e de sua interpretação feita pelo círculo de discípulos do Rabino Itzkak Luria (Safed, séc. XVI). Segundo essa teologia mística, tudo que existe pode ser elevado e resgatado de modo a

---

4   Ibid.

retornar à sua fonte divina. De fato, o *Baal Shem Tov* sugere que mesmo o ser humano tem uma autonomia relativa, não estando esta realmente separada da Divindade. "A pessoa deveria estar consciente de que tudo no mundo está preenchido pelo Criador, bendito seja ele. Mesmo cada produto do pensamento humano é resultado de sua providência."[5] Cada *hassid*, e não apenas o messias sozinho, tem a tarefa de elevar e resgatar as centelhas divinas espalhadas. O *hassid* deve elevar tudo até sua fonte original, ele deve transcender o parcial em nome do todo, deve ser capaz de ver a essência divina em cada coisa no mundo material. Em cada objeto vibram internamente as Sefirot, os Nomes Divinos que representam sua ação criadora. Portanto, a verdadeira adoração e serviço religioso feito a Deus é a busca incessante da essência contida no vaso ou no receptáculo, o divino no mundano, o espiritual no material.

Essa é a razão de o hassidismo sugerir que não há nada que seja essencialmente mal. O mal é a aparência distorcida daquilo que ainda não foi redimido. Observe esse trecho de um texto hassídico:

> Qual é o sentido da elevação das centelhas? Quando você vê algo físico, corpóreo, e percebe que isso não é realmente mau – que os Céus não permitam! –, você pode servir ao Criador, bendito seja ele, através daquilo. Pois neste algo material você pode encontrar amor e temor, ou outra das qualidades divinas, de tal forma que você pode, então, elevá-lo.[6]

---

[5]   SEFER Tzevaat Ha-Rivash. Jerusalem, 1973. p. 21.

[6]   SELTZER, Robert M. *Povo judeu, pensamento judaico.* Rio de Janeiro: Koogan Editor, 1989. p. 748. (Coleção Judaica.)

Os ensinamentos do *Baal Shem Tov* foram elaborados, após sua morte, pelo seu mais proeminente discípulo direto, *Maguid* de Mezritch, que, conforme já mencionado, foi um dos antepassados de Abraham J. Heschel. A questão central que o *Maguid* de Mezritch procurou responder foi a da aparente autonomia da consciência humana, que se vê como um "eu" separado de Deus. Visto que segundo essa doutrina Deus engloba toda a existência e não há nada que tenha uma existência separada ou independente da Divindade, a noção de "eu" apresenta-se como problemática. Segundo o *Maguid*, a existência do homem tem como finalidade fazer Deus ser conhecido. A razão para isso é porque Deus só pode ser conhecido em relação a um ser que, embora não seja separado, tenha uma consciência autônoma em relação à divindade. Se Deus não tivesse criado o mundo, não haveria nenhuma consciência acerca de Deus. O ser humano existe para conhecer Deus. No entanto, para conhecer Deus o ser humano precisa transcender a sua aparente existência separada. A autoconsciência humana é necessária para que o ser humano possa conhecer Deus, no entanto essa mesma autoconsciência é paradoxalmente um obstáculo para alcançar Deus. Segundo o *Maguid*, o ser humano precisa erradicar a barreira que o separa do Divino, a qual é causada pela "pseudoconsciência" de ser um "eu" finito separado do Infinito. A superação dessa barreira é o que o *Maguid* chama de adoração de Deus. Nas palavras do *Maguid*: "Quando nós tornamos a nossa existência transparente, ficamos, então, conectados com Aquele que está Escondido".[7]

O mundo seria, segundo essa visão, uma ilusão que deve ser superada. David S. Ariel chama essa posição "a-cosmismo", que é a negação mística da existência do mundo. Tal postura

---

[7]   SEFER Tzevaat Ha-Rivash. Jerusalem, 1973, p. 21

apresenta muitas semelhanças com várias correntes do pensamento budista. O pensamento do *Maguid* seria, assim, a mais radical formulação do "panenteísmo" no Judaísmo. No hassidismo posterior, essa posição aparece de forma mais moderada. Na sua forma mais moderada, essa teologia mística não nega completamente a existência dos seres, mas afirma a existência do mundo "em Deus". Tal visão tem suas raízes na mística pré-cabalistica do *Talmud*, em que Deus é chamado de *HaMakom* (o Lugar) do mundo, e na mística medieval do *Zohar*, em que Deus é chamado de *Shekhiná* (a Presença) feminina e maternal onde tudo existe.

De acordo com o *Maguid*, o *hassid* necessita transformar sua consciência. Através de exercícios místicos o *hassid* consegue superar a consciência do mundo, tornando este transparente à presença da divindade que abarca toda a existência. Desse modo, o *hassid* consegue transcender o mundo da *gashmiut* (corporeidade) de forma tal a habitar na *ruhaniut* (a pura consciência espiritual). O que torna possível ao *hassid* desassociar-se da consciência física é que para o *Maguid* o mundo é essencialmente um véu tecido por Deus. Através do *daven* – a oração meditativa – o *hassid* pode atingir o estado de *devekut* (adesão), no qual ele transcende a "pseudoconsciência" de sua própria existência e atinge a união com Deus. Segundo Heschel, "não saímos do mundo quando oramos; apenas vemos o mundo de um ângulo diferente".[8]

Tal técnica também foi chamada pelo *Maguid bitul hayesh* (a tradução literal seria aniquilamento da existência, mas, segundo o *Rebe* Zalman Schachter Shalomi, a melhor tradução para o

---

[8]   LEVI ITZHAAK DE BERDITCHEV. *Sefer Kedushat Levi*. Jerusalem, 1958. Parashat Pekudei.

conceito é "tornar a existência transparente"). O processo de *bitul hayesh* tem início quando o *hassid* passa a entender que o aspecto físico da existência humana é meramente externo, um invólucro para a luz (consciência) do Um. Isso ocorre quando a pessoa entra no estado de oração. A meditação que precede a oração é devotada ao entendimento da relação entre o eu físico e a consciência. Orar, porém, não é fácil, a oração é dificultada por estímulos físicos que assaltam a consciência. Por exemplo, pensamentos sobre negócios, família e vicissitudes da vida podem intrometer-se na mente daquele que ora. Mais do que tudo isso, para o *Maguid* os pensamentos eróticos podem ser um grande obstáculo para que se chegue ao estado de entrega na oração na medida em que eles desviam a atenção do indivíduo que deveria voltar-se para Deus. Esses pensamentos, porém, contêm em si mesmos centelhas de santidade a ser redimida. Não se trata, então, de negá-los, mas de encontrar Deus em todos esses aspectos da vida. A oração meditativa é, assim, uma oportunidade para que o ser humano reconcilie-se com as intromissões que chegam à sua consciência. A respeito disso, Heschel escreve: "A oração não é um pensamento que vagueia só no mundo, mas um acontecimento que começa e termina em Deus. O que existe em nosso coração é uma preliminar humildade a um acontecimento em Deus".[9] A *kavaná* (concentração) é parte essencial da técnica hassídica, que, através da oração, visa a possibilitar a experiência mística.

O *Maguid* introduziu um profundo despertar acerca do papel da consciência na prática religiosa judaica. Ele distingue duas formas diferentes de autoconsciência, a primeira denominada *katnut* (pequenez) e a segunda, a consciência mística

---

[9]   HAYIM HAYKE DE AMDUR. *Sefer Hayim va-Hessed.* Jerusalem, 1953. p. 14.

denominada *gadlut* (grandeza). A pseudoconsciência é um obstáculo para atingir o Divino. Deus não está no céu, mas sim em toda a existência. A consciência mística é o objetivo final dos *hassidim* e a oração, uma técnica para a sua aquisição

Oração como experiência mística

As várias correntes do hassidismo que nos séculos XIX e XX desenvolveram-se do núcleo original do *Baal Shem Tov* e do *Maguid* de Mezerich continuaram de formas variadas as técnicas de obtenção da experiência mística através do *daven*, a oração extática. Heschel desde pequeno bebeu água nessa fonte de uma forma muito direta e viva. Esse se tornou seu modo próprio de rezar. Mesmo quando veio a morar em Nova York, Heschel continuou frequentando *minianin*, grupos de oração hassídicos onde podia sentir-se em casa. Essa vivência e experiência existencial é o pano de fundo à proposta de reencontro com a oração que ele faz em *O homem à procura de Deus*, onde desenvolve como tema central a oração como proposta de exercício espiritual e técnica de reencontro com o mistério e a transcendência. Nesse sentido, Heschel identifica no homem moderno a mesma necessidade premente de transcendência sobre a qual o pensador existencialista cristão Gabriel Marcel escreveu. Marcel identifica a necessidade de transcendência, escreve sobre a necessidade de uma mudança de perspectiva. Heschel propõe a oração como exercício dessa mudança de perspectiva na prática concreta e diária.

Segundo Alfredo Borodowiski, a oração proposta por Heschel envolve mais do que um exercício intelectual. "Ela deve envolver o indivíduo em sua totalidade, o corpo e a mente tomados como uma única entidade. Na oração, as diferenças entre domínios espiritual e material são completamente obliterados."[10] Na medida em que esta envolve um abarcamento total da pessoa, a oração é descrita por Heschel como um forma suprema de oferenda a Deus. "A afirmação de que desde a destruição do Templo em Jerusalém a oração tomou o lugar do sacrifício não implica que o sacrifício tenha sido abolido quando o culto do Templo deixou de existir. A oração não é um substituto para o sacrifício. Oração é sacrifício."[11]

Acerca dessa passagem, Borodowiski afirma que, para Heschel, após a destruição do Templo de Jerusalém, no ano 70 da Era Comum, até então o local mais sagrado para o Judaísmo, um novo tipo de sacrifício foi instituído: a oração. Essa mudança envolve a mudança do objeto do sacrifício do animal para a própria pessoa. "O indivíduo é a nova oferenda (*korban*) consumida durante a oração."[12] A oração, enquanto oferenda, não é interpretada por Heschel como sendo um diálogo com Deus. Heschel não entende a oração em termos de uma relação pessoa-pessoa, eu-Tu, como em Buber. "É incorreto definir a oração por analogia com a conversação humana. Nós não nos comunicamos com Deus. Nós nos tornamos comunicáveis com ele. (A oração) é um esforço para que a pessoa se torne objeto de seus pensamentos."[13] O indivíduo é convidado a "viver no pensamento de Deus". Aqui também a linguagem hescheliana aparece como intérprete do hassidismo.

---

[10] HESCHEL, A. J. *O homem à procura de Deus*. São Paulo: Paulinas 1974. p. 23.

[11] Ibid., p. 32.

[12] BORODOWISKI, Alfredo Fabio. Hasidic Sources in Heschel's Conception of Prayer. *Conservative Judaism*, vol. I, number 2-3, p. 36, Winter /Spring 1998.

[13] HESCHEL, *O homem à procura de Deus*, p. 97.

208 A MÍSTICA JUDAICA REFLETIDA NA OBRA DE HESCHEL

Assim como no altar do Templo o sacrifício era consumido pelo fogo, também, de acordo com as fontes hassídicas, aquele que ora deve chegar a ponto de ser "consumido" pelo fogo do êxtase durante suas orações. Em termos hassídicos, a oração é descrita como *hitlahavut*. A raiz hebraica dessa palavra usada frequentemente na literatura hassídica é *lahav*, termo que poderia ser traduzido como "flama". *Hitlahavut* significa "ser completamante absorvido durante a oração até o ponto de perder o próprio *self* e despir-se da natureza corporal, *hilahavut ha-gashmiut* (deixar-se queimar de desejo pelo divino)".[14]

Os mestres do hassidismo foram frequentemente descritos orando desse modo intenso. Acerca do Rabino Aharon Kalin (1736-1772), um discípulo direto do *Maguid*, foi dito que ele "queimava" de temor pelo seu Criador quando recitava o Cântico do Cânticos. O Rabino Barukh, neto do *Baal Shem Tov*, é descrito na literatura hassídica como alguém que era especialmente famoso pela sua capacidade de atingir o *hitlahavut* durante suas recitações. Sobre o próprio *Baal Shem Tov* se diz que, num certo dia de lua nova, sua face queimava como uma tocha durante o *daven*.[15] De acordo com todas essas fontes, *hitlahavut* é descrita como um fogo flamejante que consome o indivíduo durante a oração.

A ligação entre a oração e o fogo sacrificial reflete-se também na relação que as fontes hassídicas fazem entre a oração e o ato de morrer. Comparando a oração ao sacrifício, Heschel cita as palavras do *Baal Shem Tov*, que dizia ser "um milagre que uma pessoa sobreviva ao momento da meditação".

---

[14] BUBER, Martin. *Tales of Hasidim;* Early Masters. New York: Schocken Books, 1947. vol. 1, p. 49.

[15] HESCHEL, *O homem à procura de Deus*, p. 27.

Por fim, um outro aspecto relevante da mística hassídica que transparece na interpretação hescheliana da oração é a noção de dignidade das palavras. Essa noção de dignidade das palavras como veículos do espírito já está presente nos poemas do jovem Heschel. Neles a experiência com o inefável apresenta-se na forma de uma poesia densa, que chega a tomar a forma de oração. Aqui vem à tona a noção de *piut*, os poemas litúrgicos que caracterizaram a expressão artística e piedosa dos judeus medievais. Vários *piutim* passaram a integrar com o tempo o *sidur*, o livro das rezas diárias, e aparecem em grande número na liturgia de *Rosh Hashaná* e *Yom Kipur*. O *piut* hescheliano quer trazer a experiência do divino para perto da experiência do homem moderno. Em Heschel, a palavra tem como função estimular a pessoa para que esta busque a experiência do *pathos*. Heschel pensa a palavra como um veículo de inspiração.

Quando descreve a função da palavra na recitação da oração, Heschel reconhece nela não um símbolo, mas antes um instrumento expressivo para a concentração e um veículo para o espírito humano. Também, de acordo com as fontes hassídicas cada palavra é em si mesma uma entidade completa e, como tal, um veículo que faz a interface entre o humano e o Divino.[16]

A parte final de *O homem à procura de Deus* é dedicada à crítica da teoria dos símbolos na teologia e na filosofia da religião. Como explicar essa aversão a uma teoria aparentemente tão bem-sucedida e aceita? Interessante que nos escritos de Paul Tillich, um dos mais importantes defensores da teoria do simbolismo na religião, pode estar a chave para entender esse distinto aspecto da obra hescheliana. Em *Dynamics of Faith*, um de seus escritos centrais, Tillich distingue um tipo de fé, de

---

[16] JACOBS, Louis. *Hasidic Prayer.* New York: Schoocken Books, 1972. p. 94.

concernência religiosa, que tem como característica a vontade radical de transcender os símbolos em nome do encontro com o inefável: o misticismo. "Mas como é esta mesma experiência possível se o sentido último é tal que transcende toda a experiência possível? A resposta dada pelos místicos é a de que há um lugar onde o sentido último está presente no mundo finito: as profundezas da alma humana."[17] Segundo Heschel, a oração é um caminho para o despertar por parte do ser humano que este é um veículo para a manifestação do Divino. O ser humano tem na oração um instrumento para a descoberta de si mesmo como símbolo, isto é, a manifestação dinâmica do Deus vivo. Este é a promessa contida na obra de Heschel. Mas será que tal promessa mística é compatível com a racionalidade necessária para uma obra filosófica? Novamente é Tillich quem responde: "O misticismo não é irracional. Alguns dos maiores místicos da Europa e da Ásia foram, ao mesmo tempo, alguns dos maiores filósofos, despontando com claridade, consistência e racionalidade".[18]

Dialética teológica entre mística e razão

Segundo Heschel, mística e razão apresentam-se como duas faces da experiência religiosa. Em particular no Judaísmo rabínico, esse dois polos organizaram-se desde as primeiras escolas de pensamento rabínico, ainda na passagem do século I para o século II da Era Comum. *Torah min ha-shamayim be'aspaklariya shel ha-dorot* (*TMH*), livro escrito em hebraico e um dos mais importantes trabalhos de Heschel, é dedicado a essa dialética religiosa. Ele identifica essas tendências antitéticas nas escolas

---

[17] HESCHEL, *O homem à procura de Deus*, p. 65.

[18] TILLICH, Paul. *Dynamics of Faith*. New York: HarperOne, 2001, p. 69. (Perennial Classics.)

do *Rabi* Akiva e do *Rabi* Ishmael. Usando uma expressão talmúdica, Heschel chama o *Rabi* Akiva e o *Rabi* Ishmael de *Avot Olam*, termo que, segundo Tucker, deveria ser traduzido como "paradigmas eternos". Em outras palavras, as escolas do *Rabi* Akiva e do *Rabi* Ishmael são retratadas como sendo os paradigmas das duas abordagens que têm polarizado os debates rabínicos através das gerações. Tucker, em seu comentário a *Torah min ha-shamayim*, diz que a expressão *Avot Olam*, usada por Heschel, não deveria ser tida como uma tese histórica sobre o pensamento rabínico, ainda que naquela época a existência dessas escolas fosse tida como histórica. O uso por Heschel desse paradigma deveria ser lido na chave de filosofia da religião como uma tese sobre os paradigmas do pensamento religioso que desde então tem polarizado o Judaísmo rabínico através das sucessivas gerações, criando a tensão dinâmica da dialética do pensamento religioso judaico.

Heschel afirma que a Torá pode ser apreendida de dois modos: pela via da razão e pela via da visão intuitiva. "O caminho (*derekh*) do *Rabi* Ishmael era o da leitura simples do texto. O caminho do *Rabi* Akiva era o da leitura esotérica". Segundo Heschel, o *Rabi* Akiva e o *Rabi* Ishmael não construíram seus métodos *ex nihilo*, esses caminhos divergentes são o fruto da experiência religiosa e da lapidação do pensamento de gerações que os precederam, não apareceram de uma hora para outra na passagem do primeiro para o segundo século de nossa era. Sua fonte origina-se de diversas abordagens sobre os ensinamentos judaicos. Essas abordagens foram sendo passadas e refinadas no curso de longos períodos de tempo. A nação foi, com o passar das gerações, acumulando tesouros de pensamento, e o *Rabi* Ishmael e o *Rabi* Akiva serviram como divulgadores de vozes e ecos das gerações que os precederam. No entanto, foi também em suas escolas que tais ideias cristalizaram-se e tomaram uma forma inusitada para as gerações anteriores. Pois eles foram hábeis em canalizar antigas e poderosas correntes de pensamento religioso, e por terem feito isso nutriram as gerações que vieram depois.

Em *TMH*, Heschel não se propõe apenas a fazer um estudo comparativo das duas correntes, mas antes entrar na profundidade desses dois modos de relacionar-se com o sagrado num sentido que transcende as ideias individuais. É a isso que Tucker se refere quando escreve que Heschel não trabalhou apenas casos históricos, mas foi mais além, buscando os paradigmas de pensamento religioso que embasam essas posições teológicas. A extensão da existência e duração dessas duas escolas no período tanaítico (séc. I ao séc. III) é uma questão histórica menos importante no trabalho feito por Heschel. Antes Heschel propõe, através desses paradigmas, entender a trajetória e a tensão da dialética teológica do Judaísmo rabínico. O quadro que emerge é, ao contrário, de uma teologia sistemática, uma tese de por que o Judaísmo desenvolveu uma dialética teológica que se polariza entre duas visões antiéticas – a racionalista e a mística – perante a experiência religiosa da revelação.

Vejamos como Heschel retrata as características dessas duas escolas.

O *Rabi* Ishmael, que era originário da classe sacerdotal, era filho de um sumo sacerdote, é retratado como delicado e intelectualmente reservado. Seu modo de pensar tinha como virtudes a clareza e a sobriedade. Era alguém que buscava o caminho do meio e cujas palavras eram cuidadosamente medidas, preferindo uma medida de lucidez a nove medidas de extremismo. Para ele, o paradoxo era um anátema. Preferia a explicação que hoje chamaríamos naturalista com relação aos milagres descritos no texto bíblico. Para o *Rabi* Ishmael, era mais importante a reflexão sobre aquilo que estava escrito e dado como seguro pela tradição do que aquilo que estava além dos limites da apreensão. Escreve Heschel, citando um trecho da tradição: "se alguém sonha com o *Rabi* Ishmael, isso é um sinal de que lhe será dada a sabedoria". O método do *Rabi* Ishmael é aquele que evitava o antropoformismo com relação a Deus e a metáfora e desencorajava o uso de imagens para explicar seu ponto de vista.

O *Rabi* Akiva, por outro lado, é retratado por Heschel como homem fervoroso e um poeta que penetrava a profundidade das palavras da Bíblia e o potencial da língua e não temia lidar com o antropoformismo, encontrando no texto as pistas dos segredos da Torá. Seu pensamento buscava inspirar a ação de seus discípulos. Ele mesmo era um homem de ação, pois participou, como líder espiritual, da revolta de Bar-Kokhba, no início do segundo século, contra o imperador romano Adriano. "No santuário do *Rabi* Akiva ressoava uma música triunfante, no santuário do *Rabi* Ishmael ressoava uma voz suave."

O *Rabi* Akiva é lembrado como sendo um dos quatro sábios que penetrou no *pardês*, o pomar – nome dado na literatura rabínica dos primeiros séculos à especulação mística. O *Rabi* Akiva entrou e saiu em paz. Com relação aos outros três, um tornou-se herege, o outro enlouqueceu e outro morreu. O *pardês* é a interpretação mística das Escrituras baseada na leitura de certos capítulos especiais de Gênesis e Ezequiel acompanhada de métodos de meditação profunda. O discípulo mais conhecido do *Rabi* Akiva é o *Rabi* Shimon Bar Yohai, considerado na tradição como o autor lendário do *Zohar* – a obra central da mística judaica medieval – a *Kabalá*. O *Zohar* é um extenso comentário místico sobre o Pentateuco.

Segundo Heschel, o *Rabi* Akiva foi um dos primeiros a desenvolver o conceito místico da participação, segundo o qual o que acontece a Israel neste mundo afeta a própria vida divina. Deus participa do sofrimento humano. Heschel atribui ao *Rabi* Akiva a noção de *pathos* divino desenvolvido em sua obra. O Heschel dos poemas de sua juventude da coletânea *Der Shem Há-Mefoiresh: Mensch,* publicado em Varsóvia em 1933, é um akiviano. Nesses poemas o hassidismo é eminentemente místico. O *pathos* divino manifesta-se na exaltação e na emoção como no Akiva retratado em *Torá Min Há-Shamaim.* Esse elemento akiviano é tão forte em Heschel que Rebecca Schorsch, em seu artigo sobre *Torá Min Há-shamaim,*[19] descreve Heschel como um akiviano, em outras palavras, um místico que buscava traduzir seu pensamento na linguagem da filosofia ocidental. Essa posição de Schorsch não é tão pacífica assim, pois ela retira do pensamento hescheliano seu caráter dialético.

É certo, porém, que há em Heschel aspectos de seu pensamento que são de ishmaelianos. Por outro lado, a noção hescheliana de que não há lugares intrinsecamente sagrados e a descrição da relação entre profeta e Deus durante a revelação parecem muito mais próximos dos ensinamentos da escola do *Rabi* Ishmael.

No campo da noção de revelação, o *Rabi* Akiva entendia a linguagem humana como sendo insignificante se comparada com a linguagem da Torá. Na linguagem da Torá, como na linguagem poética, a palavra é viva, e sendo a linguagem divina, tem uma dimensão secreta em cada passagem, mesmo nas narrativas aparentemente simplórias que retratam algum momento

---

[19] SCHORSCH, Rebecca. The Hermeneutics of Heschel in Torah Min Hashamaim. *Judaism*, vol. I, vol. 40, 1998.

do cotidiano. No *Rabi* Ishmael, por outro lado, a Torá fala em linguagem humana. Segundo o *Rabi* Ishmael isso se dá porque a Torá não foi dada aos anjos e sim aos homens, refletindo seus modos de falar e não sendo cada palavra portadora de um significado especial. Para o *Rabi* Akiva, a revelação é a de uma Torá transcendental que preexiste ao mundo. A Torá sendo o próprio *logos* divino, a sabedoria de Deus, é o guia que Deus usou para criar o mundo.

Para o *Rabi* Ishmael, que lê o texto conservando o contexto, as palavras da Torá têm vários níveis de sentido, não sendo cada palavra dotada necessariamente de uma mensagem oculta e profunda. O *Rabi* Ishmael, segundo Tucker, é apresentado por Heschel como advogado da leitura racionalista do texto bíblico. Na escola do *Rabi* Ishmael, tinha-se que a linguagem era incapaz de revelar a verdade divina em toda a sua essência. Por isso a linguagem da revelação é adaptada para aquilo que o ouvido possa escutar. Daí vem a sua tese de que a Torá fala na chave da linguagem humana. Antes do *Rabi* Ishmael, Fílon de Alexandria já havia declarado que a Torá fala em linguagem humana. A diferença entre Fílon e o *Rabi* Ishmael é que o primeiro lê o texto bíblico como alegoria e o segundo busca nas passagens o seu sentido contextual. É por perceber a linguagem humana como limitada que o *Rabi* Ishmael tende a ser mais leniente em sua interpretação da *Halakhá* e a não sobrecarregar o povo com mais obrigações do que este poderia fazer. Para o *Rabi* Ishmael, a linguagem bíblica usa muitas vezes da hipérbole e da metáfora, não devendo as passagens ser entendidas como literais quando fogem da linguagem divina. A revelação é divina, mas o texto é humano.

Por outro lado, Heschel apresenta-nos a escola do *Rabi* Akiva como buscando em cada passagem um sentido mais profundo. É na escola do *Rabi* Akiva que surge a expressão "se não tivesse sido escrito, isso não poderia ser dito". Quando, na passagem do mar, o povo diz *"zé eli"* ("este é o meu Deus"), a linguagem é tomada como literal, o povo realmente estava vendo Deus. Os antropomorfismos do texto bíblico são alusões às verdades teológicas transcendentes. O texto é um convite ao vislumbre do sentido religioso e oculto e profundo por trás da Torá. Ele aponta para algo mais. O texto clama por uma interpretação mística.

Heschel escreve que ambas as escolas baseavam-se em métodos distintos e até opostos de entendimento da escritura e da profecia. Para o *Rabi* Akiva, a Torá originalmente está no céu, e o profeta é apenas um instrumento usado por Deus para comunicar-se com os homens. O profeta é como uma trombeta soprada por Deus, um instrumento sem nenhuma autonomia. É a voz divina que é escutada quando o profeta fala: o humano é eclipsado durante a experiência da revelação. Portanto, o texto sendo divino, é ele mesmo a revelação. Moisés é descrito como subindo aos céus para receber a Torá como na escola de *Rabi* Akiva. A profecia é a realização da união mística com Deus. Para o *Rabi* Akiva, ficar no sentido contextual e simples é perder a profundidade do texto. O dito do *Rabi* Akiva é que *peshat*, o método contextual racionalista, tem as mesmas letras que *tipesh* (tolo).

Para a escola do *Rabi* Ishmael, o profeta é visto como um parceiro, um sócio de Deus na revelação. A revelação é um diálogo entre profeta e Deus, portanto há um elemento humano junto com o elemento divino no texto bíblico. O profeta não perde sua autonomia nem mesmo na escrita do texto. Para o *Rabi* Ishmael, há passagens da Torá que Moisés teria escrito por sua própria conta e autoridade. Nem todas as passagens da Torá teriam o mesmo nível de revelação. É por isso, portanto, que as palavras refletem o modo humano e as idiossincrasias do idioma.

Justamente daí vem a tendência leniente de interpretação das leis no *Rabi* Ishmael.

Heschel demonstra ao longo de *Torá Min Há-shamaim* que as duas escolas teológicas – a racionalista e a mística – desdobraram-se em diferentes desenvolvimentos nos debates rabínicos por toda a Idade Média até os dias de hoje.

A dialética parece ser um dos elementos centrais do pensamento hescheliano, que é distinguível tanto em sua forma de escrever quanto na desconfiança que ele demonstra com relação ao pensamento totalizante. No caso da teologia, essa é também a chave para entendermos o porquê de Heschel distanciar-se da teologia ocidental, isto é, tentativa de sistematização numa totalidade do divino, e em seu lugar buscar construir seu pensamento como "teologia profunda". O propósito da teologia profunda não é a crença em si, mas os pressupostos da experiência religiosa. A teologia hescheliana é também expressão do pensamento situacional, que privilegia a experiência pré-conceptual. Usando o linguajar hescheliano, poderíamos dizer que a questão principal para a teologia profunda não é a crença sistematizada, mas a fé em sua dimensão vivencial e emocional. O estudo hescheliano dos debates teológicos entre as correntes de rabinos racionalistas e místicos esclarece um aspecto muito importante da teologia profunda hescheliana: sua dimensão de dialética teológica.

A dialética teológica mira a experiência religiosa mais do que a crença sistematizada. O *Rabi* Akiva e o *Rabi* Ishmael são, em Heschel, construídos, ao longo de *Torá Min Há-shamaim*, como paradigmas internos da experiência religiosa. Próximo do final de *Torá Min Há-shamaim*, Heschel cita a máxima rabínica: *Elilu vêeililu divrei Elohim haim* ("Estas e aquelas são as Palavras do Deus vivo"). A tensão dialética é parte da experiência

218 A MÍSTICA JUDAICA REFLETIDA NA OBRA DE HESCHEL

do *encontro* com Deus por ele ir além da capacidade humana de apreensão. Desse modo, a *agadá*, para Heschel, não é um sistema, é, antes, um debate sobre a profundidade da experiência religiosa viva, portanto em contínuo movimento e tensão.

Mas será possível mover-se entre duas visões tão distintas? Usando *agadicamente* uma passagem *halakhica* do Talmud, recurso muitas vezes usado por este pensador, Heschel traz-nos um interessante exemplo de sua posição. No tratado talmúdico de *Haguigá* 2a, os rabinos comentam os versículos:

> Três vezes no ano, todo varão entre ti aparecerá perante o Eterno, teu Deus, no lugar que escolher, na Festa *Pessah*, e na Festa de *Shavuot*, e na Festa de *Sucot*; porém não aparecerá vazio perante o Eterno cada qual, conforme o dom da sua mão, conforme a bênção que o Eterno, teu Deus, te tiver dado (Dt. 16, 16-17).

Em seu comentário, os rabinos discutem quais categorias de pessoas estariam dispensadas da peregrinação até Jerusalém: escravos, velhos, crianças, mancos etc. Entre os dispensados está aquele que é caolho. Perguntam os rabinos por que o caolho estaria dispensado e a resposta é que, assim como aparecer perante Deus significa que Deus o vê por inteiro, assim também ele precisa ter a experiência por inteiro com seus dois olhos. Rashi, o comentarista medieval, concorda com isso. Heschel diz que quem usa apenas um de seus olhos – o racional ou o místico – na experiência religiosa não terá essa experiência por inteiro. Segundo Tucker, essa pessoa não fará a devida paralaxe e terá uma visão chapada, em vez de uma visão tridimensional. Tal é a proposta de síntese para além da dualidade entre mística e razão. Essa síntese hescheliana jamais produzirá uma teologia sistemática coerente. É, no entanto, na dialética teológica entre mística e razão que Heschel encontra a chave para entender por que o Judaísmo nunca produziu uma teologia sistemática criando em seu lugar um sistema de pensamento religioso que se move através do paradoxo.

Referências bibliográficas

ARIEL, David S. *The Mystic Quest;* An Introduction to Jewish Mysticism. London: Jason Aronson Editor, 1988.

BORODOWISKI, Alfredo Fabio. Hasidic Sources in Heschel's Conception of Prayer. *Conservative Judaism*, vol. I, number 2-3, Winter/Spring 1998.

BUBER, Martin. *Tales of Hasidim;* Early Masters. New York: Schocken Books, 1947. vol. 1.

DRESNER, Samuel H. *Heschel, Hasidim, and Halakha.* New York: Fordham University Press, 2002.

HAYIM HAYKE DE AMDUR. *Sefer Hayim va-Hessed.* Jerusalem, 1953

HESCHEL, A. J. *Der Shem Há-mefoiresh: Mensch.* Warzawa (Varsóvia): Druk Grafia, 1933.

_____. *Deus em busca do homem.* São Paulo: Paulus, 1975.

_____. *O homem à procura de Deus.* São Paulo: Paulus, 1974.

_____. *O último dos profetas.* São Paulo: Manole, 2002.

_____. *Torah min ha-shamayim be'aspaklariya shel ha-dorot; Theology of Ancient Judaism.* [Hebrew]. 2 vols. London: Soncino Press, 1962.

JACOBS, Louis. *Hasidic Prayer.* New York: Schoocken Books, 1972.

LEVI ITZHAAK DE BERDITCHEV. *Sefer Kedushat Levi.* Jerusalém, 1958

LIKUTIN Yekarin, Lvov: 1863, 2a.

LÖWY, M. *Redenção e utopia*; o judaísmo libertário na Europa central (um estudo de afinidade eletiva). São Paulo: Companhia das Letras, 1989.

MERKLE, John C. *The Genesis of Faith*. New York: Macmillan Publishing Company, 1985.

SCHORSCH, Rebecca. The Hermeneutics of Heschel in Torah Min Hashamaim. *Judaism*, vol. 40, Summer, 1991.

SEFER Tzevaat Ha-Rivash. Jerusalém: Edit. Sefer Kodesh, 1973.

DIANTE DA REALIDADE CRUA DAS COISAS: THOMAS MERTON E O "TRABALHO DE CELA"[1]

SIBÉLIUS CEFAS PEREIRA[*]

Introdução

Thomas Merton (1915-1968) passou seus vinte e sete anos de monacato, de 1941 a 1968, no Mosteiro de Getsêmani em Louisville, Kentucky, EUA. Em 1953, seu abade concedeu-lhe uma pequena construção abandonada que fora usada para guardar ferramentas, nas dependências do mosteiro, autorizando-o a que nela passasse um tempo diário em solidão.[2] Merton denominou-

---

[1] Apontamentos sobre a vida eremítica e o trabalho de cela, inserida em pesquisa de doutorado sobre a *contemplação em Thomas Merton* (Programa de Pós-Graduação em Ciência da Religião da Universidade Federal de Juiz de Fora, sob a orientação de Faustino Teixeira).

[*] Professor na PUC Minas em Poços de Caldas. Graduado em Teologia e Letras, mestre em Linguística pela Unicamp e doutorando em Ciência da Religião no PPCIR/UFJF, com pesquisa na área da mística sobre o tema da contemplação em Thomas Merton.

[2] SHANNON, William H.; BOCHEN, Christine M.; O'CONNELL, Patrick F. *The Thomas Merton Encyclopedia*. Maryknoll, New York: Orbis Books, 2002. p. 443-444.

-a "eremitério" *St. Anne's*. Aí escreveu *Thoughts in Solitude*, uma de suas mais refinadas obras sobre a contemplação, na qual nos legará meditações desta magnitude:

> A vida solitária, sendo silenciosa, varre a cortina de fumaça composta de palavras que o homem estabeleceu entre sua mente e as coisas. Na solidão, permanecemos diante da realidade crua das coisas. E, no entanto, descobrimos que a crueza da realidade que nos inspirou temor não é a causa nem de temor nem de vergonha. Está revestida da amável comunhão do silêncio, e esse silêncio está relacionado com o amor. O mundo, que nossas palavras tentaram classificar, controlar e até mesmo desprezar (porque não podiam contê-lo), se aproxima de nós, pois o silêncio nos ensina a conhecer a realidade respeitando-a lá onde as palavras a profanaram.[3]

Em 1965, foi-lhe concedido como eremitério uma construção no bosque, a cerca de dois quilômetros do prédio central do mosteiro, a qual, originalmente, havia sido construída como um espaço para o diálogo ecumênico. Assim, em agosto de 1965 ele quebra uma longa tradição ao entrar para a vida eremítica em uma Ordem Trapista. Um eremitério bastante peculiar, é bem verdade, pois que nele sempre recebia de forma acolhedora e com bastante alegria inúmeras visitas de amigos e conhecidos. A originalidade desse modelo "inédito" de vida eremítica chega até a despertar desconfianças, quanto ao que não pretendeu reivindicar para si nenhuma aura especial de santidade, privilégio ou heroísmo:

---

[3] MERTON, Thomas. *Na liberdade da solidão*. 2. ed. Petrópolis: Vozes, 2001. p. 68.

Não posso me orgulhar de uma especial liberdade, no entanto, simplesmente porque estou vivendo nas matas. Sou acusado de viver nas matas como Thoreau, em vez de viver no deserto como São João Batista. Tudo que posso responder é que não estou vivendo "como alguém". Nem "ao contrário de alguém". Todos nós vivemos, e isso é tudo, desse ou daquele modo. Ser livre para abraçar a necessidade de minha própria natureza é para mim uma necessidade imperiosa.[4]

Liberdade absoluta e radical, traço central da vida eremítica na visão de Merton. Sua atração pela vida eremítica, ou melhor, pelo silêncio e solidão por ela possibilitados, vem de longe, já que sua adesão ao cenobitismo sempre foi algo não totalmente resolvido e está presente em Merton, de forma contraditória e angustiante, uma persistente dialética entre a busca da solidão e a necessidade da convivência. Em sua autobiografia, escrita na reconhecível moldura agostiniana das *Confissões* – parcial e por ele reavaliada posteriormente, é bom que se ressalte –, não só expõe com franqueza suas dúvidas quanto a entrar ou não para a vida monástica como, também, quanto a que Ordem escolher. Se chegou a tentar a Ordem Franciscana, escolhendo por fim a Cisterciense, não esconde sua verdadeira sedução pelos *cartuxos*. Pois que, ressalta Merton,

> embora permanecendo no quadro tradicional da vida monástica, a vida do cartuxo se passa quase inteiramente na solidão da cela monacal. A Cartuxa é uma unidade bastante compacta

---

[4] Id. *Merton na intimidade – Sua vida em seus diários*. Rio de Janeiro: Fissus, 2001. p. 237. Trata-se de uma cuidadosa edição de trechos de seus diários organizada por dois de seus maiores especialistas, Irmão Patrick Hart, seu antigo secretário, e Jonathan Montaldo. A partir de agora, as referências à obra ao longo do texto serão feitas assim: *MI*, p. [...].

para merecer o nome de mosteiro, de preferência ao de eremitério. Os monges, contudo, vivem em eremitérios.[5]

Podemos dizer que, de certa forma, seu ideal – seria o termo adequado? Sua vocação, talvez – realizou-se. Se não entrou para a Cartuxa, em certa medida trouxe-a para dentro da Trapa. Na dinâmica mais geral dessa opção, é preciso ressaltar os constantes registros de Merton que traduzem uma insatisfação e até uma irritação com o dia a dia um tanto quanto tumultuado e até barulhento (ao menos para ele) do mosteiro, além de um certo automatismo da rotina cenobítica, até mesmo no seu ritualismo, que perdeu em boa medida a seiva viva do verdadeiro espírito litúrgico e o autêntico ritmo do estilo de vida monástico. Entendia que a *regra* legada por São Bento nunca poderia ser entendida como um fim e sempre como um meio.

De fato vocação, penso que podemos assim nomear, pois que foi uma das expressões escolhidas pelo próprio Merton: "[...] sabe alguém que encontrou sua vocação, quando cessa de pensar em como viver e começa a viver. Assim, se alguém é chamado à vida solitária, deixará de se interrogar como deverá viver e começará a viver em paz somente quanto se acha em solidão".[6]

Uma experiência contemplativa testemunhada em diários

Mas este breve texto não pretende ser uma discussão sobre o monaquismo e sim um convite a refletirmos, ainda que de forma fragmentária, sobre a contemplação, a partir da impressionante e vertiginosa experiência à qual Merton denominou

---

[5]   Id. *A vida silenciosa*. 3. ed. Petrópolis: Vozes, 2002. p. 123.

[6]   MERTON, *Na liberdade da solidão*, p. 69.

trabalho de cela no contexto de sua experiência no eremitério, conforme registrada em seus diários. Algumas categorias ocorrem-nos como possíveis chaves de entrada e de leitura nesse seu percurso existencial, mais do que substanciado em palavras, melhor diríamos: padecido em palavras, já que se está longe de qualquer tentativa de representação, e são as palavras como marca e pegadas de seu itinerário que se apossam do monge, em seu silêncio retumbante, em sua *solidão sonora*, para usar a expressão de rara beleza a nós legada por São João da Cruz.

Os editores da já mencionada cuidadosa seleção de trechos de seus diários propõem que "sua escrita (nos diários) funciona, ao mesmo tempo, como janela e como espelho", na qual os leitores de alguma forma se reconhecem e se dão conta de suas próprias infindas possibilidades.[7] *Janela* e *espelho,* metáforas sugestivas e promissoras, mas também perigosas. Janela, situada a partir de quem está dentro, no caso Merton em seu eremitério, sinaliza abertura, desvelamento e convite, por onde entra a brisa, signo inconteste de quem busca diálogo. Situada desde fora, nosso caso enquanto leitores, há sempre o risco do olhar invasivo e bisbilhoteiro. A jornalista e pesquisadora norte-americana deste gênero textual tão sedutor que é a biografia, com a qual o diário guarda estreito parentesco, já que se trata de uma espécie de autobiografia, alerta que "[...] o biógrafo se assemelha a um arrombador profissional que invade uma casa, revira as gavetas que possam conter joias ou dinheiro e finalmente foge, exibindo em triunfo o produto de sua pilhagem".[8] Como que antevendo a possibilidade dessa forma de leitura leviana e despreparada

---

[7]   HART, Patrick; MONTALDO, Jonathan (eds.). In: *MI*, p. xviii.

[8]   MALCOM, Janet. *A mulher calada – Sylvia Plath, Ted Hughes e os limites da biografia*, São Paulo: Companhia das Letras, 1995. p. 16.

é que Merton determinou que seus diários fossem publicados só depois de passados vinte e cinco anos de sua morte, o que de fato se cumpriu. Quanto à metáfora do espelho, embora seja uma imagem clássica e de uma longa e nobre história, não deixa também de carregar seus perigos. Uma escrita que se dobra tanto sobre si, como a de diários, tem algo de assombroso. As horas e os dias, os ritmos e os tempos, os gestos e os movimentos, os silêncios e as palavras, que se retomam e se redobram, que se rebatem e se contorcem, criam uma potencialização da polissemia que chega ao limiar de uma experiência-limite, pois os sentidos se ultrapassam incessantemente e, muitas vezes, se contradizem, como num jogo de espelhos, nessa busca e nesse encontro com a realidade nua das coisas. Merton se debate e mesmo se imola com essa impossibilidade de não escrever, "determinado a escrever menos, a sumir pouco a pouco [...]"(*MI*, p. 193). Não só está consciente da radicalidade dessa opção como também a confronta e a interroga:

> A vida solitária, agora que eu me confronto com ela, é assustadora, assombrosa, e constato não dispor de resistência em mim para enfrentá-la. Profunda impressão de minha própria pobreza e, acima de tudo, consciência dos erros que permiti em mim mesmo, junto com esse desejo positivo. Tudo isso é bom. Alegra-me ser abalado pela graça e acordar a tempo de ver a grande seriedade disso. Com isso eu andei brincando, e a vida solitária não admite meras brincadeiras. Ao contrário de tudo que é dito a seu respeito, não vejo como a vida realmente solitária possa tolerar ilusão e autoengano. Parece-me que a solidão arranca todas as máscaras e todos os disfarces. Não tolera mentiras. Tudo, exceto a afirmação direta e categórica, é marcado e julgado pelo silêncio da floresta. "Que sua fala seja sim! sim!" (*MI*, p. 290).

Antes de adentrarmos esta cela e explorarmos os sentidos da solidão aí vivenciados, convém explorar ainda um pouco mais a ideia de um diário, pois que nele e a partir dele é que podemos encontrar de forma bem viva a experiência contemplativa de Merton. É preciso ressaltar que na pesquisa tomou-se a decisão de incluir os diários de Merton como peça central. Não era uma direção obrigatória, pois que obras finalizadas e publicadas é o que não falta a Merton. Mas para quem quer acompanhar seus dias no eremitério não há como desconsiderar os diários. E é preciso enfrentar os desafios epistemológicos e hermenêuticos desta opção. Afinal, que texto é este, um diário? Qual seu estatuto no conjunto "canônico" de uma obra? Arte e história? Memória e reflexão? Escrita para si ou para o outro? A busca artesanal de uma "identidade narrativa" – para recorrermos à feliz expressão de Ricoeur? De que verdade se trata, já que a procura de uma lógica que busca uma coesão não é o mais característico de seus traços? Bem ao contrário, temos no diário a errância dos fragmentos e das anotações multifacetadas. Se falta ao diário a profundidade da escrita reelaborada e enfim concretizada em obra acabada, estando aí sua limitação, sobra-lhe a vitalidade da escrita feita no calor da hora, "metáfora viva", para recorrermos, ainda uma vez, ao vocabulário ricoeuriano. Nessa "espontaneidade" do registro em esboço é que talvez esteja sua maior qualidade, pois que no episódico e pontual de um cotidiano pode estar o índice de um sentido maior.

Mas nem tudo nele é liberdade, e também se sujeita a certos limites. É o que nos ajuda a pensar Maurice Blanchot:

> O diário íntimo, que parece tão livre de forma, tão dócil aos movimentos da vida e capaz de todas as liberdades, já que pensamentos, sonhos, ficções, comentários de si mesmo,

acontecimentos importantes, insignificantes, tudo lhe convém, na ordem e na desordem que se quiser, é submetido a uma cláusula aparentemente leve, mas perigosa: deve respeitar o calendário. Esse é o pacto que ele assina. O calendário é seu demônio, o inspirador, o compositor, o provocador e o vigilante. Escrever um diário íntimo é colocar-se momentaneamente sob a proteção dos dias comuns, colocar a escrita sob essa proteção, e é também proteger-se da escrita, submetendo-se à regularidade feliz que nos comprometemos a não ameaçar. O que se escreve se enraíza então, quer se queira, quer não, no cotidiano e na perspectiva que o cotidiano delimita. Os pensamentos mais remotos, mais aberrantes, são mantidos no círculo da vida cotidiana e não devem faltar com a verdade. Disso decorre que a sinceridade representa, para o diário, a exigência que ele deve atingir, mas não deve ultrapassar. Ninguém deve ser mais sincero do que o autor de um diário, e a sinceridade é a transparência que lhe permite não lançar sombras sobre a existência confinada de cada dia, à qual ele limita o cuidado da escrita.[9]

Por outro lado, na escrita de Merton, se é bem verdade que a data exata está sempre ali, e para alguns fatos de sua vida é-nos crucial,[10] essa rígida e incontornável imposição do calendário está matizada pela poética suave e inconfundível do contemplativo, como que um *kronos* atravessado pelo *kairós*, na capitação de um instante intenso.[11]

---

[9] BLANCHOT, Maurice. O diário íntimo e a narrativa. In: *O livro por vir*. São Paulo: Martins Fontes, 2005. p. 270-271.

[10] Por exemplo, uma impactante experiência por que passou em Louisville, divisora de águas em sua trajetória, no dia 18 de março de 1958.

[11] Na compreensão deste aspecto, alguns paralelos têm-me ajudado a compreendê-lo: o "instante-já" contornado e buscado obsessivamente por Clarice Lispector; também a ideia de "instante poético" proposta por Bachelard; e mesmo a categoria do "agora", sugerida por Walter Benjamin como

Vale a pena, quanto a isso, fazer o percurso de alguns de seus registros.

Em 13 de dezembro de 1960, evoca a natureza: "Fumaça branca subindo contra a luz pelo vale, lentamente tomando formas animais, com um fundo escuro de matas bem fechadas por trás. Pacífica, mas ameaçadora [...]" (*MI*, p. 187). Em 15 de abril de 1961, essa experiência contemplativa permeada pela presença marcante da natureza ganha um tom ainda mais eloquente:

> Tempestade com trovões. A primeira durante a qual fiquei no eremitério. Aqui se pode realmente *ver* uma tempestade. O branco serpentear dos raios irrompe bruscamente no céu e some. Uma chuva branca como leite cobre todo o vale. Os morros desaparecem. Os trovões ecoam. Gotas pesadas vão caindo dos beirais do telhado e a grama dobra de viço, muito mais verde do que antes. Não ser conhecido, não ser visto (*MI*, p. 197).

Em 20 de maio de 1961, a natureza comparece em forma de oração:

> [...] Hoje, Pai, este céu azul o louva. As flores delicadas do choupo, verdes e alaranjadas, o louvam. Os distantes morros azuis o louvam, junto com o ar docemente perfumado, cheio de luz resplandescente. Os papa-moscas que se desentendem o louvam, com os touros que se inclinam e as codornas que estão piando ao longe, e eu também o louvo, Pai, com essas criaturas às quais me irmano. Juntos você nos fez e no meio delas me colocou aqui esta manhã. Aqui estou (*MI*, p. 198).

---

aquele instante que rompe o tempo homogêneo e vazio, fazendo explodir o *continuum* da história. E ainda a categoria *epifania*.

230 DIANTE DA REALIDADE CRUA DAS COISAS

Em 30 de maio de 1961, o registro permite vislumbrar uma vivência que se faz também através de caminhadas:

> Cada vez mais eu aprecio a beleza e solenidade do "caminho" que entra pela mata, depois do estábulo dos touros, e passa pela subida de pedras para chegar ao arvoredo alto e reto de nogueiras e carvalhos, circulando a seguir, até a casa, entre os pinheiros do cume da colina (*MI*, p. 199-200).[12]

O ritmo dos dias, em seus variados momentos, como que numa liturgia natural, sempre são ressaltados, como se pode perceber nos seguintes trechos: em 31 de maio de 1961: "Hoje de novo a grande obra da aurora [...]" (*MI*, p. 201); em 11 de dezembro de 1962:

> *De tarde* – a obrigação básica: procurar coerência, clareza, consciência, na medida em que sejam possíveis. Não somente coerência e clareza humanas, mas também as que nascem do silêncio, do vazio, e da graça. O que quer dizer: procurando sempre o equilíbrio certo entre estudo, trabalho, meditação, responsabilidade com os outros e solidão (*MI*, p. 226);

e, em 25 de dezembro de 1962,:

> *Anoitecer:* chuva, silêncio alegria. Estou certo de que, onde o Senhor vê o pontinho de pobreza e extenuação e desamparo a que o monge é reduzido, o solitário e o homem de lágrimas, Ele então *deve* descer e vir e nascer, lá nessa angústia, e torná-la um ponto constante de alegria infinita, uma semente de paz no mundo. Essa é, e sempre foi, minha missão (*MI*, p. 228).

---

[12] Além de ser uma imagem clássica da tradição cristã, neste contexto, caminho evidencia uma muito provável intertextualidade com dois autores que fazem parte do amplo arco de referência de Merton, o Thoreau de *Walden ou A vida nos bosques* e o Heidegger de *Caminho do campo*.

Além da constante presença da natureza, percebe-se também um exercício profundo e reflexivo de interrogação de si, de sua vocação, de sua experiência, de suas dúvidas, de sua procura, de sua missão. Como, também, neste trecho registrado em 28 de janeiro de 1963: "Preciso muito, no entanto, deste silêncio e desta neve. Só aqui posso encontrar meu caminho, porque só aqui o caminho está bem diante dos meus olhos e é o caminho de Deus para mim – realmente não há outro" (*MI*, p. 232). Impactado, o leitor acompanha com uma incontornável emoção esse intenso percurso existencial de um contemplativo.

Maravilhado, prossegue Merton numa espécie de litania ao alvorecer de mais um dia, como mostram estas inquietantes palavras registradas em 21 de maio de 1963:

> Maravilhosa visão das colinas às 7:45 da manhã. As mesmas colinas de sempre, e como à tarde, mas agora pegando luz de um modo totalmente novo, muito terrestre e, ao mesmo tempo, muito etéreo, com delicadas zonas de sombra e ondulações e rugas escuras onde eu nunca tinha visto, e o todo imerso num ralo véu de neblina, dando-lhe uma aparência de litoral tropical, de continente recém-descoberto. Uma voz em mim parecia estar gritando: "Olhe! Olhe!". Pois as descobertas são essas e é para isso que estou no alto do mastro do meu navio (sempre estive), e sei que vamos na rota certa, pois ao redor tudo é o mar do paraíso (*MI*, p. 235-236).

Ou, ainda, este outro extraordinário trecho de 16 de agosto de 1963:

> Tarde adorável ontem, fresca, deslumbrantemente clara. Céu azul, nuvens, silêncio e a imensa área ensolarada do campo de St. Malachy. Descobri um tapete de musgo embaixo dos pinheiros, naquela ilhota arborizada ao longo da qual ainda

cresce a sebe de lespedeza que plantamos dez ou quinze anos atrás. Ontem ela estava em flor e havia abelhas trabalhando em suas flores delicadas e roxas, que lembram as da urze. Um momento inteiramente belo e transfigurado de amor a Deus e a necessidade de uma total confiança n'Ele em tudo, sem reservas, mesmo quando quase nada pode ser compreendido. Uma sensação da continuidade da graça em minha vida e uma igual sensação da estupidez e baixeza das infidelidades que ameaçaram romper essa continuidade. Como posso ser tão tolo e desprezível para brincar com uma coisa assim tão preciosa? (*MI*, p. 243).

Enfim, seus diários permitem uma aproximação serena e digna a este seu trabalho interior, que explora a experiência da solidão no diálogo intenso com a natureza em sua exuberante paisagem, permeada pela leitura da Escritura, pela oração e também pelo trabalho.

Para finalizar estas ponderações sobre a leitura dos diários de Merton, além das categorias mencionadas de *janela* e *espelho*, talvez as melhores sejam aquelas sinalizadas pelo próprio Merton, que seriam a da *atenção* e também a da *escuta*, que abordaremos no tópico a seguir, adentrando o tema central deste texto, o *trabalho de cela*.

O trabalho de cela e os sentidos da solidão

As palavras de Merton a seguir, ainda de seu diário, parecem-nos especialmente oportunas como entrada ao tema do *trabalho de cela*, pois que sinalizam de forma incisiva seu ponto central:

Não é simplesmente uma questão de "existir" sozinho, e sim de fazer, com compreensão e alegria, o "trabalho de cela", que é feito em silêncio e não de acordo com a escolha pessoal ou a pressão das necessidades, mas em obediência a Deus. Como a voz de Deus não é "ouvida" a todo instante, parte do "trabalho de cela" é atenção, para que nenhum dos sons dessa Voz possa ficar perdido. Quando vemos quão pouco nós ouvimos, e quão obstinados e grosseiros são os nossos corações, percebemos como o trabalho é importante e como estamos mal preparados para fazê-lo (*MI*, p. 285).

A partir dessa nota significativa, podemos explorar o tema do trabalho de cela no âmbito de sua experiência no eremitério. As metáforas da *atenção* e da *escuta* são realmente bastante ricas.[13] Como a voz de Deus não é ouvida a todo instante, parte do trabalho de cela é atenção, para que nenhum dos sons dessa Voz possa ficar perdido. A cela permite um tempo de paciência e espera. Possibilita um amadurecimento. Refina os sentidos. Intensifica a experiência. Humaniza. Dilata-se numa amorosa atitude de generosidade e hospitalidade. Cria um poderoso contraste entre o silêncio e os sons da natureza. Instaura um espírito de receptividade, de acolhimento e de atenção. Possibilita uma consonância com o ritmo da natureza, em suas estações. Expressões e imagens vão sendo evocadas, tais como: "aurora", o "momento de temor reverente e de inexprimível inocência, quando o Pai, em perfeito silêncio, lhes abre os olhos"; o momento mais maravilhoso do dia, no qual "a criação em sua inocência pede licença para 'ser' de novo, como foi, na primeira manhã que uma vez existiu"; "ponto cego e suave"; "ponto virgem entre trevas e luz, entre o não ser e o ser"; "um segredo inefável: o paraíso nos envolve e não o sabemos"; "o espírito da

---

[13] WALDRON, Robert. *Thomas Merton;* Master of Attention. New Jersey: Paulist Press, 2008. Esta obra recente explora tal dimensão da espiritualidade de Merton trazendo ricos e sugestivos paralelos entre a atitude da *atenção* em Merton, em Simone Weil e também no zen-budismo.

noite"; "aragem da aurora"; "essa flor, essa luz, esse momento, esse silêncio"; "o louvor das criaturas; "a beleza e a solenidade do 'caminho' que passa pelos bosques"; e assim prossegue nesta explosão amorosa pelo Pai e sua criação.

Trata-se de uma experiência com a *palavra*, pelo menos em três dimensões diferentes: a da palavra literária, a da palavra bíblica e a da palavra teológica. Escritores e poetas são permanentemente evocados, as Escrituras são a referência predominante e constante, e estabelece-se um diálogo profícuo e intenso com teólogos. De fato, os diários de Merton, dentre inúmeras caracterizações possíveis, podem também ser tomados como uma espécie de diário de leituras.

Trata-se também de uma experiência com os *sentidos*: ver, ouvir, tocar, sentir. A mesma *consonantia* do *alleluia* do canto gregoriano, Merton identifica no ritmo e na música da natureza:

> Sento-me no quarto de trás, que é fresco, onde deixam de ressoar as palavras, onde todos os significados são absorvidos na *consonantia* de calor, pinheiro fragrante, vento quieto, canto de pássaros e uma nota tônica central que não se diz nem se ouve. Não é mais hora de obrigações. No silêncio da tarde, tudo está presente e tudo é inescrutável numa nota tônica central para a qual os demais sons ascendem, ou da qual descendem, à qual todos os outros significados aspiram, para que encontrem sua realização verdadeira. Perguntar quando soará essa nota é perder a tarde: ela já soou, e agora todas as coisas zumbem com a ressonância de seu tom (*MI*, p. 284).

Lembrando que tais palavras brotam da experiência solitária da *cela*, é necessário que aprofundemos sobre o seu sentido. O que é isto, um estar só? Um embate consigo mesmo, com Deus e com o mundo? Uma espécie de luta infindável de Jacó com o o anjo? Uma espécie de ajuste de contas consigo mesmo? Uma verdade de si só possível neste abandono de si em Deus? Nesse lançar-se, nesse deixar ser? Várias notas sugerem como que uma escuridão na contemplação: "Identidade. Posso ver agora onde o trabalho tem de ser feito. Tenho entrado em solidão aqui para encontrar-me e, agora, devo também perder-me [...]" (*MI*, p. 239).

Um ponto que Merton retira da tradição dos padres do deserto parece, sobretudo, ser central: o da quietude permitida pela cela. No estudo dedicado aos Padres do Deserto, ressalta:

> Por fim, o termo próximo de toda essa luta era a "pureza do coração" – a visão nítida e desobstruída do verdadeiro estado das coisas, a compreensão intuitiva da própria realidade interna como ancorada, ou entregue, a Deus por intermédio de Cristo. O fruto desse processo era *quies*: "descanso". Não o descanso do corpo, nem mesmo a estabilização do espírito exaltado em um ponto ou ápice de luz. Os Padres do Deserto não eram, em sua maioria, extáticos. Os que eram deixaram atrás de si algumas histórias enganosas e esquisitas que confundem a questão essencial. O "descanso" que esses homens buscavam era simplesmente a sanidade e o equilíbrio de um ser que não necessitava mais olhar para si mesmo, pois era levado pela perfeição da liberdade que possuía. Aonde? A qualquer lugar que o Amor ou o Divino Espírito considerasse apropriado. O descanso era, portanto, uma espécie de lugar-nenhum e não intencionalidade que perderam toda a preocupação com o "eu" falso e limitado. Em paz, na posse de um "nada" sublime, o espírito mantinha-se, em segredo, acima do "tudo" – sem se preocupar em saber o que possuía.[14]

---

[14] MERTON, Thomas. *A sabedoria do deserto*. São Paulo: Martins Fontes, 2004. p. 8-9.

Pouco antes de sua inesperada e prematura morte, Merton revisita o tema, insistindo mais uma vez neste ponto essencial do trabalho de cela, que é a quietude do coração.[15] Relembra uma variante de uma clássica sentença dos Padres do Deserto que enfatiza que o ponto capital para o solitário é ser solitário – "permanecer sentado em sua cela" –, pois a cela há de "ensinar--lhe tudo".[16] Tudo mais é secundário e de pouca importância, até mesmo as práticas ascéticas. Ou melhor: a mais importante prática ascética é a própria solidão e o "permanecer sentado". E acrescenta:

> Esta paciente sujeição à solidão do coração, ao vazio, ao "exílio" em relação ao mundo onde vivem as outras pessoas, numa confrontação direta com o mistério de Deus, dá, por assim dizer, o tom a todos os demais atos do solitário. Sem esta aceitação clara e definida da solidão em suas mais despojadas exigências as outras práticas podem ter mau êxito ou obscurecer a verdadeira meta da vida em solitude. Podem tornar-se uma fuga da solidão. Uma vez plenamente aceita a solidão, as demais práticas – jejum, trabalho, vigílias, salmodia etc. – gradualmente encontram o lugar que lhes cabe, pois sua necessidade e eficácia são corretamente entendidas em relação ao ideal total da "permanência na cela".[17]

Esses elementos que redescobre da tradição são por Merton atualizados em sua experiência eremítica, acrescentando-lhes

---

[15] Id. A cela. In: *Contemplação num mundo de ação*. Petrópolis: Vozes, 1975. p. 233-239.

[16] Em seu diálogo com Suzuki, que possibilitou vislumbres e aproximações entre a mística cristã e o zen-budismo, Merton aprofundará esta dimensão. Sobretudo a obra *Zen e as aves de rapina*, publicada em 1968, é seu grande texto em torno do tema.

[17] Ibidem, p. 233-234.

novos contornos e novos sentidos. Por um lado pela própria experiência de uma "cela" cravada nas montanhas da região central dos EUA em plena década de 1960. Seu eremitério é um laboratório, onde labora a palavra, entrecortada pela natureza e pelo saltério, onde se vê nascer uma reflexão teológica em poesia originária. Para retomar uma categoria central em Merton, que é a do *ponto virgem*, é como se ao ponto virgem do nascer da aurora, onde a natureza se apresenta intocada, como em sua primeira manhã, se fizesse coincidir o ponto virgem de uma escrita primeira, qual palavra intocada e ainda não corrompida, a qual se manifestasse em sua nomeação inaugural.

Por outro lado, esse trabalho de cela em Merton revigorado vem marcado por novas incidências, como, por exemplo, a presença de uma prática, ou, ao menos, de uma aproximação zen, e também de elementos advindos das filosofias da existência. A citação anterior de Blanchot, quanto aos sentidos do diário como escrita, talvez encontre aí seu limite, pois o diário de um contemplativo, ainda mais da densidade de um Merton, vai bem além do registro de um cotidiano e mesmo de um diário de leituras como mencionado, tratando-se, acima de tudo, do registro, ainda que fugaz e tenso, de um itinerário espiritual. É um aquietar-se, um abandonar-se em Deus, específico da experiência religiosa, em especial quando esta se põe no horizonte da contemplação.

A passagem a seguir é exemplar dessa ressignificação do aquietar-se na cela em Merton, quando aciona uma categoria nitidamente heideggeriana:

> *Gelassenheit* – deixar rolar e largar-se – não ser estorvado por sistemas, palavras, projetos. E no entanto, ser livre *nos* sistemas, projetos. Não tentar se afastar de toda ação, toda fala,

238   DIANTE DA REALIDADE CRUA DAS COISAS

mas manter-se solto, *gelassen,* sem se estorvar nessa ou naquela ação. O erro dos contemplativos por demais conscientes de si mesmos: desligar-se numa certa espécie de não ação que é um aprisionamento, um estupor, o contrário da *Gelassenheit.* Na verdade, o quietismo é incompatível com a verdadeira liberdade interior. O peso dessa "quietação" imposta e estúpida – o ser sentando-se com toda a força sobre sua própria cabeça (*MI,* p. 347).[18]

A chuva e o rinoceronte

Penso ser bastante adequado finalizar este texto com alguns breves apontamentos sobre dois de seus significativos textos: *Rain and the Rhinoceros* ("A chuva e o rinoceronte") e *Day of a Stranger* ("Dia de um estranho").

Os primeiros dias de Merton no eremitério foram marcados por páginas de reflexões sobre seu novo estilo de vida decorrentes de sua experiência da solidão:

> Os cinco dias que tive de solidão verdadeira foram uma revelação. As perguntas que eu me possa ter feito sobre isso, fossem quais fossem, estão respondidas. Repetidas vezes vejo que essa vida é que sempre procurei e esperei que viesse a ser. Uma vida de paz, silêncio, objetivo, significado. Nem sempre ela é fácil, pede um abençoado e salutar esforço – e um pouco deste vai bem longe. Tudo a seu respeito é compensador (*MI,* p. 293).

---

[18]   O registro é de 13 de novembro de 1966. O texto de Heidegger assim expressa em uma de suas passagens: "Este estar liberto (*Gelassensein*) é o primeiro momento da serenidade" (cf. HEIDEGGER, M. *Serenidade.* Lisboa: Instituto Piaget, 1959, p. 49). Outra e talvez melhor solução para a opção "deixar rolar" do tradutor brasileiro seria "deixar ser" ou "estar liberto". O termo escolhido por Merton foi "Letting go".

Mas sobretudo as descrições que faz do silêncio da noite, da meditação ainda na madrugada, da leitura e do café da manhã tendo diante de si a visão do bosque e do nascer do sol, e prosseguindo pelo dia em seus muitos e vagarosos momentos, até o anoitecer, é que dão a exata medida do seu dia. Também são abundantes aí descrições das tarefas do dia, comuns e rotineiras, aparentemente banais, sem nenhuma relação direta ou óbvia com qualquer atitude piedosa, mas que, de fato, traduzem o esforço de uma outra forma de espiritualidade, que brota do cotidiano e do próprio viver. É o que se capta num trecho como este:

> No calor da tarde volto com a garrafa, que enchi de água fresca, pela plantação de milho, passo pelo estábulo, embaixo dos carvalhos, e subo o morro, embaixo dos pinheiros, até a cabana quente. Saindo do capim alto, cotovias levantam voo cantando. Sob o beiral, que é largo e dá muita sombra, zumbe um mangangá. [...] Varro. Estendo um cobertor ao sol. Corto grama atrás da cabana. Escrevo no calor da tarde. Daqui a pouco vou apanhar o cobertor de volta e arrumar a cama. O sol está rodeado de nuvens. O dia declina. Talvez chova. Toca um sino no mosteiro. Um devoto trator cisterciense está rosnando no vale. Logo vou cortar meu pão, jantar, dizer os salmos, sentar-me no quarto dos fundos, enquanto o sol vai-se pondo, os passarinhos cantam à janela, a noite desce o vale [...] (*MI*, p. 284).

É esse também o testemunho que nos deixou Ernesto Cardenal, que se reporta a um episódio de seu noviciado, no qual Merton lhe dizia que "[...] a vida contemplativa era algo muito simples, que não devia ter complicações. A vida contemplativa era simplesmente viver, como o peixe na água".[19]

---

[19] CARDENAL, Ernesto. *Vida perdida – Memórias 1*. Madrid: Trotta, 2005. p. 144. Boa parte deste primeiro volume das *Memórias* de Cardenal é dedica-

240 DIANTE DA REALIDADE CRUA DAS COISAS

Cunningham – um reconhecido estudioso de sua obra – ressalta que se pode perceber em suas descrições um débito tanto à doutrina cristã do viver na consciência da presença de Deus quanto ao conceito zen da "consciência plena" ou "plena atenção" (*mindfulness*).[20] Em ambas as tradições, o que se põe em relevo é essa sintonia, essa percepção acurada de cada momento, fazendo das tarefas mais comuns um senso agudo do momento em toda a sua intensidade. O que vem expresso pelo próprio Merton, em seu reconhecido humor e até irreverência, nesse caso rechaçando qualquer aura de santidade a ele atribuível:

> O que eu faço é viver. Como eu rezo é respirar. Quem disse zen? Lave bem essa boca se você disse zen. Se você vir uma meditação em curso, faça fogo contra ela. Quem disse "Amor"? O amor está no cinema. A vida espiritual é algo com que as pessoas se preocupam quando estão tão ocupadas com outra coisa que pensam que deveriam espiritualizar-se. Vida espiritual é culpa. Aqui em cima nas matas vê-se o Novo Testamento: quer dizer, o vento vem por entre as árvores e você o respira (*MI*, p. 279).

As notas que se sucedem de forma livre nos seus diários acabaram por cristalizar-se em dois fascinantes ensaios, escritos para diferentes destinatários e que lhe deram a chance de expor sua vida no eremitério como um veículo para expressar algumas de suas mais profundas convicções sobre "[...] quem era, o que

---

da a seus anos de noviciado em Getsêmani, sob a orientação de Merton, e, neste sentido, oferece um retrato bastante rico tanto do cotidiano de Merton como de seu jeito humano de ser.

[20] CUNNINGHAM, Lawrence S. *Thomas Merton & Monastic Vision*. Cambridge: William B. Eerdmans Publishing Company, 1999. p. 130.

estava fazendo, e o que sua vida poderia significar".[21] *Rain and the Rhinoceros* é o primeiro desses ensaios, que inicialmente veio à luz como um artigo, informa-nos Cunningham, o qual Merton escreveu para uma revista então popular, chamada *Holiday*, sendo publicado em 1965.[22] Trata-se de uma meditação poética, inspirada em leituras do místico e eremita siríaco Filoxenos, na qual Merton reflete sobre sua vida no eremitério durante uma tempestade. A *chuva* é tomada como um símbolo para os ritmos do mundo natural, cujo respingar convida para um exercício contemplativo singelo por meio de uma escuta atenta e sensível. Contrastando com essa meditação serena e silenciosa sobre a chuva, ainda que torrencial, a partir de um autor espiritual, ele apresenta a figura do *rinoceronte*, que simboliza a pessoa ou instituição que se tornou desumana e bestial.[23] O contraste é entre o cair natural e abençoado da chuva e a figura bruta do rinoceronte, como um símbolo da deformação da natureza, especialmente da natureza humana. Assim se expressa:

> Mas também vou dormir, porque aqui nesta selva aprendi a dormir novamente. Aqui não sou um estranho. Às árvores as conheço, à noite a conheço, à chuva a conheço. Fecho os olhos e em instantes absorvo-me em todo o mundo de chuva do qual sou parte, e o mundo segue adiante comigo dentro, pois não lhe sou um estranho. Sou estranho aos ruídos das cidades, da

---

[21]   Ibid., p. 131.

[22]   Em 1966, Merton reúne e publica um conjunto de textos em um volume intitulado *Raids on the Unspeakable* (New York: New Directions, 1966), incluindo aí o ensaio *Rain and Rhinoceros*.

[23]   Merton retira a figura do rinoceronte de uma peça homônima do escritor Eugène Ionesco, constando algumas notas de leitura em seu diário do período: MERTON, Thomas. *Dancing in the Water of Life*. New York: Harper One, 1997. p. 178. Journal vol. 5 1963-1965. Este volume dos diários foi editado por Robert E. Daggy.

gente, à ganância da maquinaria que não dorme, ao zumbido da força que devora a noite. Não posso dormir onde se despreza a chuva, o sol e a obscuridade. Não posso confiar em nada que tenha sido fabricado para substituir o clima dos bosques ou das pradarias.

E prossegue descrevendo a brutalidade das cidades, fechando o trecho com as seguintes palavras:

> Em vez de despertar e existir em silêncio, as pessoas da cidade preferem um tenaz e fabricado sonho: não querem ser parte da noite, ou simplesmente do mundo. Hão construído um mundo fora do mundo, contra o mundo, um mundo de ficções mecânicas que despreza a natureza e procura somente usá-la, impedindo, assim, que ela e o próprio homem se renovem.[24]

O outro extraordinário ensaio do mesmo teor e que merece nossa leitura atenta é *Day of a Stranger*, que foi publicado em 1967, informa-nos ainda Cunningham, em uma revista literária bem mais erudita intitulada *The Hudson Review*,[25] mas que foi de fato escrita alguns anos antes, conforme consta no diário de Merton, registrado como em "algum momento de maio de 1965".[26] A palavra *stranger* no título alude ao romance *L'Estranger* de Albert Camus, podendo, assim, ser traduzida por estranho ou estrangeiro.[27]

---

[24] MERTON, *Raids on the Unspeakable*, p. 10-11.

[25] CUNNINGHAM, *Thomas Merton & Monastic Vision*, p. 132.

[26] *MI*, p. 276-285.

[27] Entre 1966 e 1968, Merton publicou sete ensaios sobre Albert Camus, um deles exatamente sobre o romance *O estrangeiro*, com o título "The stranger: poverty of an atihero". Ver: MERTON, Thomas. *The Literary Essays of Thomas Merton*. New York: New Directions, 1981. p. 292-301.

Um primeiro impacto para o leitor é esta opção de Merton pela expressão *estranho*. De saída, Merton situa-se nessa posição da ordem de uma estranheza e daí se assume. Afinal, o que é isso, um contemplativo em pleno século XX? Uma espiritualidade da solidão e do silêncio exatamente quando o mundo – em especial da década de 1960 – mais se faz barulhento e *mass*-mundializado?

O monge eremita que aí fala apresenta-se a nós na condição de uma estranheza. A solidão e o silêncio da contemplação de fato assustam-nos, constrangem-nos, escandalizam-nos, mas também seduzem-nos. Ressaltando que a expressão *estranho* possibilita múltiplos sentidos. São Bento, na *Regra*, vê os monges como estrangeiros no mundo, e Merton realmente era de algum modo um estranho no contexto do mosteiro, não apenas no sentido de colocar-se à margem em relação ao mundo como também no próprio contexto da vida monástica em seu sentido mais institucional. Também a imagem do cristão como um *peregrinus*, sentido de um estranho em relação ao mundo e seus negócios e interesses, parece estar presente nessa expressão cuidadosamente escolhida por Merton. Permanece uma insistente sensação de desconforto e desenraizamento. Mas talvez a principal estranheza seja mesmo em relação às sociedades contemporâneas em seu modo de ser brutalizado, e mesmo bestializado, conforme retratado na figura da cidade, no texto anteriormente mencionado. Lembremos que ali Merton revela que no bosque, entre a noite e a chuva, não se sentia um estranho. Via-se como um estranho entre os ruídos da cidade e a ganância do sonho artificial fabricado pelas máquinas.

Dia de um estranho é um ensaio que conjuga, com rara felicidade, algo de singelo e encantador, e ao mesmo tempo joga com uma certa ironia sobre si, dirigindo-se a uma audiência que, ainda que com simpatia, pouco conhecimento tinha sobre a vida eremítica. Ressalta Cunningham que "contrastando sua nova vida como um eremita com a vida no mundo ou mesmo no mosteiro, ele se utiliza de uma linguagem da sociologia, tomada especialmente do então popular escritor Marshall McLuhan".[28] A atmosfera do eremitério é "cool", que neste contexto pode ser entendido como "serena", enquanto a vida monástica é "hot", que pode ser traduzida como quente no sentido de uma certa rigidez, onde predominam palavras de ordem como "deve" (*must*), "deveria" (*ought*) e "convém" (*should*). O contraste entre "cool" e "hot" era simplesmente uma forma de Merton descrever a distinção que ele sempre tinha em mente, a saber, a diferença entre monasticismo como estilo de vida (*way of life*) e monasticismo entendido como uma instituição.

Lembra ainda o autor que a vida eremítica de Merton comportava sua própria "ecologia mental", pois era um espaço para a voz dos poetas de muitas linguagens. Como evoca o próprio Merton nesse texto, estão aí presentes Chuang Tzu, Filoxenos, Rilke, Vallejo, René Char, Nicanor Parra, Albert Camus, Flannery O'Connor, Juliana de Norwich, Teresa de Ávila, Raissa Maritain e outros mais, a propósito dos quais Merton justifica: "É bom escolher as vozes que serão ouvidas nestas matas, mas nelas próprias também se escolhem e se transmitem para estarem presentes aqui neste silêncio. Seja como for, não há carência de vozes" (*MI*, p. 278). É uma comunidade imaginária com a qual, em sua vida solitária, Merton parece querer estabelecer um diálogo interior, com poetas de diferentes linguagens, escritores de diferentes gêneros, contemplativos de variadas tradições,

---

[28] CUNNINGHAM, *Thomas Merton & Monastic Vision*, p. 133.

como que querendo reconciliar diferentes e mesmo antagonísticas versões da fé e da cultura.

Mas, como a referida citação já sinaliza, o principal mesmo são as matas, onde as vozes podem ser ouvidas. Pois é aí que o eremitério constitui-se como um espaço de contemplação.

Considerações finais

Durante muito tempo predominou uma leitura parcial de Merton, que focalizava, a partir de sua autobiografia, *A montanha dos sete patamares*, aquele Merton que teria virado as costas para o mundo e se voltado para a vida interior através de uma escolha radical pelo monacato.

Vem-se reconhecendo cada vez mais um segundo momento de Merton, quando, sobretudo a partir de 1958, redescobre o mundo e de certa maneira a ele retorna, enfrentando os grandes problemas sociais daquele período através de sua escrita, de rara qualidade.

O quadro total que se percebe é que em Merton, na realidade, essas duas dimensões sempre estiveram indissociáveis. E este vem sendo o tema principal de minha pesquisa. Sendo assim, a concepção de Merton sobre a contemplação deve ser entendida não como fuga do mundo e sim como experiência no tempo. O que nos permite concluir que, ao menos em Merton, a oposição transcendência/imanência parece ser um falso dilema.

Quando não restam mais dúvidas quanto a isso, ficamos livres e sentimo-nos impulsionados a estudar as inúmeras facetas de sua vida e de seus textos, e explorar os incontáveis temas por ele abordados em sua *obra*. É o caso do tema aqui focalizado, do trabalho de cela.

Cremos que as refinadas meditações de Merton sobre o impressionante e vertiginoso trabalho interior em nada perderam sua atualidade, não só para as pessoas particularmente identificadas com questões religiosas, como também para toda a gente, pois que a violência de nossas cidades e a estridência caótica e artificial de nossas mídias só aumentou. Ainda hoje, talvez a voz interior, em seu paciente e silencioso trabalho, seja a melhor forma de discernir o caminho humano a percorrer.

Referências bibliográficas

BLANCHOT, Maurice. *O livro por vir*. São Paulo: Martins Fontes, 2005.

CARDENAL, Ernesto. *Vida perdida – Memórias 1*. Madrid: Trotta, 2005.

CUNNINGHAM, Lawrence S. *Thomas Merton & Monastic Vision*. Cambridge: William B. Eerdmans Publishing Company, 1999.

HEIDEGGER, Martin. *Serenidade*. Lisboa: Instituto Piaget, 1959.

MALCOM, Janet. *A mulher calada – Sylvia Plath, Ted Hughes e os limites da biografia*. São Paulo: Companhia das Letras, 1995.

MERTON, Thomas. *A sabedoria do deserto*. São Paulo: Martins Fontes, 2004.

_____. *A vida silenciosa*. 3. ed. Petrópolis: Vozes, 2002.

_____. *Contemplação num mundo de ação*. Petrópolis: Vozes, 1975.

_____. *Dancing in the Water of Life*. New York: HarperOne, 1997. Journal vol. 5, 1963-1965.

_____. *Merton na intimidade – Sua vida em seus Diários*. Rio de Janeiro: Fissus, 2001.

_____. *Na liberdade da solidão*. 2. ed. Petrópolis: Vozes, 2001.

_____. *Raids on the Unspeakable*. New York: New Directions, 1966.

_____. *The Literary Essays of Thomas Merton*. New York: New Directions, 1981.

_____. *Zen e as aves de rapina*. Rio de Janeiro: Civilização Brasileira, 1972.

SHANNON, William H.; BOCHEN, Christine M.; O'CONNELL, Patrick F. *The Thomas Merton Encyclopedia*. Maryknoll, New York: Orbis Books, 2002.

WALDRON, Robert. *Thomas Merton;* Master of Attention. New Jersey: Paulist Press, 2008.

A PORTADORA DE CRISTO NOS CAMPOS DO III *REICH*

MARIANA IANELLI*

Em um século que conheceu o advento histórico do inumano, que esfacelou o tempo pela lógica da eficácia e do consumo, que instituiu o desprestígio da faculdade de transcendência até o nível do discurso, uma mulher chamada Vittoria Guerrini, nascida em Bolonha em 1923, ousou a imperdoável aristocracia da beleza e viveu a perfeição, a quietude, a cerimônia.

> Devota como ramo
> curvado pelos nevões,
> alegre como fogueira
> nas colinas esquecidas,
> sobre acutíssimas lâminas
> em branca camisa de urtigas,
> te ensinarei, minha alma,
> este passo do adeus.[1]

---

* Poeta, mestre em Literatura e Crítica Literária, autora de *Passagens*, *Fazer silêncio*, *Almádena* e *Treva alvorada*, entre outros livros, todos publicados pela editora Iluminuras. Colabora como resenhista para os jornais *O Globo* – Prosa&Verso (Rio de Janeiro) e *Rascunho* (PR). Tem participações em várias antologias e revistas literárias.

[1] CAMPO, Cristina. *O passo do adeus*. Lisboa: Assírio&Alvim, 2002. p. 39.

É assim, em atitude inoportunamente reverenciosa para sua época, com um estilo que faz transparecer "uma pronúncia da alma", que Vittoria Guerrini assume para si a vocação de um nome santo, com o qual assina seus poemas e ensaios: Cristina Campo, a portadora de Cristo nos campos do III *Reich*.

Além de tradutora de Homero, Hölderlin, T. S. Eliot, foi uma das primeiras referências, na Itália da década de 1950, no estudo da obra de Simone Weil, com quem partilhou o princípio de que "não há atenção extrema a não ser religiosa"[2] e de que "a 'literatura de imaginação' é imoral".[3] A atenção, que em seu mais alto grau Simone Weil chama de prece, ainda mais apaixonadamente para Cristina Campo é uma virtude que se aproxima da santidade, uma "aceitação fervorosa e impávida do real" que impede a arbitrariedade da fantasia e revela o máximo significado divino a que se pode chegar pela via do mistério e da beleza. Avizinham-se aqui, por um estado profundo de vigília, a poesia e a liturgia, ambas mediadoras da síntese que recompõe a realidade no esplendor da figura.

Com esse espírito de reverência ao sentido sagrado que envolve tanto o ato poético como o gesto litúrgico, Cristina Campo dedica-se a meditar na palavra de poetas e místicos que admira, e o faz como se recuperasse para sua obra um pouco do requinte de celebração dos mistérios divinos, que a arte do seu tempo, "em grande parte de pura decomposição, como convém a uma época que se nutre de terror",[4] só poderia considerar despropositado ou anacrônico.

---

[2] WEIL, Simone. *A gravidade e a graça*. São Paulo: Martins Fontes, 1993. p. 128.

[3] Ibid., p. 76.

[4] CAMPO, Cristina. *Os imperdoáveis*. Lisboa: Assírio & Alvim, 2005. p. 175.

Gottfried Benn, William Carlos Williams, Marianne Moore são alguns dos poetas que figuram em sua obra ensaística, na galeria dos "imperdoáveis", exemplos de uma perfeição que "se assemelha ao jacinto de Perséfone" e que ao mundo moderno naturalmente apavora "porque aceitá-la é sempre aceitar a morte, o fim do velho homem e uma difícil vida nova".[5] Para a imperdoável Cristina, seu jacinto é Chartres, "Chartres algemada de corvos e ventos do norte / [...] / Ó meu jacinto de folhas verdes / na planície esfumada do pranto".[6] Para a imperdoável Cristina, que enaltece a Beleza como secreta virtude teologal, a palavra que transfigura sangue em lágrima cristaliza-se em sua própria experiência poética o sentido de morte e ressurreição dos ritos: "Amor, hoje teu nome / a meus lábios escapou / como ao pé do último degrau... / Espalhou-se a água da vida / e toda a longa estrada / é para recomeçar".[7]

Compreende-se quanto pesa para Cristina o respeito por tudo o que se diz à medida do silêncio que circunda a palavra. A síntese que opera a transfiguração do real em poesia, como imagem especular da criação, remete ao hieróglifo de uma nova natureza, com o sentido transcendente que a poeta atribui à natureza: uma "metáfora do sobrenatural". No centro da atenção, sem quebrar o silêncio, tem-se a imagem de uma inequívoca justiça, uma verdade interpretada em símbolo segundo a mediação "entre o homem e o deus, entre o homem e o outro homem, entre o homem e as regras secretas da natureza".[8] Em outros

---

[5]   Id. *Sob um falso nome*. Lisboa: Assírio & Alvim, 1998. p. 172.

[6]   Id. *O passo do adeus*. Lisboa: Assírio & Alvim, 2002. p. 49.

[7]   Ibid., p. 35.

[8]   Id., *Os imperdoáveis*, p. 174.

termos, fazendo-se digno de um dom, o dom da palavra, um poema resulta em uma oferenda ao glorioso poema da criação.

A constatação imediata do grau de vigília em que um poema foi escrito é sem dúvida uma constatação impiedosa na sua infalibilidade, porque presidida por uma ética similar àquela que defendia Paul Claudel ao observar que a palavra é "a apreciação do esforço que nos foi necessário para formá-la, ou mais, para nos formarmos nela".[9] Toda uma vida se cumpre na consagração de um tempo transcendente, no perpétuo recomeço, no fulgor da permanência em um gesto sagrado intimamente vinculado a um gesto natural, como estão vinculados, na comparação de Paul Claudel, a mão do escritor e o movimento que lhe dá ânimo.[10]

Desse modo, vê-se melhor a razão pela qual Cristina Campo condena a imaginação, porque perverte uma lei secreta separando da natureza o sagrado, rompendo a harmonia entre respiração e canto, como um elemento estranho que se introduzisse entre os objetos rituais de uma cerimônia. Para Cristina, no mundo obscuro e desatento da Modernidade, em um tempo rarefeito, esquecido das horas canônicas, equiparam-se impaciência e profanação. Sua resposta, submetida às regras de outro mundo, é um radical sofrimento pela beleza, uma custódia do silêncio da oração em reflexões sobre temas que nela despertam um "louvor verdadeiramente trinitário, no qual o corpo é feito

---

[9] CLAUDEL, Paul. *Art poétique*. França: Gallimard, 2002. p. 132. Segue a frase na íntegra e em versão original: "Le mot, en effet, nous l'avons vu, n'est pas seulement le signe d'un certain état de notre sensibilité, il est l'évaluation de l'effort qui nous a été nécessaire pour le former, ou plutôt pour nous former en lui".

[10] Nas palavras de Paul Claudel: "Les rencontres des forces physiques et le jeu des volontés humaines coopèrent dans la confection de la mosaïque Instant". In: CLAUDEL, *Art poétique*, p. 54.

sentimento, o coração pensamento e o intelecto contemplação".[11] Entre esses temas estão a pintura, a iconografia sagrada, a vida e a obra de grandes místicos, como Abraham Joshua Heschel.

Em uma introdução entusiástica a Heschel, Cristina o insere na linhagem dos profetas, exaltando sua obra *O Schabat* como um "pequeno diamante", o que, para além do simples elogio, condiz profundamente com o valor que a poeta atribui à santificação do tempo na arte da poesia e do ritual. A oportunidade de "alçar o bem ao nível do santo, de contemplar o sagrado abstendo-se do profano",[12] que está presente na lei do *Schabat*, revela-se nos escritos de Cristina Campo nos termos de uma educação da mente para o despertar dos sentidos sobrenaturais. Palavras, objetos e gestos sacramentais evocam a criação do mundo pela beleza, e o belo, para Cristina, sendo condição da alegria, é também a realeza da santidade:

> [...] as chamas, os incensos, as trágicas vestes, a majestade dos movimentos e das figuras, o *rubato* de cantos, passos, palavras, silêncios, todo esse vívido, fúlgido e rítmico cosmos simbólico que sem trégua acena, alude, remete para um seu duplo celeste, do qual não é mais do que a sombra gravada na terra.[13]

Eis uma poeta iniciada nos mistérios do tempo, uma alma apaixonada pela eternidade, como queria Heschel.

> Dois mundos – e eu venho do outro.
> Atrás e dentro
> estradas ensopadas

---

[11] CAMPO, Cristina. *Sob um falso nome*. Lisboa: Assírio&Alvim, 1998. p. 110.

[12] Id., *Os imperdoáveis*, p. 109.

[13] Ibid., p. 253-254.

atrás e dentro
névoa e laceração
[...]
mundo selado ao mundo, compenetrado no mundo,
inenarrável desconhecido ao mundo,
pelo sopro divino
um instante suscitado,
pelo sopro divino
logo cancelado,
espera o Lume escondido, o sepulto Sol,
a portentosa Flor.[14]

Nesses versos de "Diário bizantino", seu mais longo poema, Cristina Campo encena a reconciliação do espírito com o mundo celeste por meio da transfiguração litúrgica. Há uma "dura cortina de chuva e laceração de caos e razão" que é preciso vencer, "o altivo voo dos véus deste mundo", os cinco sentidos que têm de ser imolados, purificados, regenerados no terror e na glória do amor divino que inflama o centro do ser: o coração.

É a abertura para a descida do Verbo ao microcosmo do corpo, ao centro do peito, o exorcismo que enseja a morte necessária, a metamorfose espiritual dos sentidos pelo fogo – "ó calar dos cantos, pulverizado o coração!".

Lembrando aqui um estudo de Jorge Miguel Bastos da Silva intitulado "O véu do templo",[15] antes da "secularização das estruturas de pensamento" a poesia inglesa romântica recorria ao motivo véu para expressar simbolicamente a ligação, e também o contraste, entre o eterno e a dimensão da temporalidade.

---

[14] Id., *O passo do adeus*, p. 77.

[15] SILVA, Jorge Miguel Bastos da. *O véu do templo;* contributo para uma topologia romântica. Portugal: Porto Editora, 1998.

Se é verdade que Cristina Campo reprovaria no romantismo o arrebatamento estético acima do espiritual, é provável que também reconhecesse na experiência poética dessa época a verdadeira imaginação, aquela fundamentada em uma aspiração de transcendência, em uma profunda consciência teológica e no poder do simbolismo cristão.

Para Cristina, o véu tanto cobre o mundo físico em sombras de representação do mundo celeste como pode descer sobre o homem santo, escudando-o em um estado de impassibilidade que assegura seu retiro interior e unifica seu espírito em Deus no entretecer de afetuosas jaculatórias. Nesse caso, o véu seria como um "lençol de fogo" pousado sobre a cogula dos ascetas, um manto resplandecente, feito dos raios de um corpo glorioso, vestindo a miséria de um corpo humano frugal nos seus modos de vida, nas suas poucas palavras, nos seus gestos mínimos, um corpo portador do desespero e também da secreta fonte de esperança, que constituem a "tradição imemorial da pobreza", nas palavras de Georges Bernanos.[16]

As jaculatórias, tais como as sentenças dos anacoretas, na visão da poeta, são flechas despedidas ao céu, um emblema da verticalidade e da força assustadora de uma experiência de exorcismo espiritual e devoção. Diante da radicalidade da prática religiosa dos Padres do Deserto, aos quais Cristina chama de "aterradores e dulcíssimos zen-cristãos", diante da incansável disciplina de santificação do tempo, que necessariamente dispensa todo ato, bem como toda palavra, que não esteja em conformidade com o silêncio da oração, um arsenal de poemas e

---

[16] Bernanos refere-se ao poder da miséria advindo de Jesus, "o misericordioso sacerdote da pobreza". A citação consta em seu texto "La Vie de Jésus", na coletânea organizada e apresentada por seu filho Jean-Loup BERNANOS *Les Predestinés* (Paris: Éditions du Soleil, 1983. p. 80).

narrativas literárias parece ser posto à prova. Cristina Campo, que em sua vida escreveu apenas trinta e três poemas, ela mesma declarou certa vez: "Escrevi pouco e agradar-me-ia ter escrito menos". Sua poesia almeja ser um dardo lançado para o alto:

> Tu, Ausente que é preciso amar...
> final que nos escapa e perseguimos
> como sombra de um pássaro pela vereda:
> não mais quero buscar-te.

> Vibrarei sem quase olhar a minha flecha,
> se a corda do coração não estiver tensa:
> o mestre d'arco zen assim me ensina
> ele que há três mil anos Te observa.[17]

Essa flecha incandescente tem dupla direção e um mesmo alvo: expede-se em uma palavra de louvor a Deus e crava-se violentamente no centro do coração do discípulo. Há, no entanto, circundando este centro, espirais de delicadeza, rituais, consagrações que conduzem o espírito em seus caminhos sinuosos por meio do fio de Ariadne da atenção. A analogia entre a atenção e o fio de Ariadne é da própria Cristina Campo.

A Catedral de Chartres, tão cara à poeta, torna-se aqui uma imagem poderosa, pois à sua entrada, localizada na face oeste, vê-se o desenho de um enorme labirinto tomando toda a largura da nave. "Acaso não sabeis que sois templo de Deus e que o Espírito de Deus habita em vós?" (1Cor 3,16). Assim, o fiel que penetra o espaço sagrado, orientado pelo poente, faz-se peregrino de um labirinto dentro de seu próprio templo, iniciando-se em um caminho místico de purificação do espírito rumo àquele centro

---

[17] CAMPO, *O passo do adeus*, p. 47.

luminoso denominado "Reino de Deus em nós". Percorrer as circunvoluções desse caminho, penetrar seu símbolo no interior de um recinto sagrado é um ato cerimonial que educa a atenção para uma jornada iniciática real, profunda, arrebatadora.

No centro do labirinto de Chartres, uma rosa de seis pétalas reporta à rosácea da fachada principal, onde está retratada a cena do juízo final. Especula-se que originalmente o núcleo dessa rosa no piso da catedral fosse recoberto por um disco de cobre com a representação do combate entre Teseu e o Minotauro. Conjeturas à parte, no vestíbulo oeste à entrada da Catedral de Lucca, na Toscana, um modelo do labirinto de Chartres encontra-se esculpido verticalmente na pedra, em pequenas proporções, na base do campanário, ladeado pela seguinte inscrição em latim: "Hic quem creticus edit Dedalus est laberinthus, de quo nulus vadere quivit qui fuit intus, ni Theseus gratis Adriane [sic] stamine jutus".[18] É, portanto, um caminho de metamorfose interior, de morte e de ressurreição, que aguarda o peregrino à entrada do templo sagrado.

O fio da atenção que norteia o espírito nessa deambulação expiatória, para Cristina Campo, é o mesmo que conduz o poeta em sua vigilância, que circunda de silêncio a palavra e comunga, no poema, beleza e significado: "Nada mais resta que velar sozinha / com o salmista, com os velhos de Colono; (...) / Habitar finalmente aqueles caminhos / – dédalo de fogo, especiarias, suspiros / de mantos de esmeralda ao vento – / com o mendigo lívido, banhado de chuva / entre as orlas de uma ferida".[19]

---

[18] "Eis o labirinto de Creta, construído por Dédalo, do qual ninguém, uma vez dentro, pode sair, exceto Teseu, graças ao fio de Ariadne."

[19] Ibidem, p. 29.

A alquimia verbal enquanto espelho de uma metamorfose interior e o labirinto como símbolo de uma jornada espiritual de purificação também aparecem exemplarmente na obra literária de Georges Bernanos. Em seu romance *Sob o sol de Satanás*, na parte II, "A tentação do desespero", o encontro do Abade Donissan com um pequeno andarilho contratador de cavalos, na passagem da noite para a alvorada, enseja um longo e tortuoso conflito, por um caminho circular, entre um homem santo e Lúcifer, entre Teseu e o Minotauro. Acerca desse livro, o poeta Paul Claudel, em carta endereçada a Bernanos em 1926, enaltecendo-lhe os "dons admiráveis de artista e de cristão", fala da dignidade que "a perspectiva da nossa salvação ou da nossa perdição eternas [...] acrescenta ao nosso drama cotidiano".[20]

Para Cristina Campo, a dignidade na literatura moderna, em um último fulgor de cerimônia e erudição, refugia-se na obra de Jorge Luis Borges. Amante do labirinto, dos cristais de sombra e luz, de indecifráveis escrituras, "Borges se inclina obviamente para o vazio imperscrutável, saudando-o com o nome de Deus".[21] A recorrência a temas e símbolos cosmológicos, na obra deste poeta de antigas tradições, desempenha uma dança, uma ronda mágica, em torno de um infinito que lhe escapa.

"No bloco cego, mutilado e maciço do século, Borges cria de modo leve e vertiginoso uma abertura: deixa-nos entrever ainda

---

[20] O trecho está reproduzido em um ensaio de Dominique Millet-Gerard, na coletânea intitulada *Bernanos, un sacerdoce de l'écriture* (Versailles: Via Romana, 2009). No original, lê-se: "[...] vos dons admirables d'artiste et de chrétien, vous montrez quel tragique, quelle dignité, quelle délicatesse, quelle profondeur, la perspective de notre salut ou de notre perte éternels, et des puissances invisibles dans le parti de qui nous sommes engagés, ajoute à notre drame quotidien".

[21] CAMPO, *Sob um falso nome*, p. 54.

uma vez o mundo ilimitado que está por trás do verdadeiro e sem o qual o mundo verdadeiro será dentro em pouco espectral." Cristina já pressente a perda da mirada do Aleph dentro da literatura, o abandono do alfabeto simbólico da linguagem, um mundo transcendente que se fecha e cujo esquecimento implica o abandono de um passado compartilhado, na fantasmagoria do símbolo em uma era que logrou a dessacralização no âmbito da palavra.

Em um dos seus ensaios em homenagem ao poeta, Cristina escreve sobre um monumento conhecido como *Porta Mágica*, na Piazza Vittorio Emanuele II, em Roma. Ruína de um templo de alquimistas do século XVII, essa porta, agora lacrada com tijolos, reservada aos gatos da praça e a um grupo e outro de visitantes, remete Cristina àquele alfabeto perdido que Borges tanto amava, hoje resquício de um outro templo alquímico, uma passagem selada dentro da própria literatura.

"Não é impunemente que se pratica a turva homeopatia que aconselha a tratar um mundo perdidamente enfermo de desolação, anonimato, profanidade e licença por meio de desolação, anonimato, profanidade e licença",[22] adverte Cristina, como se aqui rememorasse a potência de um provérbio bíblico: "Pois eu chamei, e recusastes, / [...] / e zombarei, quando chegar o pânico; [...]" (Pr 1,24-26).

Tudo o que impede a atenção induz ao erro e o que ameaça a dimensão do sagrado abre espaço para o mal. Cristina não se furta a nomear a indústria do espetáculo como o império do

---

[22] A citação, extraída de um longo ensaio de Cristina Campo intitulado "Sentidos sobrenaturais", é antecedida por uma referência a Heschel: "[...] se nós deixarmos de chamar a Deus aos nossos altares, ocupá-los-ão inelutavelmente os demônios". CAMPO, *Os imperdoáveis*, p. 255.

diabólico, no qual os "escritores 'on show'" figuram no papel de cicerones, com livros que servem de *dépliants* turísticos". Apocalíptica, sua visão antecipa o sucesso do escritor reduzido ao seu *slogan*. O silêncio dos contemplativos, a palavra dos mártires, os ritos dos poetas imperdoáveis que ainda resistem, Cristina os acolhe neste reduto arcaico de esplendores, nesta espécie de relicário que constitui sua ensaística.

Assim como Paul Claudel e Georges Bernanos anteriormente buscaram renovar a arte cristã, Claudel em seus longos ensaios sobre a Bíblia e em sua arte poética, Bernanos no teatro e no romance, Cristina Campo dedicou-se à salvaguarda do símbolo, aproximando poesia e liturgia pela virtude da atenção. Todo o lastro de esperança e resistência em sua obra parece concentrar-se na passagem do Evangelho de Filipe que coroa seu ensaio "Atenção e Poesia": "A verdade não pode vir ao mundo nua, aliás, já o veio nos símbolos e nas figuras. Há um renascimento, e é um renascimento em figuras. Na verdade eles deverão renascer por obra e graça da figura".

No cenário do novo século, marcado pelo triunfo da aparência e do imediatismo, quando a contrafação da imagem propaga-se em espectros do real e a celebração das horas estilhaça-se em um ritmo frenético, cúmplice da desatenção, permanece como tarefa poética a ressurreição da imagem pela imagem, a reconquista de um espaço de silêncio em consonância com um silêncio interior, a ressantificação do tempo, em sua solenidade litúrgica, para uma ressimbolização do mundo. Resta, afinal, a palavra tornar-se novamente para o poeta o que sempre foi em sua natureza sublime: um dom do sétimo dia.

MÍSTICA, HERESIA
E METAFÍSICA

José Carlos Michelazzo*

Introdução

O tema será exposto, se não integralmente dentro do horizonte de pensamento do filósofo alemão Martin Heidegger (1889-1976), ao menos na sua proximidade. É um tema apaixonante que interessa não só para a Filosofia e a Teologia, mas também para as Ciências da Religião. Por outro lado, por ser bastante amplo e complexo, ele, infelizmente, impõe limites a esta breve exposição, de maneira que nos impede de ir além de seus aspectos mais centrais e significativos e de forma praticamente esquemática, procurando reunir três acontecimentos de nossa tradição ocidental: mística, heresia e metafísica. Na tentativa de manter mais vivo o fio condutor, estruturaremos a exposição em duas partes e seis tópicos:

---

* Graduado em Filosofia e Psicologia. Psicoterapeuta. Mestre em Filosofia pela PUC-SP. Doutor em Filosofia pela Unicamp. Autor do livro *Do Um como princípio ao Dois como unidade – Heidegger e a reconstrução ontológica do real* (1999). Coordenador dos *Colóquios Heidegger* anuais junto à Unicamp. Atualmente, é pesquisador do Programa de Pós-Doutorado da PUC-SP, com financiamento do CNPq.

I. As relações entre Cristianismo e Filosofia

1. Mística: *le mot maudit*

2. A apropriação da Filosofia pelo Cristianismo

3. Áreas mais requisitadas: metafísica como *onto*-teologia e como dualismo

II. Mística e Filosofia – "programas" incompatíveis

1. Os opositores cristãos ao vínculo entre Cristianismo e Filosofia

2. Doutrina medieval da analogia

3. Mestre Eckhart e a dupla transcendência

I. As relações entre Cristianismo e Filosofia

1. Mística: *le mot maudit*

A palavra mística é parte integrante da tradição do pensamento ocidental, da própria História da Filosofia e da Teologia – mas como *mot maudit*, como palavra maldita. Por parte dos teólogos, o relacionamento com os místicos é, no melhor das vezes, de certa tolerância, pois, afinal, habitam o templo do mesmo Deus. Do lado da filosofia, porém, nada há que tolerar, pois pertencem a fraternidades distintas: a da ciência e a da religião.

Na verdade, esta intolerância generalizada contra a mística é mais paradigmática do que classista. O místico parece falar sobre realidades estranhas, fazer afirmações contraditórias, não se sente na obrigação de ter de justificar aquilo que afirma. Numa palavra, aquilo de que fala a mística, a sua experiência, a sua verdade, parece não caber dentro da linguagem discursiva, guiada pela lógica e pelo princípio de não contradição.

Resta, então, à palavra maldita nada mais que o seu lado negativo, transformando-se, então, em "mistificação", ou seja, aquele modo de dizer e interpretar feito de modo falacioso, obscuro, tendencioso e, finalmente, falso.

Para darmos uma ideia do mal-estar que essa palavra desperta nos meios acadêmicos, lembremos apenas a situação do pensamento de Heidegger, que é, justamente, o filósofo moderno que possui inúmeros pontos de contato com o pensamento místico, tanto ocidental (Eckhart) quanto o oriental (Taoísmo e Zen-Budismo), presentes especialmente na segunda etapa do seu pensamento. E por essa aproximação de Heidegger com termos e noções ligados ao misticismo aparecem dois grupos de críticos.

No primeiro grupo estão aqueles extremamente racionalistas, antipatizantes do misticismo e que veem no emprego que Heidegger faz de palavras oriundas do âmbito da mística as provas do seu fracasso como filósofo, colocando toda sua obra sob suspeição de irracionalismo. No segundo grupo acontece algo interessante, pois são aqueles que criticam Heidegger justamente por serem simpatizantes do misticismo, acusando o filósofo de "apropriação indébita" de termos e expressões de cunho místico, interpretando as obras tardias do filósofo como arrogantes e pretensiosas, à medida que mostram um desejo explícito de filiarem-se à grande tradição espiritual do misticismo.

Mas para jogar mais lama nesse terreno pantanoso, até mesmo Heidegger não é exceção a esse viés ocidental. Ele geralmente toma a palavra mística no sentido negativo e só raramente no sentido positivo. Para ilustrar essa ambiguidade do filósofo, damos aqui dois exemplos. O primeiro é quando, em uma obra de 1964, após discorrer sobre noção de clareira (*Lichtung*), ele termina o período fazendo a seguinte pergunta: "[...] mas não é isto tudo mística infundada ou mitologia de má qualidade; em todo caso funesto irracionalismo e negação da *Ratio*?" (Heidegger, 1972, p. 37). O segundo é quando, em outra obra de 1955, após discorrer sobre a conhecida sentença de Angelus Silesius "a rosa é sem porquê [...]", ele acrescenta: "[...] toda a sentença é construída de uma maneira tão admiravelmente clara e concisa que poder-se-ia chegar a pensar que a uma genuína e grande mística pertence a mais extrema precisão e profundidade do pensamento. [...] Mestre Eckhart testemunha isso" (Heidegger, 1992, p. 71).

Mas afinal, o que acontece com a mística? De fato, como dissemos anteriormente, se filósofos e teólogos combinam-se melhor e se ambos não combinam (tão) bem com os místicos não é devido a problemas de incompatibilidade de classe, mas por algo que tem muito mais a ver com padrão de pensamento: os dois primeiros pertencem à estrutura da metafísica enquanto os segundos não.

Vejamos, a seguir, como se dá essa combinação entre filósofos e teólogos apresentando, muito brevemente, os motivos que levaram os líderes cristãos, nos três primeiros séculos do Cristianismo primitivo, a aproximar-se da Filosofia grega e o porquê da origem da Teologia.

2. A apropriação da Filosofia pelo Cristianismo

Conhecemos pelo menos três pensadores importantes a fazer os movimentos iniciais no sentido de aproximar a Filosofia grega do Cristianismo: Fílon de Alexandria (25 a.C.-50 d.C.), um judeu helenizado que produziu uma série de comentários ao *Pentateuco*, aproximando, especialmente, o platonismo, levantando a hipótese de que o Antigo Testamento e a Lei Mosaica influenciaram os filósofos gregos; Clemente de Alexandria (150-215 d.C.), que retoma o trabalho de Fílon, aproximando a cosmologia do *Timeu* de Platão da narrativa da criação apresentada no *Gênesis*; e Orígenes (184-254 d.C.), que também comentou o *Gênesis* na perspectiva da Filosofia grega. No caso de Orígenes, seu empenho na apropriação da Filosofia foi mais expressivo, chegando a dirigir uma escola cristã em que o estudo da Filosofia grega era parte integrante do currículo. Ele apresenta um argumento marcante que influenciou tanto a patrística quanto a escolástica, no qual propunha apoderar-se da Filosofia grega como os judeus se apoderaram de bens egípcios por ocasião do êxodo. Em um de seus escritos, diz Orígenes: "[...] eu teria desejado que tomasses da Filosofia dos gregos tudo aquilo que pode servir como propedêutica para introduzir o cristianismo [...] e tudo o que será útil para a interpretação das Escrituras" (apud Marcondes, 1997, p. 108).

De acordo com essa tradição, os filósofos da Grécia clássica, especialmente Sócrates e Platão e alguns estoicos, são tomados, por conseguinte, por sua sabedoria e virtude, como precursores do Cristianismo. Só não foram cristãos por uma questão de "desencontro epocal", ou seja, vieram antes do aparecimento de Cristo. Mas para que a necessidade da Filosofia grega? Como sabemos, os pensadores cristãos desse primeiro período do Cristianismo, que será conhecido como patrística, ou seja, doutrina dos Padres da Igreja, davam ao pensamento uma função apologética, ou seja, faziam *apologia* ou defesa do Cristianismo em dois níveis. Em um primeiro, para resolver as dissidências dentro do próprio movimento cristão. O Cristianismo dessa época não era, na verdade, um Cristianismo, mas vários Cristianismos, pois o movimento não tinha unidade, apresentava-se por meio de uma série de seitas, de Evangelhos (tal como mostram as descobertas mais recentes de documentos, como os pergaminhos do Mar Morto ou os de Nag Hammadi, no alto Egito).

Havia, portanto, a necessidade de a nova religião ganhar maior integração entre as múltiplas comunidades, unidade institucional e uma doutrina comum que lhe outorgasse uma identidade própria e coesa. Em um segundo nível, a apologia também estava presente de maneira externa, para fora do movimento que almejava não estar mais vinculado quer ao Judaísmo quer a qualquer grupo étnico, mas a todos os povos (não gentios e gentios). Portanto, havia a aspiração por defender uma religião universal (*katá hólon*) que encontra condições favoráveis no interior de dois horizontes. O primeiro, cultural, isto é, o helenismo com uma língua culta comum e cultura hegemônica (greco-latina). O segundo, político, ou seja, o Império Romano com sua unidade política, administrativa e militar, dotado de um governo centralizado que mantinha em torno de si todas as regiões conquistadas.

Nesse sentido, a Filosofia grega tem uma enorme importância para a realização de um pensamento apologético. Por um lado, para promover as discussões que levarão à formulação da ortodoxia que se expressa por meio de uma unidade doutrinária, hegemônica, dogmática, no âmbito interno do Cristianismo. Por outro lado, para promover a defesa da fé doutrinária contra as outras religiões do Império, com o intuito de sustentar-se em sua verdadeira doutrina perante elas, no âmbito externo do Cristianismo. Por outro lado, ainda, outras opiniões, pareceres, doutrinas serão considerados como divergências ou dissidências e, como tais, heterodoxias, ou seja, heresias. Daí a importância dos Concílios dessa época, como os de Niceia (325), de Constantinopla (381) e da Calcedônia (451), que podem ser considerados como esforços da Igreja para fixar sua ortodoxia e condenar os heterodoxos, expulsando-os de seu convívio.

Mas aqui se impõem perguntas básicas: o que esses pensadores do Cristianismo inicial viam propriamente na Filosofia grega que era necessário apreender, tomar emprestado? Por que isso que era emprestado era importante como ajuda? Com essas perguntas dirigimo-nos para as questões centrais de nossa exposição, ou seja, quais áreas (e por que essas áreas) da Filosofia foram as que mais receberam a atenção dos teólogos apologetas.

3. Áreas mais requisitadas: metafísica como onto-teologia e como dualismo

É evidente que se o pensamento grego não é apreendido no seu todo pelos primeiros teólogos cristãos, ou seja, em todos os âmbitos de sua tradição filosofante, mas fazendo dele certo aproveitamento visando a uma aplicação prática. Nesse sentido, três áreas da Filosofia eram as mais buscadas: a *lógica* (aristotélica), que fornece o meio de construção do pensamento discursivo, argumentativo e demonstrativo; a *retórica* e a *ética* (estoicas), que fornecem o tom do anúncio da palavra do Evangelho com ênfase na resignação, austeridade e autocontrole; e, por fim, a *metafísica* (especialmente a platônica), com seus conceitos--chave como ser, ideia, substância, essência, causalidade, dualismo etc., por meio dos quais se procura realizar a transposição da mensagem evangélica – de cunho ético-existencial, como o amor e o respeito a Deus e ao semelhante – em um discurso epistemologicamente construído e fundamentado. Dessas áreas, a que mais nos interessa aqui em nossa exposição é a metafísica, e dentro desta vamos deter-nos em duas de suas perspectivas: seu caráter *onto*-teológico e seu dualismo.

a) O *caráter* onto-*teológico da metafísica*

*Onto-*teologia é uma expressão cunhada por Heidegger para significar o modo como é construído o discursivo apofântico da metafísica, no sentido de apreender o real, procurando representar o ente por meio de duas maneiras. De um lado, "[...] a totalidade do ente enquanto tal, no sentido dos traços mais gerais (*ón kathólou, koinón*)" (Heidegger, 1969, p. 76), isto é, diz respeito àquelas ideias que detêm as noções ou os conceitos mais amplos e genéricos sobre a entidade do ente por meio dos quais são construídos modelos, teorias e sistemas (âmbito da ontologia). De outro lado, a representação da totalidade do ente é realizada, ao mesmo tempo, "[...] no sentido do ente supremo e por isso divino (*ón akrotaton, theion*)" (ibid.), ou seja, refere-se, neste caso, apenas a uma única ideia, a ideia das ideias, o ente dos entes, isto é, o protótipo, o primeiro, o Ente supremo. Esse fundamento supremo dos entes recebeu, ao longo da tradição metafísica, uma multiplicidade de nomes: *Ens Causa sui, Summum Ens, Prima Causa* ou *Prima aut Ultima Ratio, Ens Realissimum et Increatum, Nunc Stans* ou *Aeternum*, e, com todos eles, designa-se o nome mais comum e invocado na tradição ocidental: Deus.

Eis por que por meio dessas duas interpretações da entidade do ente faz-se com que a metafísica, de acordo com a sua essência, segundo Heidegger, seja "*onto*-teológica" (ibid., p. 77). O que estaria, portanto, por trás do caráter *onto*-teológico da metafísica? Segundo Heidegger, é a procura incansável do ponto sólido que determina a natureza da metafísica. Seu propósito último é a busca pelo Permanente, por ser ele que dá constância e durabilidade à obra metafísica nas modalidades de doutrinas, leis, teorias, sistemas, porque o modelo subjacente da metafísica é a ideia não de tempo, mas de eternidade.

Por conseguinte, Heidegger vai dizer que a ideia de Deus não entra para a Filosofia por causa da Teologia cristã – ou seja, não foi o Cristianismo que infiltrou Deus na Filosofia para "cristianizá-la", para ser aceita e incorporada por ele –, mas por causa da metafísica. Em outras palavras, os teólogos apologetas cristãos apoderaram-se da Filosofia grega porque esta já continha uma Teologia com vários séculos de investigação e experiência. Nesse sentido, os apologetas perceberam que uma Teologia natural presente na Filosofia grega estava pronta para dar ao "Pai nosso" cristão um fundo sólido e permanente, mediante a ideia de Deus como Ente Supremo. Mas, para Heidegger, o que Platão e Aristóteles chamavam de *Theión* não poderia ser nunca o Deus dos cristãos, mas desejo de poder – de poder construir uma existência racional sustentada pela ideia de um Ente Supremo, para fora do tempo comum. A segunda perspectiva da metafísica que mais nos interessa aqui em nossa exposição é a do dualismo.

b) O dualismo

Trata-se da doutrina que procura apreender o real de modo cindido em dois âmbitos distintos, inconciliáveis, dicotomizados e com leis próprias. Por um lado, o âmbito do "*supra*-sensível" (*noetón*) – onde se localiza a esfera da *ideia*, daquilo que "é" propriamente (ente), ou seja, a figura exemplar e originária, o que tem permanência no tempo, o verdadeiramente real. A ele pertencem as noções de Essência, Ideia, Razão, Verdade, Permanência, Lógica, Episteme etc. Por outro lado, o âmbito do "sensível" (*aístheton*) – a esfera do real que não tem consistência, porque impermanente – mantém-se como simples imitação e cópia da verdadeira figura *supra*-sensível; a este âmbito pertencem a existência, a opinião (*doxa*), a emoção, a aparência, a transitoriedade, a poesia, a arte etc.

Desse modo, a transcendência nessa perspectiva que toma o real cindido em duas metades é entendida de modo vertical, fazendo com que o mundo concreto do sensível, dos fenômenos naturais, do nosso corpo, dos nossos sentimentos etc., estejam "aqui embaixo", fazendo parte da manifestação grosseira do ser, por isso são transitórios e ilusórios; enquanto o mundo das ideias *supra*-sensíveis habitariam em algum lugar "lá no alto", sempre presentes, resistentes à transitoriedade. Transcender, portanto, é sempre fazer uma transposição vertical "daqui de baixo" até "lá em cima", tal como fez o escravo liberto, na alegoria da caverna de Platão. E entre ambos não há passagem direta, pois existe um fosso intransponível que mantém os âmbitos do sensível e do *supra*-sensível e em suas posições polares: embaixo e no alto.

II. Mística e Filosofia – "programas" incompatíveis

1. Os opositores cristãos ao vínculo entre Cristianismo e Filosofia

Entretanto, essa apropriação da Filosofia para o interior do movimento cristão encontrou também opositores. Há, pelo menos, dois grupos desses opositores. O primeiro são teólogos como Taciano (ca. 120-180), Tertuliano (ca. 160-225), Lactâncio (ca. 240-320), que investem contra a Filosofia grega porque é pagã e alheia à mensagem cristã, por isso suas doutrinas e métodos são perniciosos. E ainda: a Filosofia é desnecessária à fé, uma vez que ela é um pressuposto para a compreensão da mensagem evangélica. É preciso acreditar antes para entender, tal como é expresso na conhecida sentença do *credo ut intelligam*.

O segundo grupo é o dos místicos: o neoplatonismo de Plotino (205-270), do Pseudo-Dionísio (séc. V), de João Escoto Erígena (810-870), de Pedro Damião (séc. XI) e de Bernardo de Claraval (séc. XII). Apesar de serem partidários da necessidade da fé como condição para a compreensão de seus mistérios, a questão dos místicos é mais sutil, sutileza esta que aqui nos interessa de modo especial. Para os místicos, a Filosofia, isto é, a ciência dos gregos, era considerada como um resíduo pagão, uma distração mundana repleta de orgulho e vaidade. Para Bernardo de Claraval, a verdadeira sabedoria não é essa da Filosofia, mas aquela que consiste no conhecimento da própria miséria, na compaixão para com a miséria do próximo, na contemplação de Deus, dos divinos mistérios, de Cristo crucificado, e que culmina no êxtase. O caminho da sabedoria é a humildade.

De fato, metafísica e mística, quando comparadas, perseguem uma sabedoria diferente que percorre caminhos bastante distintos. A da metafísica apresenta-se como busca incansável pelas ideias gerais e pela Ideia Suprema como tentativa de fundar o pensamento humano no Permanente por ele dar constância e durabilidade às suas obras nas modalidades de doutrinas, leis, teorias, sistemas etc.; trata-se de uma exaltação do traço antropocêntrico do homem: autocentração e controle do mundo. A sabedoria da mística segue o caminho sensível das experiências da despossessão e da dor, da miséria e da compaixão para com a nossa condição humana e, ainda, o cultivo de uma intimidade não discursiva para com as coisas simples e cotidianas, porque são sempre portadoras da presença do divino no mundo. Aqui a exaltação focaliza o traço *trans*-antropocêntrico do homem: o desprendimento, a humildade, a busca da unidade com o todo.

Vejamos, a seguir, como a sabedoria da mística procura ligar o caminho da experiência (âmbito do sensível) como modo de acesso à intimidade com o divino (âmbito do *supra*-sensível). Tomemos aqui o exemplo de Mestre Eckhart (ca. 1260-1328 d.C.).

2. Doutrina medieval da analogia

Para o místico renano, o modo com que a metafísica dualista comanda o pensamento filosófico no seu relacionamento com os diversos âmbitos do real é-lhe inaceitável, não porque ele possua mil argumentos contra, mas por esse modo ser estranho para ele. Entre os âmbitos sensível/*supra*-sensível não há, para Eckhart, um fosso intransponível, mas passagem direta, não porque o místico pensa assim, mas porque experimenta assim.

Nesse sentido, para o místico, tanto o mundo natural e sensível quanto o sobrenatural e *supra*-sensível, com todas as suas relações mútuas, são concebidos sob uma ordem, cuja articulação é comandada por meio da analogia. Para os que não a conhecem, a doutrina da analogia insere-se em uma das três possibilidades de como podem ser estabelecidas as relações entre os diversos âmbitos do real. Essas relações podem ser: a) unívocas ou idênticas (quando, por exemplo, comparamos uma vela com outra vela); b) equívocas ou diferentes (quando comparamos uma vela com uma pedra); e c) análogas (quando comparamos uma vela com a lua).

A terceira possibilidade de relação, a análoga, trata, portanto, da maneira de compreender as múltiplas relações dos diversos domínios do real não mais de forma cindida, como o dualismo metafísico faz, mas guardando entre si certa identidade (vela e lua são fontes de luz), como também certa distinção (objeto de cera e corpo celeste), pois encontram-se numa determinada relação de recíproca-pertinência. Aqui, os elementos analógicos não são nem totalmente idênticos, nem totalmente diferentes. Portanto, é por essa doutrina da analogia que os místicos medievais, especialmente Eckhart, propõem-se a desenvolver a sua questão da unidade e da multiplicidade para poder situar a relação de copertença entre homem e Deus.

No tocante a Eckhart, dá-se um caso excepcional. Como sabemos, Eckhart apresenta uma perspectiva inteiramente original ao falar de Deus por meio de uma diferença teológica, Deus e Deidade, colocando cada um deles em uma chave interpretativa e, ao mesmo tempo, fazendo aparecer duas noções de transcendência: uma vertical, entre o homem e Deus, própria do dualismo metafísico, pois fala da relação entre a criatura sensível e o Criador *supra*-sensível; outra horizontal, entre a alma e a Deidade, fora do dualismo metafísico, porque já não fala da relação entre Criador e criatura, mas de um único acontecimento como expressão da recíproca pertença entre homem e Deus. Shizuteru Ueda – eminente pensador japonês da conhecida Escola de Kyoto e grande pesquisador de Eckhart e do Zen-Budismo – diz que

> o Deus, *como Deus* que aparece e que se defronta com a criatura, é a forma exterior de Deus, ou seja, sendo dito por parte dos homens, uma representação de Deus *como Deus*. Por outro lado, a Deidade, ou seja, o si-mesmo de Deus, não é algo que pode ser compreendido pela criatura. [(...) A Deidade] é sem forma, inominável, inexplicável, incognoscível e inapreensível. Em um sentido preciso, não é "nem isso nem aquilo", e nesse sentido é *o nada absoluto* (Ueda, 1990, p. 479).

Com isso, vemos em Eckhart todos os traços da representação, presentes na transcendência vertical metafísica, serem

274 MÍSTICA, HERESIA E METAFÍSICA

desconstruídos de seu caráter substancialista, rompendo, assim, com um conhecimento discursivo de Deus em prol da experiência direta de Deus. Mas como se daria, então, essa experiência de Deus que o homem pode ter e que rompe com a noção de transcendência vertical para dar lugar à transcendência horizontal, ou dupla transcendência, por intermédio da perspectiva da analogia? É o que veremos a seguir.

3. Mestre Eckhart e a dupla transcendência

No interior da mística eckhartiana, como sabemos, a Deidade – também denominada Uno ou Mente divina e interpretada como pura simplicidade, fundo abismático, oculto e misterioso, ou, ainda, como terra desértica que transcende todos os nomes – brota no fundo da alma (*Grund der Seele*). A Mente divina teria dois movimentos. O primeiro, o centrífugo, é aquele que parte da unidade para a multiplicidade, seguindo a corrente de efluxo, de emanação e diferenciação, tanto para as pessoas da Trindade quanto para as coisas criadas, que, além daquelas presentes na natureza, englobariam também os sinais, as imagens, os símbolos, presentes de maneira singular para cada intelecto humano (*haecceitas*). O mundo seria, então, como um livro de palavras mágicas escritas pela mão invisível de Deus ou uma espécie de espelho em que a infinidade de imagens (multiplicidade), presente no seu interior, não fosse senão o reflexo da face oculta de Deus (unidade). Em todo fundo da alma há sempre, ainda que de forma oculta e latente, o traço dessa Mente divina que Eckhart chama de centelha, como encarnação da grande Luz, do *Logos* encarnado.

Mas há também um segundo movimento, o centrípeto, no qual a corrente segue o sentido do influxo, e isso significa que as criaturas e a alma do homem têm uma participação nesse processo de singularização, sendo coautoras e coatualizadoras de um tornar-se cada vez mais o que se é. Mas para que se dê tal acontecimento há a necessidade de uma disposição do homem – denominada por Eckhart *Gelassenheit*, o deixar-ser, a serenidade – que, por sua vez, congrega em si mesmo dois movimentos: um negativo, o desprendimento (*Abgeschiedenheit*) da alma em relação a todas as criaturas, ou seja, deixar os entes ir, partir, e outro positivo, a entrega, o abandono da alma à Corrente divina, ou seja, deixar, permitir que a segunda venha ao encontro da primeira. O homem, nesse sentido, só poderia ser si mesmo, em seu mais alto grau, livrando-se do apego das coisas como condição de entrar em contato com a Corrente divina que o impeliria ao seu ser mais singular. Assim, diz Eckhart, "[...] estar vazio de toda a criatura é estar cheio de Deus e estar cheio de toda criatura é estar vazio de Deus" (1991, p. 152).

Essa estrutura analógica do pensamento místico – que abre para a possibilidade de uma dupla transcendência da experiência com o divino – constituir-se-ia, portanto, na opinião de Heidegger,

> [...] em uma forma de vida edificada sobre a correlatividade que, como tal, não é petrificada numa direção em sentido único, mas, antes, comparável ao vaivém da fluida torrente da vivência que [...] não gravita, pois, exclusivamente, em direção ao transcendente, mas, antes, é igualmente refletida daquela plenitude e absolutidade para repousar no indivíduo (1978, p. 409).

O pensamento da Deidade em Eckhart pode ser considerado como o ápice da mística alemã medieval, ela é um ponto de chegada do empenho de todos os místicos da tradição, anteriores a ele, enquanto tentativa de romper com a camisa de força da metafísica dualista para proclamar o primado da experiência

276 MÍSTICA, HERESIA E METAFÍSICA

direta de Deus sobre o conhecimento discursivo de Deus. E esse primado da experiência do divino no homem ganha o seu ponto mais elevado quando o Filho de Deus nasce na alma do homem desprendido. Esse evento significa que o homem não tem apenas uma grande proximidade com Cristo, mas torna-se o próprio Cristo, ocorrendo, desse modo, não só uma experiência direta, mas a redenção direta, mediante a qual esse homem existe em uma unidade viva e concreta com o ser de Deus, a Deidade, diferentemente da perspectiva da ortodoxia cristã de que a salvação só é possível pelo papel mediador de Cristo.

Para Eckhart, no nada, no *Abgrund* da Deidade, dá-se a transcendência horizontal, não mais a vertical metafísica, entre o fundamento do homem e o fundamento de Deus, por tratar-se de um encontro direto entre ambos, melhor, por fundirem-se em um mesmo acontecimento. Tal ocorrência para o Mestre é o mesmo que deixar Deus, libertar-se de Deus e ir para além de Deus. Aí, nesse nada absoluto, desaparecem as ideias metafísicas de um homem egótico ou antropocêntrico, por um lado, e de um Deus Criador ou de uma Causa Primeira, por outro.

Conclusão

Mas Eckhart ousou demais. Ao dar uma estrutura compreensiva de como se dá a experiência direta com o divino, ele enfraquece o papel de Cristo e muito mais ainda o papel da Igreja como mediadores da relação do homem-Deus. E isso era demais para a ortodoxia da baixa Idade Média, para a escolástica no início de sua decadência e para o aparelho repressor da Igreja na figura da Inquisição. Só havia, portanto, um lugar para Eckhart: ficar entre os hereges. Mesmo que, em última instância, a sua única heresia tenha sido a sua proposta de pensar Deus enquanto diferença teológica que horizontalizava a transcendência e trazia Deus para a intimidade da experiência humana não como representação, mas como experiência.

A parte mais difícil do místico, porém, foi ter de defender-se das acusações dos inquisidores usando o pensamento metafísico – arregimentando argumentos, estruturando uma retórica própria do discurso da transcendência vertical, a mesma de seus acusadores – um paradigma de pensamento inadequado ou impróprio para defender justamente outro tipo de transcendência, a horizontal, própria da experiência mística. Um contrassenso, uma armadilha da qual ele não conseguiu escapar.

Mas a obra de Eckhart continuou viva para a posteridade. Ela está presente em todos aqueles que quiseram reapropriar-se da simplicidade e da intimidade do *proto*-Cristianismo, tal como se mostra, entre outros, em um Lutero – no seu empenho para a restauração de uma *teologia crucis* (cristã) contra a *teologia gloriae* (metafísica) –, assim como em um Kierkegaard – no seu esforço de mostrar a importância da angústia, como autêntica experiência humana e amadurecedora do espírito cristão, contra a certeza da salvação advinda das construções teóricas e dogmáticas da Filosofia e da Teologia.

Por fim, deixemos a última palavra para Heidegger – um pensador que podemos colocar, em certo sentido, no prolongamento da irradiação da obra de Mestre Eckhart, na medida em que seu trabalho de desconstrução do pensamento metafísico dirige-se a toda a História da Filosofia, dos gregos até Nietzsche. Para o filósofo, o pensamento cristão dos primeiros séculos fez um "mau negócio" ao buscar "munição" junto ao pensamento metafísico para o seu trabalho apologético. Essa parceria resultaria em algo pouco favorável para qualquer religião e, de modo especial, para o próprio Cristianismo: trocou a intimidade da experiência do Divino pelo poder do conhecimento apofântico sobre o Divino.

Para Heidegger, esse é o ponto fulcral para o entendimento do fenômeno que ele chama de "desdivinização", uma tradução aproximada da palavra alemã *Entgötterung*, para referir-se à fuga de Deus, expressão usada para falar do enfraquecimento crescente da experiência do divino entre os povos ocidentais ao longo dos últimos séculos – desde a Idade Média e, talvez mesmo, desde o final do Cristianismo primitivo (séc. IV) –, e que tal enfraquecimento é hoje conhecido como fenômeno da secularização.

Com isso, podemos constatar que o imbricamento entre mística, heresia e metafísica é, ao contrário do que muitos poderiam pensar, um problema tão atual quanto foi, um dia, medieval.

Referências bibliográficas

HEIDEGGER, Martin. *Der Satz vom Grund (1955-56)*. Siebte Auflage. Günther Neske Pfullingen, 1992. [*Le Principe de raison*. Trad. par André Preau et préface de Jean Beaufret. Paris: Gallimard, 1962.]

_____. *Frühe Schriften (1912-16) – GA 1*. Frankfurt am Main: V. Klostermann, 1978. [*Traité des catégories et de la signification chez Duns Scot*. Traduit par Florent Gaboriau. Paris: Gallimard, 1970.].

_____. *O fim da filosofia ou a questão do pensamento*. Trad. Ernildo Stein; revisão José Geraldo N. Moutinho. São Paulo: Duas Cidades, 1972. [Ed. original: *Zur Sache des Denkens*, 1969.]

_____. *Que é metafísica?* Trad. Ernildo Stein. Rev. José Geraldo N. Moutinho. São Paulo: Duas Cidades, 1969. [Ed. original: *Was ist Metaphysik*, 1929.]

MARCONDES, Danilo. *Iniciação à história da filosofia;* dos pré-socráticos a Wittgenstein. Rio de Janeiro: Jorge Zahar Editora, 1997.

MESTRE ECKHART. *O livro da divina consolação e outros textos seletos*. Petrópolis: Vozes, 1991.

UEDA, Shizuteru. Das absolute Nichts im Zen, bei Eckhart und bei Nietzsche. In: OHASHI, Ryôsuke (org.). *Die Philosophie der Kyôto-Schule*. Freiburg: Alber, 1990.

CRÍTICA E MÍSTICA: POESIA MODERNA E INSTANTANEIDADE

EDUARDO GUERREIRO B. LOSSO*

Na grande maioria dos artigos e livros de diversas áreas humanas que leio, escritos por pensadores cujo objeto de estudo *não é a mística*, mas que usam o termo frequentemente, na maioria das vezes o adjetivo, mas também o substantivo (ambos com significado equivalente), observo uma constante: eles entendem o substantivo e o adjetivo como manifestação de um fenômeno Pré-Moderno, primitivo. Se não pré-civilizado, ao menos ilusório, fantasmático. Quando se referem à religião cristã, marcada pela racionalidade teológica, entendem sua mística ou como um resíduo mítico, ou como signo de que mesmo o fundamento metafísico da teologia recai na ilusão, na crença de uma transcendência não mais aceitável pela Modernidade laica. Isso significa que, nos casos mais extremos, a mística é reduzida ao mito e a teologia é reduzida à mística. Tudo passa a fazer parte de um mesmo saco de velharias religiosas. Movidos pela urgência

---

* Professor adjunto de Teoria da Literatura da UFRural-RJ, estuda a mística secularizada na literatura moderna. Organizou o livro *Diferencia minoritaria en Latinoamérica* (Zürich: Georg Olms, 2008). Fez parte da organização do colóquio franco-alemão "Nostalgie et le rêve européen" em Paris, em 2006.

da repulsa crítica a qualquer indício de religião, toda religião parece ser mística e toda mística, mito.

Contudo, quando me encontro no meio de estudiosos de religião, há sempre clareza em problematizar o enraizamento dos místicos num escrito sagrado e ao mesmo tempo observar os conflitos entre místicos e ortodoxos.[1] O místico seja visto como parte da mesma cultura e doutrina canônica, seja visto como herético é em geral tratado como um modo de pensar distinto de teologias oficiais, de filosofias de fundamentação lógica[2] e participante da literatura mais avançada de sua época, que encontra papel ativo na aurora das literaturas nacionais,[3] bem como ligado *simultaneamente* ao alvorecer da subjetividade moderna,[4] devido aos seus relatos pessoais,[5] e de sua desagregação e dispersão, devido à experiência de arrebatamento e seus correspondentes textos paradoxais.

---

[1] CERTEAU, Michel de. *La fable mystique*. Paris: Gallimard, 1982. Sobre a origem social dos místicos ocidentais, p. 36-44; sobre a heresia, p. 30. Já no século XIII iniciou-se a separação entre mística e instituição (p. 115), para em seguida trabalhar para seu retorno no seio da Igreja e da tradição (p. 117). ELLIOTT, Dyan. *Proving Woman; Female Spirituality and Inquisitional Culture in the Later Middle Ages*. Princeton, N.J.: Princeton University Press, 2004. Sobre a diferenciação prática e discursiva entre santidade e heresia, ver p. 119-179.

[2] OTTO, Rudolf. *Mystique d'Orient et mystique d'Occident. Distinction et unité*. Paris: Payot, 1996. Ver a tentativa de Otto de estabelecer uma "Lógica mística", feita de paradoxos, em oposição à "Lógica natural" (p. 56), caracterizada precisamente pela "exclusão de axiomas lógicos" (p. 64).

[3] AUERBACH, Erich. *Introdução aos estudos literários*. São Paulo: Cultrix, 1972. p. 181. CERTEAU, *La fable mystique*, p. 103-104.

[4] CERTEAU, *La fable mystique*. Sobre distinção de textos místicos na entrada da Modernidade, p. 28. Mesmo Boileau já reconhecia os místicos como modernos (CERTEAU, *La fable mystique*, p. 152).

[5] É o que Certeau chama de "privatização" do discurso (CERTEAU, *La fable mystique*, p. 119).

Sem pretender expor uma história rigorosa do reducionismo do termo, parece que o emprego feito no clássico capítulo sobre o fetiche da mercadoria no Livro Primeiro do *Capital* de Karl Marx é decisivo nesse sentido.

> O caráter místico da mercadoria não provém, portanto, de seu valor de uso. Ele não provém, tampouco, do conteúdo das determinações de valor.[6] Não é mais nada que determinada relação social entre os próprios homens que para eles aqui assume a forma fantasmagórica de uma relação entre coisas. Por isso, para encontrar uma analogia, temos de nos deslocar à região nebulosa do mundo da religião.[7] O reflexo religioso do mundo real somente pode desaparecer quando as circunstâncias cotidianas, da vida prática, representarem para os homens relações transparentes e racionais entre si e com a natureza. A figura do processo social da vida, isto é, do processo da produção material, apenas se desprenderá do seu místico véu nebuloso quando, como produto de homens livremente socializados, ela ficar sob seu controle consciente e planejado.[8]

Segundo Marx, a abstração do valor de uso e a adoção do valor de troca para avaliar o trabalho produzido cristalizado no preço da mercadoria produzem um efeito fantasmático de que as mercadorias existem por si só, pela sua simples diferença de preço e a sua consequente valorização artificial. O fetiche, mais evidente nos produtos mais cobiçados, passa a impregnar toda a estrutura mercadológica baseada no valor de troca e obriga o filósofo a observar uma analogia com "a região nebulosa do

---

[6] MARX, Karl. *O capital. Crítica da economia política.* São Paulo: Nova Cultural, 1996. v. 1, livro primeiro: "O processo de produção do capital", t. 1, p. 197.

[7] Ibid., p. 198.

[8] Ibid., p. 205.

284 CRÍTICA E MÍSTICA

mundo da religião". O valor mais objetivo das coisas mais objetivas possíveis, na economia capitalista, está enfeitiçado pelo fantasma da religião, aqui caracterizada como mistificação irracional. Para sair desse feitiço (a raiz da palavra "fetiche" está na palavra portuguesa "feitiço"), é necessário o trabalho de desmistificação de um materialismo dialético racional, que explicará a fonte da ilusão fetichista nas relações de produção sociais. A tese é valiosa e está na base do que há de melhor na crítica social do marxismo ocidental do século XX. Ela mostra o quanto o senso comum cotidiano e o sistema capitalista laico são subterraneamente dependentes de estruturas religiosas sem nem desconfiar delas. A riqueza dessa tese é inesgotável até hoje e fundamentou esforços de compreender o quanto instituições e estruturas modernas carregam a marca de estruturas rituais e míticas.

Contudo, observa-se que os termos mistério, mística, fetiche, fantasma e religião são totalmente equivalentes, todos parecem referir-se a um mesmo patamar fenomenológico. Ora, sabemos que a chamada mística do xamanismo não tem nada a ver com a mística especulativa cristã, ou a cabala judaica, ou o sufismo árabe. Uma mística de base mítica não tem absolutamente nada em comum nem com a tradição judaica profética da proibição das imagens (*Bildverbot*) nem com a teologia negativa da tradição de Plotino e Dionísio Areopagita, que negam não só imagens, mas também qualquer atributo divino, isto é, contribuíram precisamente para a negação mais radical do culto às imagens. Nos estudos de religião levados a cabo mesmo pela origem da sociologia em Durkheim e Max Weber, há um esforço de diferenciação qualitativa das religiões em diferentes civilizações e estágios histórico-culturais. Com a antropologia, o questionamento dessas categorias é ainda mais avançado. Uma ânsia marxiana de contrapor-se à teologia de certo modo fez com que a sua crítica à religião reduzisse a complexidade do próprio fenômeno religioso[9] e, em certos aspectos, reduziu mais do que a própria teologia de sua época.

Hoje os marxistas que estudam religião ou estruturas religiosas na Modernidade usam tais categorias de Marx com a consciência desses avanços e terminam por abstrair o equívoco dessa equivalência terminológica redutora ao usá-los para a crítica de fenômenos regressivos da sociedade industrial, como é o caso da indústria cultural. Contudo, outros reproduzem o equívoco inicial marxiano bem depois das conquistas dos estudos históricos, sociológicos e antropológicos. Convido um estudioso de religião atento a constatar como é fácil observar a diferença entre um e outro.

Para isso, vejamos mais um exemplo, também extremamente influente, de um dos clássicos dos estudos de teoria da literatura, o livro de Mikhail Bakhtin sobre o escritor François Rabelais, que lhe permite abordar aspectos decisivos da cultura popular da Idade Média e do Renascimento que se colocam frontalmente contra a repressão religiosa.

O homem medieval sentia no riso, com uma acuidade particular, a vitória sobre o medo, não somente como uma vitória sobre o terror místico ("terror divino") e o medo que inspiravam as forças da natureza, mas antes de tudo como uma vitória sobre o medo moral que acorrentava, oprimia e obscurecia a

---

[9] BENNETT, Jane. Commodity Fetishism and Commodity Enchantment. *Theory & Event*, Volume 5, Issue 1, p. 8-10, 2001. A crítica da autora de uma compreensão preconceituosa do animismo em Marx é interessante, bem como o questionamento dos pressupostos da desmistificação, mas a afirmação de um "encanto moderno" da mercadoria contra a teoria crítica é suspeita, compreendendo mal a necessidade da crítica da indústria cultural hoje. De qualquer modo, seu argumento ignora a validade da mística para experiências de encantamento.

286 CRÍTICA E MÍSTICA

consciência do homem, o medo de tudo que era sagrado e interdito ("tabu" e "maná"), o medo do poder divino e humano, dos mandamentos e proibições autoritárias, da morte e dos castigos de além-túmulo, do inferno, de tudo que era mais temível que a terra. Ao derrotar esse medo, o riso esclarecia a consciência do homem, revelava-lhe um novo mundo. Na verdade, essa vitória efêmera só durava o período da festa e era logo seguida por dias ordinários de medo e de opressão; mas graças aos clarões que a consciência humana assim entrevia, ela podia formar para si uma verdade diferente, não oficial, sobre o mundo e o homem, que preparava a nova autoconsciência do Renascimento.[10]

Esse exemplo retirado do livro, somado a alguns outros relativos à mística, afirma o poder esclarecedor do riso, a atividade consciente e empreendedora do homem (valores burgueses do Renascimento) e a profanação cômica e grotesca, própria da literatura, que regem a carnavalização de Rabelais. Bakhtin contrapõe essas qualidades emancipadoras ao "mundo velho e agonizante"[11] da religião medieval (as quais ele liga, a meu ver erradamente, a noções da antropologia como "tabu" e "maná", de Marcel Mauss et alii), cujas características negativas associadas à mística são: o medo moral do sagrado e do interdito, a fantasmagoria das visões "místicas" e a simbologia dos números, baseada numa operação de mistificação ilusória.

---

[10] BAKHTIN, Mikhail. *A cultura popular na Idade Média e no Renascimento;* o contexto de François Rabelais. São Paulo: Hucitec, 1987. p. 78. Ver outros exemplos em que o personagem Panurge é acossado por "fantasmas místicos" na p. 150; a consciência da "força puramente humana, material e corporal" vence os "terrores místicos", p. 259; e a profanação satírica dos números contra a "utilização simbólica, metafísica e mística dos números", p. 408-409.

[11] BAKHTIN, *A cultura popular na Idade Média e no Renascimento;...*, p. 259.

Percebe-se que em Marx e em Bakhtin há procedimentos comuns: o uso indiscriminado do adjetivo "mística" para designar crendices populares que iludem as pessoas, impossibilitam o exercício da razão emancipatória e reprimem desejos que satisfazem o homem. Em Bakhtin, o riso, a festa do carnaval medieval e a sua decorrente profanação literária produzem desmistificações eficazes da crença e do imaginário "místico". "Mística" sempre se refere, portanto, ao plano mítico-fantasmagórico, produzindo crendice, superstição e alucinações.

Eu poderia citar vários outros teóricos do século XX muito influentes que caem exatamente no mesmo problema, mas esses dois casos são exemplares e representam bem a tendência geral. Não é o caso, aqui, de analisar os teóricos importantes da mística e fundamentar um uso mais adequado, o que já fiz na minha tese.[12] O que nos interessa é apontar que os críticos da religião operaram o que é comumente chamado de uma desmistificação não só da religião, mas também das formas de abstração *onto*-teológica da metafísica. Podemos dizer que a operação de *desmistificação* (categoria intrinsecamente ligada à crítica materialista, seja marxista, seja positivista. No caso da primeira, diretamente ligada à análise marxiana tanto da mistificação da filosofia hegeliana quanto dos processos econômicos do capital, que produzem a falsa consciência[13]) é a essência da atividade crítica moderna, seja de base marxista, hermenêutica ontológica ou desconstrucionista. A teoria moderna desmistifica diferentes manifestações de mistificação: crendices populares Pré-Moder-

---

[12] LOSSO, Eduardo Guerreiro Brito. *Teologia negativa e Theodor Adorno. A secularização da mística na arte moderna*. Rio de Janeiro: UFRJ/Faculdade de Letras, 2007. p. 231-259.

[13] FOULKES, A. Peter. *Literature and Propaganda*. London: Methuen, 1983. p. 55-70.

288 CRÍTICA E MÍSTICA

nas, estereótipos modernos da mídia, estruturas sociais, culturais e econômicas, filosofias metafísicas tradicionais e pressupostos metafísicos de outras teorias modernas.

O problema que encontramos a partir daí é que, em primeiro lugar, a maioria dos teóricos que praticam essa crítica desconhece os estudos de mística e ignora a diferença básica entre místicas "primitivas" (das quais os antropólogos teriam muito a dizer em sua defesa) e místicas de grandes civilizações (são as que nos interessam: judaica, cristã, árabe, hindu, japonesa etc.), cujo conteúdo teórico e prático é extremamente avançado em termos filosóficos, literários e ascéticos. Em segundo lugar, esquece que a mística ocidental tradicional, por conter um caráter subversivo em relação a ortodoxias, ainda que não deixe de fundamentar-se numa religião, contém o maior potencial emancipatório e crítico de sua época,[14] por isso mesmo seus efeitos propagaram-se na quintessência de boa parte da filosofia da Modernidade (penso aqui no idealismo alemão, Schopenhauer, Nietzsche, Bataille, Heidegger, Benjamin, Adorno, Bloch...) e mais ainda na maior parte dos grandes nomes da literatura da Modernidade (só para ficar na poesia, há mística, nada mais nada menos, nos três maiores: Baudelaire, Rimbaud e Mallarmé), onde se pode dizer que há uma verdadeira mística própria da arte moderna.[15] Para

---

[14] ADORNO, Theodor W. *Band 16. Musikalische Schriften I: Klangfiguren. II: Quasi una fantasia. III: Musikalische Schriften.* Frankfurt am Main: Suhrkamp, 1978. p. 463. ADORNO, Theodor W. *Band 20,2: Vermischte Schriften II.* Frankfurt am Main: Suhrkamp, 1978 – comentário sobre a ligação entre mística e esclarecimento em Gerschom Scholem, p. 481. Para um estudo da relação entre Adorno e mística: LOSSO, *Teologia negativa e Theodor Adorno...*, p. 174-303.

[15] É na Alemanha que esta discussão está em seu estágio mais avançado, a meu ver. Quem preparou o terreno para ela foi a antologia de textos tradicionais e modernos de Hans Dieter ZIMMERMANN *Rationalität und*

os que pensam que o lado místico desses artistas e filósofos é o seu ponto fraco, algo que os diminui e que eles poderiam prescindir, sempre observo que os que pensam assim simplesmente não estudaram nem pensaram a fundo a questão: eu diria que é nessa "fraqueza" que está a sua força, parafraseando Paulo (cf. 2Cor 12,9).

O místico inverte o princípio de dominação da natureza e pretende, por meio da ascese, um trabalho ativo no núcleo da experiência. Se todas as vantagens materiais pretendem satisfazer o conforto, o místico não procura a posse de bens, mas quer transformar a experiência com a meditação da eternidade no instante, isto é, no cerne de nossa fraqueza mortal, o místico quer encontrar um instante de júbilo imortal. Muitos místicos insistiram no *topos* da eternidade no instante. Cito um místico e poeta pietista alemão chamado Gerhard Tersteegen (1697-1769), numa tradução livre minha:

O instante divino
Mergulha no silencioso agora, o instante divino
Calmo, querido e memorável, nem adiante nem atrás!
Então abandona-te a Deus profundamente e a Ele te inclina
E espera com paciência, até que ele mesmo se mostre![16]

Mystik (Frankfurt am Main: Insel, 1981). Mas o livro que estabeleceu uma primeira tese é de Martina WAGNER-EGELHAAF *Mystik der Moderne; die visionäre Ästhetik der deutschen Literatur im 20. Jahrhundert* (Stuttgart: Metzler, 1989). SPÖRL, Uwe. *Gottlose Mystik in der deutschen Literatur um die Jahrhundertwende.* Paderborn: Schöningh, 1997. A bibliografia está sempre crescendo, mas esses introduzem a questão. Para um resumo e avaliação da mística na Modernidade, ver LOSSO, *Teologia negativa e Theodor Adorno...*, p. 281-298.

[16] TERSTEEGEN, Gerhard. *Geistliches Blumengärtlein.* Stuttgart: J. F. Steinkopf, 1956. p. 54: "Der göttliche Augenblick / Senk dich ins stille Nun, den göttlich'n Augenblick, / Sanft, lieblich und gedenk nicht vorwärts noch

290 CRÍTICA E MÍSTICA

O que esse pequeno poema deixa em estado de mistério
Meister Eckhart nos esclarece:

> Muitas vezes já disse que há uma força na alma, a que não
> tange nem o tempo nem a carne; ela flui do espírito e perma-
> nece no espírito e é toda inteiramente espiritual. Nela, Deus é
> tão florescente e verdejante em toda a alegria e em toda glória,
> como ele é em si mesmo. [...] Digamos que um homem possuísse
> todo um reino ou toda a riqueza da terra, mas que a doasse
> puramente por e para Deus e se tornasse um dos homens mais
> pobres, vivendo nalgum canto da terra, e que Deus então lhe
> desse tanto a sofrer como jamais o permitiu a um homem e a
> tudo isso esse homem sofresse até sua morte; e se Deus lhe dei-
> xasse, *por uma única vez*, apenas *num lance de olho*, ver como
> ele é nessa força: sua alegria seria tão grande que todo esse
> sofrer e toda essa pobreza teriam sido ainda pouco demais. Sim,
> mesmo que Deus depois nunca mais lhe desse o reino do céu,
> teria, porém, recebido uma recompensa grande demais, por
> tudo quanto sofrera; pois Deus é nessa força como no eterno
> instante. Se o espírito estivesse unido com Deus todo o tempo
> nessa força, o homem não poderia envelhecer; pois o instante
> em que ele criou o primeiro homem, o instante em que há de
> perecer o último homem e o instante em que eu estou falando,
> agora, são iguais em Deus e nada mais do que um instante.[17]

A linguagem desses dois místicos parece ser demasiadamente religiosa aos olhos modernos? Por mais diferenças que
existam entre poetas modernos e místicos, as conexões são mais
surpreendentes do que se pensa. Basta lembrar, em primeiro

---

zurück! / So überlaß dich Gott, dich innig in ihn neige / Und warte in Ge-
duld, bis er sich selbst dir zeige!".

[17] ECKHART, Meister. *Sermões alemães;* sermões 1 a 60. Petrópolis: Vozes,
2006. v. 1, p. 48-49.

lugar, que o primeiro grande pensador do conceito de Modernidade foi um poeta: Charles Baudelaire. Foi ele que escreveu as seguintes frases: "A Modernidade é o transitório, o efêmero, o contingente, é a metade da arte, sendo a outra metade o eterno e o imutável"[18] e "Em poucas palavras, para que toda Modernidade seja digna de tornar-se Antiguidade, é necessário que dela se extraia a beleza misteriosa que a vida humana involuntariamente lhe confere".[19] Isso quer dizer que a origem do conceito de Modernidade poética, ao se contrapor ao culto bolorento do passado (feito pelos pintores da época de Baudelaire), está em extrair, nas palavras de Eckhart, a força do eterno da efemeridade e contingência do instante, de modo que a fraqueza do instante contém sua eternidade.

A partir daí podemos descortinar vários poemas modernos. Recolho exemplos de Murilo Mendes: "Passeamos nas alamedas do lustre. / Cada instante assume um século";[20] "Dos telhados abstratos / Vejo os limites da pele, / Assisto crescerem os cabelos dos minutos / No instante da eternidade";[21] "A poesia da eternidade esclarecendo, completando e ampliando a poesia do tempo [...] Os poetas reconduzirão o homem a Deus. E submeterão os chefes temporais à ordem da caridade";[22] "A eternidade não me será um simples refúgio; já sou eterno".[23]

---

[18]   BAUDELAIRE, Charles. *A modernidade de Baudelaire*. Rio de Janeiro: Paz e Terra, 1988. p. 174.

[19]   Ibid., p. 175.

[20]   MENDES, Murilo. *Poesia completa e prosa*. Rio de Janeiro: Ed. Nova Aguilar, 1994. p. 430.

[21]   Ibid., p. 332.

[22]   Ibid., p. 760-761.

[23]   Ibid., p. 761.

292 CRÍTICA E MÍSTICA

De todos os exemplos do *topos* focado, o mais impressionante é esse: "A eternidade será um tempo infinito – ou antes, um estado infinito?".[24] Nele fica exposto que a aparente ambição desmedida do poeta de pretender substituir os chefes do mundo pelos poetas, de considerar-se eterno, de estar operando a "poesia da eternidade", toda essa prepotência mostra que a ambição de ser poderoso dá-se somente *na fraqueza, na delicadeza da experiência,* dependente de estados de consciência. O que o poeta, com sua mística, anseia é por um estado infinito de sensação de eternidade, e não tornar-se um ser eterno. Drummond: "E que mais, vida eterna, me planejas? / O que se desatou num só momento / não cabe no infinito, e é fuga e vento".[25] O estado infinito, de tão eterno, não cabe do infinito, e foge para a vaga fragilidade do instante. A estranha conclusão a que cheguei com o famoso imperativo de Rimbaud "é preciso ser absolutamente moderno", bem ao contrário do jargão da desmistificação, é a seguinte: *para ser absolutamente moderno é preciso ser minimamente místico.*

Certeau afirmou que a mística é "realista, engajada [...] Ela é crítica, então. Ela relativiza o êxtase ou os estigmas como um signo que se torna uma miragem caso se os fixe" (tradução minha).[26] Em outras palavras: a mística é desmitificadora. A melhor sugestão que se pode dar àqueles que professam o discurso da desmisficação é que, primeiro, para desmistificar, é preciso aprender muito com os místicos, precisamente como os

---

24 Ibid., p. 869.

25 ANDRADE, Carlos Drummond de. *Poesia completa.* Rio de Janeiro: Nova Aguilar, 2002. p. 421.

26 CERTEAU, Michel de. *Le lieu de l'autre;* histoire religieuse et mystique. Paris: Gallimard, 2005. p. 333.

poetas modernos tanto fizeram, a ponto de, em certos aspectos, confundirem-se com eles.

Segundo: para entender as ambições e as singelezas mais radicais da poesia moderna, com sua baudelairiana "beleza extravagante", é preciso mergulhar na mística, pois a mística é um fenômeno, como afirmou Certeau, ao mesmo tempo estranho e essencial:[27] a estranha essencialidade da mística, com seu gosto pelo paradoxo e pela *coincidentia oppositorum*, isto é, *pela dialética*, é a chave de sua oculta e enigmática Modernidade.

Terceiro: o que podemos chamar de mística moderna está, em boa parte de sua melhor safra, na poesia moderna. E se a poesia moderna é tão crítica, dissonante e decepcionante para a burguesia, é porque ela é fruto de um modo de viver estranho, diferente, que critica na sociedade moderna o seu lamentável desprezo pela potencialidade oculta e infinita da experiência. A raiz do gesto crítico na poesia moderna está, portanto, na capacidade, *mística*, de extração máxima de vitalidade no instante.

---

[27] Ibid., p. 329.

Impresso na gráfica da
Pia Sociedade Filhas de São Paulo
Via Raposo Tavares, km 19,145
05577-300 - São Paulo, SP - Brasil - 2012